日本
두 얼굴
이야기

日本, 두 얼굴 이야기

1판 1쇄 발행 | 2005년 3월 1일

지은이 | 이규배
펴낸이 | 김학민
펴낸곳 | 학민사

등록번호 | 제10-142호
등록일자 | 1978년 3월 22일

주소 | 서울시 마포구 대흥동 150-1번지(121-809)
전화 | 02-716-2759, 702-3317
팩시밀리 | 02-703-1494~5

홈페이지 | http://www.hakminsa.co.kr
이메일 | hakminsa@hakminsa.co.kr

ISBN 89-7193-167-1(03910)
ⓒ 이규배, 2005

日本
두 얼굴
이야기

이규배 지음

학민사

10여 년에 걸친 필자의 일본 유학, 그래서였는지는
몰라도 1994년 귀국했을 당시에는 왜 그리 일본에 대해 하고싶은 말이 많
았는지 모르겠다. 아마도 시중에는 《일본은 없다》, 《일본은 있다》를 비롯
해서 일본에 대한 다종다양한 책들이 돌아다니고 있어도, 어딘가 비어있
는 부분이 많았던 탓이리라.

빛은 하나로 보인다. 그러나 프리즘을 통과한 빛은 일곱 개의 무지
개 색을 띠고 나타난다. 필자가 접한 일본도 마찬가지였다. 일본이란 나
라도 언뜻 '없다'느니 혹은 '있다'는 식의 단일한 코드로 보일 수도 있다.
그러나, 정작 그 속은 무지개처럼이나 다양한 색깔을 지니고 있었다.

일례로 '약삭바르다'는 일본인의 이미지가 있다. 그러나, 이 말은 다
른 각도에서는 일본인이 '용의주도'하기도 하고 때로는 '주도면밀'하다는
것을 의미한다. 우리는 이 두 가지 색깔을 전부 꿰뚫어 봐야 하는데, 지금
까지 우리는 어떤 한 가지 색깔에만 주목해 왔던 것은 아닐까?

필자가 처음 손을 댄 《반일, 그 새로운 시작》(1997)은 나름대로 이런
비어 있는 일본 이야기를 메워보고자 저술했던 책이다. 그냥 의례적인 신
문서평의 덕담인지는 몰라도, 당시 이 책에 대한 평가는 필자로서는 분에

넘치는 호의적인 것이었다.

"지금까지 나온 일본 관련서들이 '일본 외곽 때리기' 수준에 그쳤다면 《반일, 그 새로운 시작》은 일본의 심장부에 비수를 겨누고 있는 본격 연구서"라든가, "지금까지의 피상적인 일본론의 한계를 뛰어넘는 깊이와 폭을 지닌 책"이란 서평도 있었다. 같은 해에 청소년권장도서로 선정된 것은 이러한 내용들로 평가된 덕분일 것이다.

사실 이 책은 오랜 시간 밤을 새워가며 책상 가득 쌓인 자료를 뒤적이면서 써 내려간 글이기도 해서, 필자에게도 무척이나 감회가 새롭고 애정이 갈 수밖에 없는 책이다. 당시 필자가 가지고 있던 일본에 대한 모든 정보를 부족하나마 이 한 권의 책에 몽땅 쏟아 부은 감이었다. 이 때문에 필자로서는 더 이상 일본에 대한 글을 쓸 수가 없는, 씨앗을 품지 못하는 석녀(石女)가 돼버린 느낌이었다.

그런 혼과 열이 들어간 탓인지, 지금도 가끔 읽어보면 어떤 대목에서는 온몸에 힘이 들어갈 정도로 생동감을 느끼곤 한다. 아마도 이 책에 담긴 이런저런 글들이 여전히 오늘의 일본을 해석하고 이해하는데 그 힘을 잃지 않고 있기 때문일 것이다. 다만, 많은 사람들에게 읽히기를 소망했지만, 그 뜻이 충분히 이뤄지지 못한 건 아쉬운 일이었다.

이제 절판이 된 지 몇 년이 흐르고 있다. 다행히 학민사에서 이 책에 관심을 가져줘서 재출판의 기회를 갖게 됐다. 그리고 모처럼 얻은 재출판을 계기로 제목을《日本, 두 얼굴 이야기》로 바꾼 것을 포함해서 일부 구성에 변화를 줬고, 내용적으로도 상당 부분 수정을 가했다. 일본에 관심을 갖는 독자에게는 색다른 각도에서 일본의 뿌리와 오늘의 일본을 이해하는데 유익한 안내서가 될 것을 소망해 본다.

마지막으로 오랫동안 훌륭한 사회과학 서적을 출판해 오던 학민사에 졸자의 글이 상재된 것은 커다란 기쁨이며, 졸저를 기억해 주신 김학민 사장님과 출판에 노고를 다해주신 관계자 모든 분들께 감사의 말씀을 드리고 싶다.

2005년 1월

제주의 外都 서재에서 이 규 배

제1부 모방의 천재, 그러나 중심은 일본이다

일본인은 모방에 뛰어난 민족이라고 한다. 일본을 달갑게 여기지 않는 의미가 함축되어 있는 말이다. 일본인이 모방에 뛰어나다는 이 말은 어쩌면 모독에 가까운 비난이다. 그러나 정작 본인들은 이 '모독'에 조금도 개의치 않는다. 오히려 그들 스스로 뛰어난 모방력은 일본인이 지닌 우수한 능력의 하나라고 적극 평가하고 나서는 판이다. 이 정도면 일본을 비난한 입들이 계면쩍다. 뭔가 송구스러워야 될 일본인들은 태연자약하니 말이다.

창작을 넘어서는 모방의 힘

일본인은 모방에 뛰어난 민족이라고 한다. 일본을 달갑게 여기지 않는 의미가 함축되어 있는 말이다. 일본인이 모방에 뛰어나다는 이 말은 어쩌면 모독에 가까운 비난이다. 그러나 정작 본인들은 이 '모독'에 조금도 개의치 않는다. 오히려 그들 스스로 뛰어난 모방력은 일본인이 지닌 우수한 능력의 하나라고 적극 평가하고 나서는 판이다. 이 정도면 일본을 비난한 입들이 계면쩍다. 뭔가 송구스러워야 될 일본인들은 태연자약하니 말이다.

물론 정확히 표현한다면, 일본인들은 단순모방만 하지는 않는다. 그들은 나름대로의 온갖 궁리를 다 꾀하면서 명백한 개선을 거듭한다. 그리고 보란듯이 원제품을 능가하는 신제품을 개발해 버린다. 우리들이 목격하고 있는 자동차, 전자제품, 첨단 신소재 등 미국 제품을 능가하는 일본 제품의 출현은 대표적인 사례들이다. 이 정도의 모방력이면 결코 만만한 능력이 아니다.

도대체 언제부터 그랬을까? 진실은 먼 옛날로 거슬러 올라간다. 임진왜란 때 위력을 발휘했던 일본의 조총과 화약, 그러니까 최소한 4백 년 이상은 거슬러 올라간다. 1825년에 씌어진 일본인의 글을 보기로 하자.

"조총은 원래 서양인이 제조했던 것인데, 일본이 그것을 채용한 이래 일본에서 제작된 조총의 정교함이 원래의 것보다 배에 이르러 명나라 사람들은 이를 두려워하며 '왜총'이라 칭할 정도였다. 유럽 총이라고 하지 않고 왜총이라 부르는 것을 보아도 일본인의 공작술이 얼마나 뛰어난지를 알 수 있다."

자화자찬으로 들리는 평가이기도 하다. 이와 비슷한 시기에 서양인의 눈에는 어떻게 비쳤을까? 1833년에 《일본풍속비고》라는 책을 저술한 휫셀의 글이다.

"아주 불완전하기는 하지만 조총은 일본에서 모방·제작됐을 가능성이 있다. 총신은 유럽 총에 비해서 뛰어나지 못하지만, 아주 우수하다고 말할 수 있다. ……일본의 화약은 유럽의 화약만큼 강력하지는 않지만, 만약에 일본인들이 화약 개량에 진지하게 덤벼들 필요에 직면한다면 이것도 급속하게 개량될 것으로 보인다."

중국 대륙이나 한반도에서 전래된 선진기술을 제외한다면, 외국에서 전래된 최초의 문물은 조총과 화약이었다. 일본인들은 이미 4백년 전에 최초의 서양문물을 모방·제작하는 데 성공했던 것이다. 게다가 휫셀이라는 서양인은, 당시까지는 미력했던 화약도 일본인들이 총력을 기울인다면 급속히 개량될 것이라고 했다. 조총과 화약 정도를 자기 것으로 만들어내는 모방, 개량능력이라면 하물며 다른 것은 어떻겠는가.

1810년대 러시아 함대 함장 고로닌이 남긴 말이다.

"일본인은 아주 뛰어난 이해력을 지니고 있으며 모방을 좋아한다. 따라서 유럽의 기술을 익힌다면 일본의 항해자들은 틀림없이 단기간 내에 유럽 열강의 해군과 어깨를 나란히 할 수 있을 것이다."

휫셀이나 고로닌이라는 서양인은 결코 친일적인 인물이 아니었다.

이들은 일본에 대해 균형잡힌 감각을 소유하고 있던 자들이었다. 이런 서양인들의 입에서 나온 평가가 이 정도이니, 당시 이들의 눈에 비친 일본인의 능력은 대단했던 모양이다. 그리고 일본인의 능력에 대해서는 서양인만이 아니고 일찍이 조선인도 인정하던 바였다. 임진왜란 당시 포로로 끌려갔던 조선의 유학자 강항의 글을 보자.

"50년 전에 포르투갈 배 한 척이 표류되어 왜국에 도착했는데, 그 배에는 포탄 및 화약 등속이 가득 실려 있었으므로 왜인이 이때부터 포 쏘는 것을 배우기 시작했다. 왜인은 천성이 영리하여 배우기를 잘해서 40~50년 사이에 뛰어난 포수가 온나라에 퍼졌다. 그러니 지금의 왜놈은 결코 옛날의 왜놈이 아니다."

일본의 변신에 대해 정곡을 찌른 관찰이다.

이 글에도 보듯이 일본인은 반드시 단순한 모방과 흉내에만 능한 것이 아니고, 그 이상의 잠재력을 갖고 있다는 사실에 유의할 필요가 있다. 특히 서양인들의 일본 관찰은 예언적인 것이었다. 곧 화약 개량에 진지하게 덤벼든 일본은 훗날 강력한 화력을 지닌 무기를 생산해냈고, 제대로 된 선박 한 척도 없던 일본이 유럽의 열강과 어깨를 나란히 하는 세계적인 해양강국으로 발돋움했기 때문이다. 횟셀이나 고로닌의 예언처럼 일본인들은 필요에 직면했을 때 자신들의 개량능력을 충분히 발휘했던 것이다.

이런 일본인의 잠재능력을 간파한 고로닌은 오죽했으면 "일본인에게 유럽의 과학기술을 도입하는 계기를 주지 않도록 해야 한다"고 경고했을까. 고로닌은 답한다.

"만약에 이처럼 인구가 많고 총명하며, 틈새가 없고 모방에 뛰어나며, 인내심 강하고 근면하며 무엇이든 못하는 것이 없는 국민에게 우리 표트르 대제와 같은 위대한 군주가 군림한다면, 그 군주는 일본이 지니고 있는 능력과 재화를 이용하여 짧은 시일 내에 일본을 동양에 군림하는 국가로 만들어낼 것이기 때문이다."

한마디로 일본인에게 서양문명을 배우게 해서는 득될 것이 없고, 따라서 일본이 쇄국상태에 계속 머물도록 하는 것이 러시아에게는 이익이라는 소리다. 고로닌이 이 글을 쓴 것은 1810년대로서, 이미 이 시기에 '일본봉쇄론' 혹은 '일본위협론' 같은 논리가 제기되고 있었던 사실은 흥미롭다. 그만큼 일본인의 능력은 위협적인 것으로 일찍부터 주목받고 있었던 것이다.

일본이 자본주의 세계로 본격 진출하기 시작한 1800년대 말에도 일본인의 모방 · 제작능력은 여전히 뛰어나고 정교하다는 평가를 받고 있었다. 게다가 값싼 임금 덕분에 일본 상품은 가격까지 저렴했다. 품질은 좋고 값은 저렴했으니, 이른바 국제경쟁력이 있었던 것이다.

이 때문에 서양인들은 특히 그들의 모방 · 제작능력을 시샘해서 일본인들이 서양기술을 훔치고 빼앗아가는 것을 두려워했다고 한다. 요즘 말로 산업 스파이와 기술이전을 경계한 것이다. 이런 전후 사정을 감안해 본다면, 경제대국 일본의 탄생은 결코 우연한 사건이 아닌 셈이다.

메이드 인 저팬의 과거

자동차, 컴퓨터, 전자제품, 첨단 신소재 등 전세계적으로 위력을 발휘하고 있는 일본 제품. 이들 제품은 이미 미국과 유럽 대륙을 긴장시키고 위협해 왔다. 일본 제품의 우수성은 충분히 증명을 받은 셈이다.

우리가 알고 있는 위력적인 일본 제품은 지금 목격하고 있는 20세기의 일본 제품들이다. 그래서 이런 말도 가능하다. 태평양전쟁에서 패전한 뒤에 일본은 운좋게 미국의 기술을 이전받아 낙후된 생산기술을 발전시켰으며, 그 결과 우수한 제품을 생산하는 것이 가능하게 됐다고.

맞는 말이다. 미국의 원조는 일본의 생산기술 발전에 중요한 역할을 했다. 그래서 지금 미국이 자기 나라 물건을 일정량 사들이라고 일본에 역정을 내는 것도 이유있는 압력이다. 그러나 미국으로부터 기술을 이전받기 훨씬 이전에도 뛰어난 일본 제품은 존재했다. 그것도 아주 오래 전에.

일본제품의 우수성은 쇄국체제 아래 있던 도쿠가와 시대 때에도 가히 정평이 나 있었다. 상품의 내용은 다르지만, 물건을 만들어내는 제작·세공기술과 상품의 질은 예나 지금이나 변함이 없는 셈이다. 몇가지 흥미있는 기록이 있다. 1833년에 씌어진 유럽인의 글을 보자.

"만일 유럽에서 생산된 상품이 일본의 생산자가 만든 물건과 똑같은 검사를 받는다면 유럽 상품은 도저히 합격할 수 없을 것이다."

이런 종류의 관찰이 있다는 것 자체가 흥미롭지만, 더 흥미로운 것은 일본 제품이 아주 뛰어난 것으로 평가되고 있다는 사실이다. 이미 1830년대에 일본 제품의 우수성이 일본인이 아닌 유럽인에 의해서 높게 평가받은 것이다.

일본인들이 이렇게 뛰어난 제품을 만들어낼 수 있었던 이유는 무엇이었을까? 유럽인의 이야기를 더 들어보자.

"그 이유는 여러 가지가 있을 수 있지만, 한 가지는 생산자의 사회적 환경이 고정되어 있어 자신의 신분과 직업을 간단히 바꿀 수 없는 사실에 있다. 또한 일본의 생산자는 다른 어떤 나라의 생산자와 달리 모든 기력과 열의를 다해서 자기 직업과 사업에 정성을 바치는 풍조가 있다. 따라서 무턱대고 자기 신분을 바꾸기를 원치 않으며, 믿을 수 없을 정도로 근면하게 일하여 그 기술이 최고로 완벽한 수준에 도달하고 있는 것은 확실하다. 이 점에 대해서 우리들은 그저 놀라울 따름이다."

다른 유럽인은 이렇게도 말한다.

"농업, 원예, 어업, 수렵, 비단이나 면포 제조, 도자기나 칠기, 금속 연마에 대한 일본인의 능력은 유럽인에게 떨어지지 않는다. 그들은 광물의 정련법도 잘 알고 있고, 여러 종류의 금속품 제조에도 솜씨가 뛰어나다."

유럽인들은 자기들 이외의 민족은 미개하거나 야만적이라고 생각하고 있었다. 유색인종에 대한 멸시감정이다. 그런 유럽인들에게 유럽 제품을 능가하는 물건을 만들어내는 일본인이 있다는 사실은 어느 유럽인의 말 그대로 '그저 놀라울 따름'이었다.

우리는 여기서 유럽인들을 놀라게 만들었던 우수한 일본 제품이 이른 시기부터 존재했음을 확인할 수 있다. 물론 이들 일본인들이 만들었던 것은 자동차도 전자제품도 아니다. 그러나 비단이나 면포, 도자기나 칠기, 금속 등 당시로서는 유럽인들이 탐내던 최고의 무역품이었다.

그렇다고 일본인들이 이전부터 모든 분야에서 출중한 능력을 발휘한 것은 아니다. 유럽인들이 보기에는 그림, 건축, 조각, 음악, 그리고 시에 대해서 일본인은 낙후되어 있었다. 또한 각종 전쟁기술에 대해서도 일본인은 아직 어린애 수준이었고, 항해기술에 대해서도 연안항해 외에는 완전히 무지했다. 농민들은 근면했지만 농기구는 고대 이집트처럼 원시적인 수준에 머물렀고, 근대적인 과학기술도 1860년대의 메이지 유신 이전에는 거의 전무할 정도였다.

그러나 본격적으로 힘을 집중시킨 분야에서는 일본인들은 이미 오래 전부터 주목할 만한 성공을 거두었다. 일본경제의 힘을 이해하고자 한다면, 먼저 이 대목부터 파악하고 들어가야 할 것이다.

일본 제품을 떠받치는 전통

우수한 일본 제품을 떠받치는 요소는 무엇일까?

한국의 많은 기업연수자들이 일본의 건축현장이나 건설현장, 공장 등을 찾는다. 그리곤 일본인들의 정리정돈과 청결에 한결같이 고개를 끄덕거린다. 한국도 이랬으면 하는 바램은 자연스럽게 나온다. 그리고 명령과 지시만을 통해서 모든 것을 얻을 수 있었던 우리 풍토에서는 노동자의 정리정돈과 청결도 명령이나 지시를 통해서 얻고자 하는 유혹에 쉽게 부딪친다.

그러나 일본인들의 정리정돈과 청결은 명령과 지시에 의한 것이 아니다. 정리정돈과 청결은 일본인들의 오래된 전통이다. 과거에 일본을 찾았던 사람들은 서양인이든 조선인이든 한결같이 일본의 도로와 도시와 가옥이 반듯하게 정돈되어 있음에 경탄했다. 1925년, 모라에스라는 포르투갈인이 남긴 이야기를 들어보자.

"일본의 가옥은 놀랄 정도로 세심하고 깨끗하게 청소되어 있다. ······정리정돈은 일본인이 지니는 빛나는 특성 가운데 하나이다.······일본의 가옥에서 발견할 수 있는 주요하고 유일한 사치는 청결이다. 너무나 깨끗하기 때문에 황홀해질 정도이다."

정리정돈이 일본인의 '빛나는 특성'이고, 그들의 청결함은 '황홀할 정도'라는 표현 앞에는 할말을 잊는다. 이 정도였기 때문에 1500년대 말엽에 일본을 찾았던 선교사들도 일본생활에서 지켜야 될 첫번째 사항으로 '청결하게 생활'하는 것을 들어야 했던 것이다.

불결함은 일본인이 절대로 참지 못하는 것이기 때문에 선교사들이 가톨릭의 이미지를 위해서도 청결을 유지하고 일체의 것을 일본의 풍습대로 청정하게 하는 것은 대단히 중요했다. 청결에 관한 한, 서양인들은 일본인에게 한 수 죽고 들어갔던 것이다.

청결이 이렇게까지 극찬할 만한 것일까? 적어도 일본을 찾았던 서양인들은 이런 평가에 한결같이 동의한다. 그렇다면 우리의 선조나 중국인들은 일본을 어떻게 봤을까? 일본을 오랑캐의 나라라든가, 금수의 나라라고 비난해 마지 않던 조선인들에게도 일본인의 청결과 정리정돈은 인상적이었던 것같다. 조선통신사 이경직의 말이다.

"가옥제도는 소박하고 청결하기를 힘써서 단청은 하지 않으며…… 다실은 아주 소박하면서도 매우 깨끗하고, 사치하지 않으면서도 몹시 조촐하게 하려고 힘쓴다."

고려 말에서 갑신정변 이전까지 일본땅을 밟았던 우리 조상들도 일본이 무질서하다거나 불결하다는 기록은 거의 남기지 않았다.

중국인들도 예외는 아니다. 일본 제국주의와 적대적인 관계에 있던 중국의 국민당 간부 대계도(戴季陶). 그런 대계도마저도 '일본 민족은 청결과 정돈을 좋아하는 민족'이라고 인정할 수밖에 없었다.

이 정도라면 일본인들의 정리정돈과 청결이 과연 그들의 전통이라고 해도 좋을 만하다. 이러한 전통적이고 일상적인 정리정돈과 청결 선호는 신분이 높은 자나 낮은 자나 마찬가지였다. 일본의 노동자도 예외는 아니었다. 서양인에 의해 씌어진 도쿠가와 시대 일본의 노동자에 관한 기록은 이렇게 되어 있다.

"녹슬기 쉽고 파손되기 쉬운 것은 대나무 통에 넣어서 보관한다. 철제품만이 아니고 목제품도 역시 같은 방법으로 청결하게 손질한다. 전반적으로 일본의 직인들은 오랠 때는 매일 한 시간 정도 자신의 도구를 손질하는 데 쓴다해도 과언이 아니다.……작업장도 최고로 청결하게 유지한다."

이처럼 도구와 일터를 청결하게 유지하는 자세는 몸에 배어 있지 않고서는 흉내내기 힘들다. 지금도 일본의 노동현장에서 발견할 수 있는 보통 노동자들의 모습은 이러하다. 현장을 정리정돈하고 청결을 유지하기 위해 청소로써 하루의 노동을 끝내는 일본인들. 다음날의 노동이 짜증없이 시작될 수 있으며, 현장에 대한 정리정돈과 청소 때문에 불필요한 시간을 빼앗기지 않고 곧바로 자기 업무에 뛰어들 수 있음은 물론이다. 우수한 일본 제품은 이런 성실한 일본인들의 손에 의해서 만들어졌던 것이다.

그렇다고 그냥 성실한 것만이 아니다. 그 위에 일본인들은 지적 능력까지 갖추고 있다. 위대한 영혼을 가진 자가 위대한 작품을 남긴다고 한다. 일본인을 결코 위대한 영혼의 소유자라고는 하지 않는다. 그러나 일본인들은 상품에 '혼'을 담는다고 한다. 최근 한국의 건설현장에서 자주 보는 '혼을 담은 시공'도 같은 흐름에서 나온 캐치프레이즈다.

위대한 영혼의 소유자는 아니었던 일본인. 그러나 상품에 '혼'을 담은 일본인들은 과연 어떤 자들이었을까? 발리냐노가 1583년에 남긴 기록은 이렇다.

"일본인은 다른 점에서는 우리 유럽인들보다는 뒤떨어져 있지만, 결론적으로 말해서 일본인은 우아하고 예의바르며 뛰어난 천성과 이해력을 지니고 있다. 이상과 같은 점에서 일본인들이 유럽인들을 능가할 정도로 우수하다는 사실은 부정할 수 없다."

발리냐노는 일본인이 유럽인들을 능가할 정도로 우수하다고 고백한다. 물론 그는 일본인들의 못된 점에 대해서도 사정없이 비판한다. 가톨릭 선교의 책임자였던 그는 일본인에 대한 관찰에서 정확성과 공정성을 유지하기 위해 애쓴 흔적이 역력하다. 따라서 이 고백은 과장된 것으로 보기에 어렵고, 그의 솔직한 감상이라 할 수 있다.

이보다 불과 6년 전인 1577년에 올간디노라는 신부도 일본인을 극단적일 정도로 칭찬했다.

"일본인은 전세계에서 가장 현명한 국민에 속하며, 그들은 기꺼이 이성의 지시에 따르기 때문에 우리 유럽인들보다 훨씬 뛰어나다. 우리들의 주님께서 인류에게 무엇을 전해주셨는가를 보고자 하는 자가 있다면 일본에 와보는 것이 좋다."

이보다 더한 칭찬은 불가능할 것이다. 따라서 올간디노는 로마에 있는 예수회 총장에게 이런 편지를 보내게 된다.

"신앙에 대해서는 차치하고라도 우리 유럽인들은 일본인들보다 현저하게 열등합니다.……전세계에서 이처럼 천부적인 재능을 지닌 국민은 없다고 생각합니다. 따라서 바라옵건대 유럽에서 도움이 되지 않는 자가 이곳 일본에서 도움이 된다는 상상은 아예 하시지 않으시길 바라옵니다."

우리 정서로서는 도저히 받아들이지 못할 정도의 일본 극찬인 것이다. 그러면 종교인이 아닌 다른 외국인들은 어떻게 봤을까? 앞의 러시아 해군 함장 고로닌의 이야기다.

"일본인은 세계에서 가장 교육이 잘된 국민이다. 일본에는 읽고 쓰지 못하는 자나 법률을 모르는 자는 한 사람도 없다.……유럽의 하층계급

사람들보다는 일본인이 사물에 대해 뛰어난 이해력을 지니고 있다.”

이미 1830년대에 유럽인들을 경탄하게 만들었던 일본 제품은 이런 일본인들의 손이 있었기 때문에 가능했다. 지금의 일본인들도 교육수준이나 지적 능력에 있어서 호평을 받기는 마찬가지다. 또한 일본 제품이 유럽 제품과 미국 제품을 압도하고 있는 사실에도 변함이 없다. 우수한 일본 제품은 우연히 만들어진 것이 아니었다.

우수한 일본 제품이 만들어지는 요소 가운데 한 가지 더 생각할 것이 있다. 일하는 자들에 대한 사회적 배려와 일체감이 그것이다. 이것도 노동의욕을 돋우고 우수한 제품을 만들게 하는 중요한 조건이기 때문이다. 1826년, 어느 유럽인은 그가 목격한 일본사회를 이렇게 그리고 있다.

“어떤 산업이 대규모적으로 이루어지고 있는 일본의 지방들은 일반적으로 번영하고 있으며, 유럽의 공장도시에 살고 있는 사람들에게서 보이는 것과 같이 심신이 비참하고 타락해 버린 빈곤한 국민계층은 존재하지 않는다.……노동자도 공장주도 일본에서는 유럽보다 더 심하게 엄격한 격식에 따라 차별적으로 분화되어 있기는 하지만, 그들은 같은 민족으로서 서로 존경과 호의를 통해서 더욱 견고하게 결합되어 있다.”

이 유럽인은 서로에 대한 존경과 호의를 통해 결합되어 있는 일본사회를 경이롭게 바라보았다. 외국인의 눈에 비친 일본인들의 특징은 손아래 사람이 손윗 사람을 대하는 경우만이 아니고, 같은 신분의 일본인 사이에도 지극히 정중하고 예의바르다는 점이었다.

고용주와 고용인의 관계도 마찬가지다. 어느 외국인은, 일본인들은 모멸적인 언사를 참지 못하며, 주인이라도 자기 밑에 있는 하인에게 그런 말을 쓰지 않는 것이 보통이라고 기록하고 있다. 고용인에 대해 거만하거나 혹독하게 굴지 않는 고용주, 이런 고용주에 대해 존경심을 잃지 않는 고용인. 이것이 옛날 일본의 노동현장 모습이었다. 유럽인의 눈에는 감독자가 채찍과 몽둥이를 손에 들어야 하는 자기 조국의 모습과는 사뭇 달랐던 것이다.

청나라 외교관이었던 황준헌도 고용주와 고용인 사이의 신뢰관계에 감탄한다.

"장사하는 집에서는 고용인에게 열쇠를 맡겨 외출해도 어느 것 하나 잃어버리는 것이 없다고 한다. 정말로 훌륭하지 않은가! 이른바 '사람들은 예절을 숭상하고 백성들은 도둑질을 하지 않는다' 라는 말이 맞지 않은가?"

황준헌의 머리를 스쳐 지나간 것은 태평성대를 구가하던 고대 중국의 모습이었던 모양이다.

서로에 대한 존경과 호의, 이것이 오래 전 일본의 노동현장에서 보이던 광경이다. 오늘날 일본의 노동현장도 그 옛날과 유사하다. 패전 후 한때의 극심한 노동운동을 제외하면 일본의 노동운동은 일본 경제를 곤혹스럽게 만든 적이 없다. 일본의 자본가들은 회사방침으로 노동운동을 용서하지 않겠다고 선언하기 전에 노동운동이 일어나지 않도록 아예 불씨를 던지지 않고 있는 것이다.

탐욕스런 착취와 비인간적인 학대, 온당치 못한 대우만으로 얼룩져 있다면, 그곳은 노동하는 현장이기 전에 이미 생지옥이다. 우수한 제품은 커녕 불량품과의 전쟁으로 편할 날이 없을 것이다. 우수한 제품은 결코 기술의 문제만이 아니다. 우수한 일본 제품은 이처럼 먼저 성실하고 유능한 인간과 건전한 사회 분위기 속에 전통적으로 자리잡고 있었던 결과인 것이다.

'토끼장' 일본집에 숨은 사연

"일본이라는 나라는 부유하지만, 일본인은 가난하다."

흔히 듣는 이야기이다. 일본의 주택이 '토끼장'처럼 아주 비좁기 때문에 하는 말이다. 당연히 일본을 약간 모멸하는 말이고, 일본인들을 부러워할 필요가 없다는 냉소이기도 하다.

살아가는데 집의 크기가 전적으로 문제가 되고, 큰 것은 좋고 작은 것은 나쁘다면 이 모멸은 타당하다. 게다가 일본의 정치권력이 국민에게 빈곤과 결핍을 강요하면서 불편하고 좁다란 '토끼장'으로 일본인을 몰아넣었다면 마땅히 비난받아야 한다. 실제로 한때 도쿠가와 시대 위정자는 "백성이란 죽지 않을 만큼 먹어야만 딴 생각을 안한다"고 주장했다. 그래서 "백성과 깨는 짜면 짤수록 나온다"는 말도 생겼다. 그러나 오랫동안 일본의 정치권력은 가난과 빈곤을 강요했다기보다는, 사치를 막기 위해서 근검절약을 강조해온 편이다.

여유있고 넓은 집에 사는 것은 민족이나 국민을 불문하고 누구나 소망하는 것이다. 이어령 교수가 얘기하는 '축소지향의 일본인'은 상당히 시사적이다. 그러나 일본인이라고 무조건 '작은 것이 아름답다'고 생각한 것은 아니다.

교토에 있는 혼간지(本願寺)라는 사찰에 가본 적이 있는 한국인이라면 그 엄청난 크기의 대웅전에 놀랄 것이다. 도쿄에 있는 야스쿠니 신사 입구에 세워져 있는 토리이(鳥居)도 거대하기는 마찬가지다. 한국의 홍살문과 같은 것인데, 그만한 크기의 홍살문은 한국의 어디에도 없다. 도쿠가와 시대에 손을 댔던 대규모 간척사업이나 하천·수로공사 등도 일본의 지도를 바꿀 정도로 엄청나다. 또한 성을 쌓는 데 쓰여진 거대한 돌이나 성 주위를 둘러싼 드넓은 호수에도 놀랄만 하다.

이런 가설을 생각해보자. 일본인들은 필요에 따라 때로는 축소지향적이고, 때로는 거대한 것을 지향했다고. 그들은 모든 것을 실용적으로 생각했고, 따라서 어떤 것이 아름다운가를 생각하기 전에 어떤 것이 도움이 되는가를 먼저 생각했다는 가설을 세워보자.

일본에는 전통적인 다실(茶室)이 있다. 크기는 그야말로 몇 사람이 들어앉으면 꽉 차버리는 비좁은 곳이다. 때문에 작은 것을 좋아하는 일본인의 실례로 심심찮게 거론된다. 그러나 이 비좁은 다실은 '작은 것이 아름답다'고 생각하는 일본인의 사고와는 별 관계가 없는 것이다.

전하는 바에 따르면, 대부분의 일본 다실은 고즈넉하거나 조용한 곳에 위치하고 있다. 문제의 핵심은 여기에 있다. 왜 일본 다실은 고즈넉하고 조용한 곳에 위치하고 있을까? 이유는 하나다. 애초에 다실은 은밀한 모의를 획책하기 위해서 만들어진 곳이기 때문이다. 따라서 이를 위해서는 사람의 접근을 쉽게 알아채고 은밀한 얘기가 가능한 자그마한 공간이 필요했던 것이다.

이 한 가지 사례에서도 보듯이, 자그마한 것은 자그마할 수밖에 없는 나름대로의 사연이 있다. 자그마한 일본의 '토끼장' 집에도 나름대로의 숨은 사연이 있다. 일본을 모멸하는 항간의 '토끼장'집 논리는 집의 크고 작음에만 주목한다. 집의 크기와 부유함이 비례한다고 믿는 우리 풍토에서는 어쩔 수 없는 해석이기도 하다.

1690년대에 일본을 여행했던 켐펠이라는 서양인은 그 당시도 지금과 비슷한 일본의 '토끼장' 집을 목격했다. 그러나 그가 내린 해석은 '토끼장' 집에 대한 모멸이 아니었다. 그의 관심은 일본 주택의 크고 작음이 아니라, 왜 일본 주택이 자그마한지에 쏠려 있었다. 일본 주택에 대한 그의 관찰은 과학적이었다. 그는 말한다.

"천황, 장군 및 지방 영주들의 주요 건물도 1층으로 되어 있다. 일반인의 가옥 가운데는 가끔 2층 건물이 있기는 하지만, 이것도 아주 낮으며, 지붕은 있지만 천장은 없고, 2층은 대개 가구를 놓아두는 데 이용한다. 이러한 건축양식이 정착된 이유는 일본에 지진이 자주 발생하기 때문이다. 이 때문에 돌로 만든 높은 건물이 아니고, 낮고 가벼운 가옥을 만든다.……낮은 목조건물 안일지라도 아주 쾌적한 생활을 가능케 한다. 집안 내부는 아주 간소하게 만들어져 있다. 아주 건강한 주거라 생각해도 좋다."

오래 전부터 내려온 이야기지만, '지진은 일본의 국보(國寶), 화재는 에도(江戶)의 명물'이라는 말이 있다. 그만큼 지질적 특성 때문에 숙명적 지진과 화재에 시달려온 일본인들은 불시에 쓰러지고 타서 없어질지 모를 건물을 금방 재건할 수 있는 자그마한 건축양식을 고안해낸 것이다. 일본인들은 작은 '토끼장' 집이 아름답다고 생각하기 전에 그런 자그마한 집이 불가피하게 필요하다고 생각했을 뿐이다.

'토끼장' 집에 대한 비난이 반드시 근거없는 것만은 아닐지라도, 한 나라의 문화에 대한 공정한 이해라면 켐펠이라는 유럽인 정도는 되어야 할 것이다. 켐펠은 유럽인들에게 일본을 소개하는 책자를 최초로 저술한 사람이다. 만일 그의 책을 통해서 일본에 대한 지식을 얻은 유럽인이 있다면, 그는 왜 일본 주택이 자그마하고 간소한지를 이해하게 됐을 것이다.

실제로 1858년 미·일수호통상조약을 맺기 위해 일본을 방문한 어느 미국 외교관은 "켐펠이 쓴《일본의 역사》는 매우 도움이 되는 책이다"라고 술회한다. 그러나 만일 그 반대라면 일본에 대한 이해는 요원할 뿐만 아니라, 엉뚱한 오해를 함으로써 손해도 막심할 수밖에 없다.

지진의 문제만이 모두는 아니다. 흥미로운 사실이 한 가지 더 있다. 일본인의 이야기를 들어보자. 자기들의 건축양식에 대해 일본인은 이유 있는 이의를 제기한다. 도쿠가와 시대의 정치가인 쿠마자와 반잔(熊澤蕃山)은 이런 말을 했다.

"만일 부처님이 일본에 왔다면 커다란 사찰이나 절에 딸린 큰 건물 등은 전해주지 않고, 조그마하고 호젓한 초가 암자를 절로 삼고 주거지로 했을 것이다. 지금의 거대한 절간 형태는 일본에는 어울리지 않고 중국이나 인도와 같은 큰 나라에나 어울리는 것이다. 중국과 인도는 일본보다 오십 배 백 배나 더 큰 나라이며, 빈 땅도 많고 산림도 끝이 없다. 이런 큰 나라에나 지을 수 있는 사찰이나 절에 딸린 큰 건물을 빈 땅도 적고 산림도 충분치 않은 일본에 그대로 옮겨 세운다는 것은 국토를 황폐하게 하고 만민을 곤란하게 만드는 첫 번째 길이다. 지혜로운 자가 어떻게 이런 일을 저지르겠는가?"

쿠마자와는 중국이나 인도와 같은 큰 나라에서나 만듦직한 절간을 일본과 같은 작은 나라에 그대로 세우는 것은 아무런 분별도 없는 승려들이 한 짓이라고 비난한다. 이유있는 항변이다. '토끼장'집같은 일본의 주택도 같은 맥락에서 이해할 수 있다.

국토의 대부분이 산악지대인 일본에서 중국이나 미국에서나 어울림직한 큰 주택을 짓는다면 좁은 국토가 견뎌내지 못할 것이다. 일본의 정치가는 이런 문제를 '국토를 황폐하게 하고 만민을 곤란하게 만드는 첫 번째 길'로 일찍이 간파했다.

자그마한 집을 일본의 수치로 보기는 커녕, 거꾸로 쿠마자와는 '일본에는 일본적인 토끼장 집을!'이라는 캐치프레이즈를 당당히 내걸었던 셈이다. 당시 정치권력의 핵심인 도쿠가와 막부도 주택문제에 대해 수수방관만 하지는 않았다. 그들은 법령을 반포하면서까지 모든 가옥을 낮게 하도록 명령했기 때문이다.

지진과 '토끼장' 집, 좁은 국토와 '토끼장' 집. 일본 '토끼장' 집의 이면에는 이렇게 그들의 과학적인 대처와 정책적인 배려가 숨겨져 있었던 것이다.

납골묘의 탄생기

10여 년 전, 한국의 21세기를 묘사한 한 시뮬레이션은 충격
적이었다. 21세기에 들어서 머지않아 한반도 남쪽의 대부분이 묘지에 의
해 점령당한다는 것이다. '죽은 제갈공명이 산 중달을 내쫓았다'고 하던
가. 그리고 한때 영국에서는 양모산업 때문에 농민들이 토지에서 쫓겨나
자 '양이 사람을 잡아먹었다'고 흥분했다. 어이없게도 이제 한국에서는
죽은 자가 산 자를 내쫓고, 무덤이 사람을 잡아먹게 된 것이다.

그러나 문제는 죽은 조상보다는 오늘을 사는 우리들에게 있다. 풍수
대로 묘지를 잘 써야 조상의 복이 내려온다 하지만, 조상이 편히 주무시
는 묘소에 농약을 뿌리고, 벌초기로 조상의 침소를 요란 진동케 해도 복
이 제대로 돌아올지 자못 궁금하다. 선량한 시민과 이웃에 대한 온갖 범
죄와 무례가 설치는 판에 묘지에 대한 깍듯한 예의가 가능이나 할까?

또한 저녁 10시를 전후해서 일찌감치 파해야 하는 요즘의 제사는 어
떠한가? 돌아가신 조상이 제삿집을 떠난다는 새벽시간까지 기다릴 수 없
는 제사를 제삿상만 예전처럼 번잡하게 차린다 해서 제대로 복이나 받을
수 있을지 의문이다. 조상의 혼백이 젓가락 숟가락을 내려놓기 전에 후손
들은 이미 밥상을 치우고 있으니 말이다.

겉모습은 옛 모양이되, 속은 이미 옛 속이 아니다. 몸은 옛날을 따르고자 하나, 마음은 이미 옛 마음이 아닌 것이다. 이른바 뼈만 남고 형식만 남은 꼴이다.

그런데 중국적인 제도가 왜 이다지도 깊이 자리하고 있는가? 중국의 영향권 하에 있기는 일본도 마찬가지이다. 그런 일본도 속앓이를 하고 있을까?

물론 도쿠가와 시대에는 그랬다. 일본의 유학자들도 무엇이든지 중국의 풍습을 흉내내고자 했고, 일본에서는 도무지 통용될 수 없는 것만을 행했다. 어느 일본의 유학자도 이렇게 비난한 바 있다.

"5리나 10리 정도 떨어져 있는 옆 지방의 풍속조차도 빼놓은 듯이 흉내내는 것이 곤란한데, 인도나 중국처럼 멀리 떨어져 있는 나라의 풍속을 있는 그대로 따르고자 하는 어리석은 유학자들이 많이 있다."

그러나 흥미로운 사실은 이러한 '어리석은 유학자'들에 반대해서 중국의 풍속에 저항하는 일본의 유학자들도 일찍부터 등장했다는 점이다.

1711년, 일본의 한 유학자는 이런 주장을 폈다.

"장례와 제사의 예는 인생의 마지막에 깊은 경의를 표하고 먼 조상을 추도하는 도(道)이기 때문에 마음을 써서 후하게 하지 않으면 안된다. 허술하게 해서는 안된다. 그러나 일본 방식을 거역해서는 안된다. 시대에 따르지 않으면 안된다."

장례와 제사에 관해서 일본인은 일찍부터 일본 방식과 시대변화에 따를 것을 권장하고 있다. 속앓이도 있었지만, 그에 대한 대응도 일찍 제기된 것이다.

'일본에는 일본적인 토끼장집을!'이라고 주장한 쿠마자와 반잔은 일찍이 유교적인 풍속과의 전쟁을 선포했다. 그는 말한다.

"일본은 훌륭한 나라이기는 하지만 작은 나라이다. 특히 최근에는 인구가 예전보다 엄청나게 늘었다. 일본은 땅이 좁기 때문에 이들이 죽게 되면 만일 화장이라도 하지 않으면 매장할 토지가 없을 것이다. 유교의 장례법으로 한다면 민간의 수많은 사람들에게는 토지도 없고 나무도 없게 될 것이다. 매장법과 화장법을 이용한다면 토지도 나무도 1백 년을 못 갈 것이다."

이것이 쿠마자와의 시뮬레이션이다. 화장을 하려니 나무가 동이 나고, 매장을 하려니 토지가 바닥난다. 1679년에 쿠마자와가 그려본 일본의 1백 년 후는 심각했다. 그가 '일본에는 일본적인 묘지를!'이라고 주장한 것은 당연한 일이었다. 여기서는 다른 무엇보다도 쿠마자와가 중국적인 제도에 반기를 들고 있는 사실에 주목해야 할 것이다.

이런 의식이 1백 년 이상 흐른 1798년, 모토오리 노리나가(本居宣長)라는 국학자로 하여금 중국제도의 배척과 옛 일본제도의 복권을 선언하게 만든다.

"오로지 중국류의 이론에만 매달려서 옛날 일본 고대의 뜻을 찾으려고는 생각지 않는다. 마음을 쓰는 곳도 전부 유교적인 뜻에 지나지 않는다. 신도가(神道家)들이 행하는 장례나 제사도 유교를 섞어서 만든 것이 많고, 따라서 일본 고대의 방식이 아니다. 만사에 걸쳐서 중국풍을 흠모해서 이를 이용하여 많은 부분을 중국풍으로 바꿨기 때문에 일본 고대의 방식은 사라지고 세상에 전해지지 않는 것도 많다."

물론 이러한 의식이 훗날에는 황국사관으로 연결된다. 일본 제일주의라는 의식이다. 동전의 양면과 같이 역사에도 양면이 있다면, 이런 의식은 일본을 파국으로 몰고간 어두운 면이다. 그러나 또 다른 한 면은 일본의 문화나 제도를 주체적으로 파악하면서 중국적인 문화나 제도에 맞서게 만든다.

이 주체적인 부분에 관해서 일본의 학자들은 중국인도 이해할 것이라고 봤다. 토미나가(富永仲基)라는 유학자의 주장처럼 "중국의 유학자들도 일본의 풍속을 버리고 중국과 똑같은 흉내를 내라고 말하고 있지 않다"고 본 것이다. 그래서 중국에 중국적인 것이 필요하듯이, 일본에 일본적인 것이 필요한 것은 당연하다는 확신을 갖는다.

묘지와의 전쟁이 결코 일본인 유학자들의 혀 끝에서만 일어난 것은 아니다. 이와 비슷한 생각을 하던 도쿠가와 시대의 정치가들은 묘지를 새로 만드는 것을 법적으로 금지시켜 버린다. 사람이 죽을 때마다 묘지를 만들면 토지가 줄어들 것이고, 결국에는 늘어나는 인구를 먹여살릴 땅이 잠식당한다고 판단했기 때문이다. 일본 정치가들의 판단과 결정은 현명했다. 명분에 얽매이지 않고 모든 문제를 실용적으로 생각하는 일본적인 결정이라 할 것이다.

어쨌든 묘지와의 전쟁은 학자들만이 아니라, 일본의 정치권도 깊숙이 관계하고 있던 셈이다. 그리고 지금 일본에는 납골당에 죽은 자를 모시는 독특한 제도가 정착되었다. 화장한 여러 사람의 뼈를 한 군데에 모아두니, 인구가 늘어나고 죽는 자가 늘어도 토지가 잠식당할 염려는 그렇게 많지 않은 것이다.

중국이나 인도처럼 땅이 넓은 나라에서나 가능한 매장제도를 일본은 거부했다. 조선의 유학자들이 '소중화(小中華)'를 외치고 있을 때, 중국적인 풍속에 굴복하지 않던 일본인들은 주체적인 자기방식을 발견했던 것이다.

자주의식이 준 행복과 불행

조선의 건국이념에 억불숭유(抑佛崇儒)라는 것이 있다. 말 그대로 불교를 억압하고 중국의 유교를 숭상한다는 뜻이다. 조선시대 때는 물론이고, 지금에 이르도록 한국 사회의 유교 전통은 뿌리깊다. 이성계 이후 조선시대의 통치자들은 최소한 유교 숭상을 꾀한 숭유정책에 관해서만은 아주 성공적인 셈이다.

숭유정책은 과연 어떤 것이었을까? 수신사로 일본에 갔던 김기수의 이야기다. 김기수는 일본 문부성의 고위관료로부터 "조선의 학문은 전적으로 주자만 숭상하는가?"라는 질문을 받는다. 이에 김기수는 답한다.

"우리나라의 학문은 5백 년 동안 오직 주자만 숭상하였을 뿐이다. 주자를 어기는 사람은 곧바로 난적이란 죄목으로 처단하였으며, 과거시험에도 불교나 도교의 말을 쓰는 사람은 귀양보내어 용서하지 않는다. 이렇게 국법이 엄중한 까닭에 상하귀천을 막론하고 오직 주자만 숭상한다."

억불숭유정책은 이렇게도 철저하고 엄격했다. 조선 조정의 숭유정책이 아주 성공적일 수밖에 없던 것도 이해가 된다. 예절이나 도덕과 같은 인간사회의 미덕을 가르치는 유교의 장점은 아무리 강조해도 지나치지 않다. 그러나 동시에 유교의 폐해도 만만치 않다. 정신은 사라지고 형식만 남은 관혼상제 등 유교예법에 대해서도 시대나 상황의 변화에 신속히 대응치 못하고 때론 완고하게 고집한다.

일본은 어떠했을까? 일본에 유교가 전달된 것은 임진왜란 당시 포로로 끌려갔던 강항이라는 조선의 유학자를 통해서였다. 그러나 일본의 학자들은 중국의 유교에 맹목적으로 굴복하기는커녕 이를 비판적으로 수용했다. 임진왜란으로부터 반세기가 경과하는 1650년, 나카에(中江藤樹)라는 유명한 학자에 의해서 일찌감치 유교의 문제점이 거론된다.

그가 본 유교는 이렇다.

"유교 서적에 실려 있는 예의작법은 대체로 주나라 시대에 만들어진 것이다. 현재 일본에서 신분이 낮은 자가 이 예의작법을 올바르게 행하는 것은 불가능하다. 설령 지위가 높은 자가 이를 행하고자 해도 있는 그대로 조금도 틀리지 않고 실행하는 것은 불가능하다. 이를 중국에서 실행하고자 해도 조금씩 늘리거나 줄이지 않고서는 행할 수 없다. 세상이 변하고 시대가 변하게 되어서 지나치거나 모자라게 되는 폐해가 발생함으로써 예법을 늘리거나 줄이지 않으면 안되게 되었다. 따라서 만세에 통용되는 법이란 없는 것이다."

유교라는 사상을 영구불변한 것으로 절대시하지 않고, 시대의 변천에 따라 변할 수밖에 없는 것으로 비판, 검토하고 있음을 알 수 있다. 일단 여기서는 일본학자들의 유연한 사고방식을 읽을 수 있다. 이런 생각을 품은 일본학자들은 한 둘이 아니었다.

게다가 더 중요한 사실은 이들 모두가 초야에 묻힌 자들이 아니고, 현실적으로 영향력을 행사하던 실력자란 점이다. 어떤 자는 번창한 도회지에서 후학 양성에 힘쓰던 학자였고, 또 어떤 자는 현실정치에 관여하던 정치가였다. 이들을 통해서 전달된 경직되지 않은 유교 수용방식은 많은 영향을 미칠 수밖에 없었던 것이다.

김기수의 표현에 따르면, 조선에서는 절대적이었던 주자도 이들 일본학자들에게는 한 명의 학자에 지나지 않았다. 가이바라(貝原益軒)라는 학자의 말이다.

"맹자 이후 걸출한 인물은 많다. 그러나 성인의 도를 연구하고 가르쳤던 사람으로서는 정명도와 정이천을 제일로 꼽지 않을 수 없다. 그 다음은 아무래도 주자다. 그러나 그들의 덕은 성인에게는 미치지 못하고, 그들의 학문도 또한 아마 성인의 영역에는 미치치 못할 것이다. 그렇다면 후진들은 정명도와 정이천 및 주자에 대해서는 존중하고 신뢰해도 마땅하다. 그러나 그들의 학설에는 공자나 맹자와 합치하지 않는 점도 많을 수밖에 없다. 같은 급으로 봐서는 안된다."

일본 학자들은 주자를 포함한 유학자에 대해서 기본적으로 불만을 갖고 있던 것 같다. 왜냐하면 "후세의 유학자들이 세운 학설은 왕왕 난해하고 고매하기만 하며, 특히 알기도 어렵고 행하기도 어려운 것을 얘기" 한다고 생각했기 때문이다. 일본 학자들은 주자나 후세 유학자들의 학설은 공자나 맹자가 가르쳤던 진짜 줄거리와는 달랐다고 보았다. 이들에게는 중국의 사상이나 주자도 이처럼 상대화되고 있는 것이다.

왜 이런 것이 가능했을까? 이를 풀어줄 명쾌한 답이 있다. 1738년에 남긴 토미나가(富永仲基)라는 학자의 글을 보자.

"불교는 인도의 가르침이고 유교는 중국의 가르침으로서, 나라가 다르기 때문에 이들은 일본의 가르침이 아니다."

국학자 모토오리는 더욱 노골적으로 주장한다.

"외국 학문은 유학, 불교학 외에도 여러 가지 많이 있지만, 이들은 모두 다른 나라 것이기 때문에 지금 논할 만한 가치가 없다. 나는 외국문제에 아까운 정력을 쏟기보다는 우리 일본에 관해 힘을 다하고 싶다."

중국과 일본은 다르다! 이 정신은 중국사상이나 주자를 상대적으로 보게 만든 중요한 근원이다. 일본에는 일본적인 주택이 필요하다고 주장한 것이나, 묘지문제의 심각성을 지적한 것이나, 모두가 그 이면에는 한결같이 '중국과 일본은 다르다!'는 의식이 깔려 있다. 무엇인가를 생각할 적에 일본인들은 '일본적'이라는 의식을 잃지 않았던 것이다.

물론 이것만이 아니다. 중화사상으로부터의 독립을 가능케 한 요인에는 몇 가지 통로가 있었다. 혼다(本多利明)라는 인물이 "사서오경과 같이 성인이 쓴 경전도 실제로는 아무 도움도 되지 못한다"고 말한 것과 같은 실용적인 사고도 크게 작용한다.

중국 학문에 대한 비판에는 서양 학문에 접하면서 과학의 효용성을 깨닫기 시작한 정치가들도 가세한다. 1844년에 행한 호아시(帆足萬里)라는 정치가의 주장이다.

"중국은 천년 이래 시문(詩文)을 만들어서 입신출세하는 나쁜 국법 탓에 그들의 학문은 아무런 도움도 되지 못한다. 학자라고 이름을 붙이기는 하지만 단지 문장을 희롱해서 입신출세하고 어여쁜 첩이라도 껴안으려고 생각할 뿐이다. 어쩌다 현명하고 명석한 선비가 나와 이런 습관에는 물들지 않는다 해도 학풍이 무너진 탓에 올바르게 성장하기 어렵다. 중국의 서적을 읽어봐도 천문, 지리를 비롯하여 도대체 도움이 되지 않는 책뿐이다."

서세동점하는 시기에 서구열강으로부터의 위협을 감지하기 시작한 일본의 정치가들에게 중국의 학문은 허망하기만 하고 도무지 실용적이지 못했다. 그리고 그런 중국은 실제로 1840년 초두의 아편전쟁에서 영국에 패했다. 중국 학문으로부터의 독립은 이러한 실제적인 상황이 겹쳐지면서 더욱 가속되었다.

사쿠마 조잔이라는 도쿠가와 시대 말기의 한 정치가는 다음과 같은 최후의 일격을 가한다.

"지금의 유학자는 도대체 무엇을 하고 있는가? 토지의 형세, 해륙도로의 험하고 순탄함, 외적의 정황, 적을 방어하는 데 있어서의 이해득실, 성곽과 요새의 축조방법, 지원군의 배치 등, 나아가서는 물리나 수학 등의 학술, 이 모든 것을 남김없이 연구했는가? 이런 인물이 있음을 듣지 못했다. 그렇다면 지금의 유학자라는 자들은 도대체 무엇을 하고 있는 것일까? 책을 읽고 학문을 논한다 해도 단지 그것뿐으로, 오늘의 실제적인 일에 도움이 되지 않는다면 청담을 즐기고 국가적인 과제를 망각해버린 무리들과 무엇이 다르겠는가!"

이런 글이 쓰여진 1854년에 일본은 개국을 단행하고 본격적인 근대화에 착수한다. 물론 쇄국을 완강하게 주장하는 '재야집단'의 저항도 만만치 않았다. 그러나 수많은 갈등을 겪으면서도 일본의 정치권력은 더 이상 과거로 돌아가지 않았다.

메이지 유신이 단행되고 문명개화라는 슬로건 아래 서양의 학문과 기술을 철저히 배워야 한다고 결심한 그들이었다. 그들이 중국 학문에 더 이상 연연하지 않은 것은 물론이다. 중국의 학문은 폐기되고, 서양의 학문이 선택된 것이다. 그리고 메이지 유신으로부터 10여 년이 가까워지는 1876년 무렵, 일본은 모든 분야에서 상당한 변모를 이루고 있다.

어느 정도였을까? 도쿄외국어학교 초대 러시아어 강사이며, 망명혁명가이기도 한 메치니코프가 1870년대 후반에 남긴 평가다.

"메이지 유신으로부터 10년도 경과하지 않은 사이에 일본은 전신, 철도, 공장, 함대, 선박 등을 자기 것으로 만들었으며, 또 국민교육을 개혁사업의 최대 과제로 인식하고 보통학교, 전문학교를 완비했다."

일본인은 전력질주하고 있던 것이다. 같은 시기 우리 조선은 어떠했을까? 앞에서 본 김기수의 말대로 조선은 주자만 숭상했다. 중국의 사슬로부터 조선은 자유롭지 못했던 것이다.

그리고 이 구속은 여기에만 머무르지 않았다. 정신적인 구속은 행동까지 구속하는 것이다. 1876년에 김기수가 남긴 말이다. 러시아의 움직임에 대비해서 조선이 군사적 방어의 계책을 강구할 필요가 있지 않겠느냐는 일본인의 말에 김기수는 이렇게 대답한다.

"러시아를 막는 방도가 반드시 무기를 예리하게 하고 군복을 간편하게 하는 데 있겠는가? 우리나라의 예전 규칙은 선왕의 말이 아니면 말하지 않고 선왕의 의복이 아니면 입지 아니하여, 이것을 한결같이 전수한 지가 벌써 5백 년이나 되었다. 지금은 비록 죽고 망하는 한이 있더라도 기이하고 과도한 기교를 부려 남과 경쟁하기를 원치 않으리라는 것은 당신도 또한 알 것이다."

1840년 경 일본의 정치가들은 중국의 학문이 허망하기만 하고 도무지 실용적이지 못하다는 것을 일찍 깨달았다. 중국 학문의 사슬로부터 자유롭지 못한 김기수는 부국강병을 위한 서양 학문과 기술을 '기이하고 과도한 기교'라고 거부한다. 게다가 조선이 '죽고 망하는 한이 있더라도' 거부한다고 밝혔다. 결국 중국 학문의 사슬은 서양 학문이 유용하다는 새로운 발견을 방해했다.

중국과 일본은 다르다! 매사에 '일본적'이라는 관점에서 사고해온 주체적인 일본인들은 일찍부터 중국 학문의 사슬로부터 자유를 얻었다. 그러나 이것이 모든 행복을 약속해 주는 것은 아니었다. '일본적인 것이 가장 아름답다'는 확신은 또 다른 불행의 시작이기도 했다.

너무나도 일본적인 일본중심주의

일본인의 자주성은 여러 방면에서 여러 형태를 띠고 나타났다. 일본인들은 중국의 가치관·윤리·도덕·문화에 대한 비판을 주저하지 않았다. 또한 일본인들은 자기들에 대한 자부심을 견지함과 동시에 일본적인 특수성과 독자성을 강하게 인식했다. 일본인들은 중국 문명에 간단히 굴복하지 않았던 것이다.

오랫동안 손문의 비서로 활동해 왔고, 중국 국민당의 대표적인 논객이었던 대계도(戴季陶)는 1927년에 다음과 같은 글을 남겼다.

"일본에는 자긍심 높은 학자들이 많이 있다. 그들의 뇌리에는 '일본적'이라는 세 글자가 새겨져 있어서 무엇이건간에 그것이 일본의 독자적인 문명이라고 말하고 싶어한다.……일본의 학자들은 강변과 자기분식을 일삼고 있지만, 만일 일본의 역사문헌에서 중국, 인도, 유럽의 문화를 제거해 버린다면 어떻게 될까? 발가벗겨진 일본에 남는 고유한 본질 부분은 생각컨대 남양군도의 미개인과 다를 바가 없을 것이다.……그러나 다른 한편에서 우리들은 이러한 자존심이 민족의 존재와 발전을 위한 기초가 된다는 사실도 잊어서는 안된다.……일본 민족의 자부심과 향상심에 대해서는 역시 경의를 표하지 않으면 안된다."

한 민족에게 있어 영토의 독립 이상으로 소중한 것은 정신의 독립이다. 대계도의 글에 보이는 것처럼 일본 민족의 정신적인 독립, 바꾸어 말하면 강렬한 주체의식은 일본 민족의 존재와 발전에 결정적인 토대가 되었다고 해도 무방하다. 적대관계에 놓여 있던 중국인마저도 경의를 표했던 일본인의 특성, 우리는 그것을 일본의 주체의식이라고도 말할 수 있을 것이다. 굴복하지 않는 일본인들의 원동력이다.

일본인들은 일찍부터 자기들과 중국을 차별화했다. 이와 관련된 기록은 이미 6백년대부터 존재한다. 당나라 때 씌어진 중국의 역사서 《수서 왜국전(隋書倭國傳)》의 기록이다.

607년에 일본의 왕이 중국에 조공을 바쳐온 적이 있다. 일본의 사신은 일본왕이 보내는 한 통의 국서를 휴대하고 있었다. 그 국서는 '해뜨는 곳의 천자, 해지는 곳의 천자에게……'로 시작되었다. 즉 '해뜨는 곳에 있는 일본의 왕'이 '해지는 곳에 있는 중국의 황제'에게 서신을 띄운다는 뜻이다. 중국 황제는 이를 보고 화를 내면서 "오랑캐가 보낸 글에 무례한 데가 있다. 두 번 다시 오지 못하도록 하라"고 말했다 한다.

607년이면 일본에서 추고(推古)천황이 재위하던 시기이다. 그러나 이때를 기록한 일본의 역사서 《일본서기》나 《고사기》에는 수나라에 사신을 파견했다는 기록은 남아 있으나, 문제의 '해뜨는 곳의 천자, 해지는 곳의 천자에게'라는 국서는 실려 있지 않다.

만일 이런 내용의 국서가 일본의 역사서에만 기록되어 있고, 중국의 역사서에는 기록되어 있지 않다면 일단 의심해볼 수 있는 대목이다. 그러나 상황은 그렇지 않다. 이 국서는 중국의 역사서에 기록되어 있는 것이다. 중국측이 있지도 않은 불명예스런 기록을 이렇게 날조해서 기록할 리가 없다.

그렇다면 일본의 천황은 중국 황제에게 대등한 자격으로 발언했다고 봐야 한다. 중국 황제는 이런 '괘씸한' 일본의 태도에 역정을 냈다. 반일감정이 강한 우리에게는 역시 일본놈은 옛날부터 그런 구석이 있었구나 생각할지 모른다. 그러나 사정은 그렇지만도 않은 것 같다.

　　607년이라면 당시 중국의 황제는 수양제이다. 612년 고구려 영양왕 때 2백만 대군을 이끌고 한반도를 침공했던 바로 그 장본인이다. 을지문덕이 거둔 살수대첩은 이 수양제를 상대로 한 결전에서였다. 수양제는 우리에게도 민족의 생존을 위협하던 철천지 원수였던 것이다.

　　결국 수양제는 607년에 일본으로부터 한방 얻어맞고, 612년에는 한민족으로부터 일격을 당한 셈이다. 게다가 이 당시 일본은 한반도로부터 수많은 문화적 영향을 받고 있던 때였다. 따라서 수양제가 일본으로부터 받은 정신적 상처나 고구려로부터 받은 군사적 타격은 한·일관계가 우호적이었던 6백년대 당시 문화수출국 한국과 문화수입국 일본의 공동작품이기도 한 것이다.

　　호칭의 문제에 대해서만 그런 것이 아니다. 일본인들은 외교문서에서도 중국의 연호 사용을 완강하게 거부한다. 한국측의 기록을 참고하기로 하자. 왜구가 설치던 조선시대 초기인 1419년 조선 조정은 쓰시마 섬을 정벌한다. 이 외교현안을 해결하기 위해 송희경이 일본에 파견되는데, 이때 외교문서가 문제된다.

　　일본인들은 조선의 사신이 가지고 온 외교문서에 '영락(永樂)'이라는 중국 연호가 쓰여진 것을 보고는 '용집(龍集)'이라는 일본 연호로 고쳐 쓸 것을 요구한다. 그들은 '영락'이라는 중국 연호를 사용함으로써 일본이 중국의 속국처럼 되는 것을 거부했던 것이다.

　　임진왜란 이후 조선통신사들이 일본에 갔을 적에도 연호 사용문제는 계속해서 두 나라간에 신경전의 초점이 된다. 한 예로 1607년에 도쿠가와 막부 2대 장군 도쿠가와 히데타다(德川秀忠)가 조선의 사신에게 한 말을 보기로 하자.

"우리나라가 명나라를 섬기지 않으니 '만력'이라는 중국 연호를 쓸 수 없고, 만약 일본 연호를 쓴다면 (조선의) 사신이 반드시 온편치 못할 것이니 둘 다 쓰지 않는 것만 못하다."

장군만이 아니다. 도쿠가와 막부의 관료들도 마찬가지 사고방식을 갖고 있었다. 장군을 외교적으로 보좌하는 승태라는 자가 2대 장군에게 한 말이다.

"일본에는 천황이 있고 명나라에는 천자가 있으니, 일본과 중국은 서로 동등한 나라입니다. 예전에 중국과 외교관계를 맺기 위해서 일본의 최고통치자가 신(臣)이라 칭하면서 공물을 바친 것은 매우 잘못되었습니다. 서로 동등한 나라로서 어찌 스스로 낮추어 신이라 일컬을 이치가 있습니까?"

물론 이 말에 장군은 동감한다. 그들은 그만큼 중국에 대한 자존심을 끝까지 버리지 않았던 것이다.

이 문제에 관한 한은 우리에게는 아주 달갑지 않은 도요토미 히데요시도 마찬가지다. 임진왜란 당시 휴전회담을 위해 명나라 사자가 중국 황제의 국서를 가지고 일본에 간 적이 있다. 도요토미 히데요시는 처음에는 아주 기뻐하며 관대와 의복을 갖추고 명나라 사자를 기다릴 정도였다. 그러나 도요토미 히데요시는 중국 황제의 국서를 읽어내려가다가 "그대를 일본 국왕으로 봉한다"는 대목에 이르자, 갑자기 벌떡 일어나서 머리에 쓴 관을 벗어던지고 국서를 찢으며 화를 내며 말했다고 한다.

"나는 왕이 되고자 한다면 왕이 될 수 있다. 그러나 무엇 때문에 중국 오랑캐의 책봉을 받겠는가?"

이런 사실들을 정작 중국인 당사자는 어떻게 받아들이고 있을까? 청나라 외교관 황준헌의 논평이다.

"언제나 일본인은 중국에 조공했던 것을 말하기 싫어하지만, 명나라 사람은 이를 즐거이 부풀려서 일본이 마치 중국의 속국인 것처럼 생각하고 있다.……일본은 중국을 큰 나라로 받든 적은 있었지만, 신하로서 받든 적은 아직까지 없다."

이것이 친일 중국인이 아닌 일본의 힘을 경계하던 지일(知日) 중국인의 논평이다. 그만큼 일본의 자존심은 높이 평가받고 있는 것이다.

607년 '해뜨는 곳의 천자, 해지는 곳의 천자에게'에서 시작된 일본의 자존심은 메이지 유신을 전후해서도 풀이 꺾이지 않았다. 후지다(藤田幽谷)라는 학자가 1797년에 남긴 글이다. 그는 '일본의 시조는 중국 오나라 태백의 후예'라는 일본 학자의 역사기록에 대해 이렇게 반박한다.

"우리 일본에는 원래 우리 역사서가 있어서 천황가의 유래를 상세히 기록하고 있다. 어찌해서 일본 것은 버리고 중국 것을 취해 신(神)의 황통을 욕되게 할 수 있는가? 옛 조정이 중국과 통교했을 적에 '해뜨는 곳의 천자, 해지는 곳의 천자'라는 호칭을 사용함으로써 서로 대등한 나라의 예로 대했다. 만일 일본의 시조를 오나라 태백의 후예라고 칭한다면, 신국(神國)의 존귀한 황위를 중국의 종속물로 만드는 것이 되고 말 것이다."

일본인 가운데는 '일본은 일본이다!'라고 주장하는 자들이 부지기수다. 그것도 단순히 '일본은 일본이다!'라고 주장하는 정도가 아니다. 중국을 능가하는 아주 뛰어난 일본이라고 강렬하게 주장한다. 러·일전쟁 당시 일본의 영웅이었던 노기 마레스케(乃木希典) 제독을 포함하여 수많은 일본인들에게 강력한 정신적 영향을 끼친 야마가 소코(山鹿素行)라는 학자가 1675년에 남긴 글이다.

"일본이야말로 다름아닌 세계의 중심국가인 중국(中國)임이 명백하다. 이것은 내가 함부로 하는 이야기가 아니고 천하의 공론이다. 일본 고대에는 오직 성덕태자(聖德太子)만이 다른 나라를 터무니없이 받들지 않고 일본이 뛰어나게 훌륭한 나라임을 알고 있었다."

야마가가 쓴 책에는 일본과 중국의 차별화가 도처에서 발견된다. 그는 이런 주장도 한다.

"일본의 풍습은 중국의 풍습과 다르며, 지금은 주자가 살던 시대와는 멀리 떨어져 있다. 그럼에도 불구하고 일본의 많은 학자들은 자기 나라에 있으면서도 중국의 습관이 좋다고 생각하고 있으며, 혹은 중국풍의 예의를 배우고 제사도 중국 방식으로 치른다. 이것들은 전부 이치를 제대로 깨닫지 못한 데서 오는 잘못이다."

이 정도는 온건한 편이다. 그의 주장은 더 격렬하게 나간다.

"자기 땅에 있으면서 자기 땅을 잊어버리고, 그 나라에서 먹고 살면서 그 나라를 잊어버리고, 천하에 태어나서 천하를 잊어버리는 자는 부모의 몸에서 태어나 부모를 잊어버리는 것과 같을 뿐이다. 어찌 이를 사람이 취할 참된 길이라 할 수 있겠는가? 일본을 무시하고 타국만을 떠받드는 자는 난신이요, 적자이다."

한 가지 흥미로운 대조가 눈에 띌 것이다. 김기수는 조선에서는 '주자를 어기는 사람은 곧바로 난신이요 적자'라고 했다. 야마가는 거꾸로 일본에서는 '주자를 떠받드는 자는 난신이요 적자'라고 비난한다. 일본적인, 너무나 일본적인 일본주의의 등장이라고 생각할 수밖에 없다.

중국을 경멸하는 이런 태도가 소수의 학자들만 지녔던 것이라면 문제는 조금 다르다. 문제는 이런 태도가 많은 일본인들 사이에 광범하게 퍼져 있었다는 점이다.

외국인이 전하는 바에 의하면 대체로 일본인들은 중국인이 자신들의 선조라고 생각하는 것을 아주 싫어했다고 한다. 뿐만 아니라 일본인들은 중국인을 아주 경멸하기 때문에 누군가를 사기꾼이나 못된 놈이라고 욕하는 경우에는 '그놈은 진짜 중국놈이다'라고 말했다고 기록하고 있다. 이 때문에 일본인들은 외국인이 자신들과 중국인을 혼동하는 데 대해 심한 모욕감을 느끼기도 했다는 것이다.

중국에 대한 이런 태도는 청·일전쟁 후의 일이 아니다. 만일 청·일전쟁 후라면 일본이 전쟁에서 승리한 다음이기 때문에 교만한 마음이 싹튼 탓이라 할 수 있다. 그러나 이런 태도는 1800년대 초반이나 중반에 이미 발견된다.

모든 것을 일본 중심으로 사고하고, 모든 것을 일본에 의지하려는 성향, 굴복하지 않는 일본인, 일본인들을 그렇게 만들었던 것은 일본적인 너무나 일본적인 강렬한 자존심이었다. 아시아의 많은 나라가 대국이었던 중국의 가치관에 젖어 있을 때, 일본은 중국을 거부했다.

그리고 이런 전통은 메이지 유신 후, 서양인을 상대로 했을 때에도 결코 사라지지 않았다.

'고용' 당한 서구문화

물은 높은 데서 낮은 데로 흐른다. 문명도 필경에는 같은 운명을 갖는다. 로마의 검은 그리스의 찬연한 문화를 지배하지 못했고, 몽골의 말발굽도 중국 문명을 완벽히 정복하지는 못했다.

19세기 서세동점의 시기는 서구의 과학기술 문명이 동쪽으로 흐르던 시대였다. 빠르고 늦은 차이는 있지만, 조선과 일본도 결국은 그 흐름을 거역할 수 없게 된다. 그러나 두 나라의 운명은 전혀 달랐다.

짧은 다행과 기나긴 불행! 19세기 말이라는 동시대에 조선과 일본은 서양을 상대로 승리와 패배의 명암을 달리한다. 조선은 셔먼호 사건과 병인양요, 신미양요 때 미국과 프랑스라는 구미열강을 격퇴한다. 그러나 일본의 양대 세력이었던 사쓰마(薩摩)와 조슈(長州)는 영국과 서양연합군(미국 · 영국 · 프랑스 · 네덜란드)에게 각각 패배한다.

모든 비유럽 국가가 하나같이 서구열강에게 패배의 모욕을 당하던 때인만큼 조선의 승리는 값진 것이었다. 따라서 이 문제에 관해서는 일본인도 경의를 표하고 호의를 보이지 않을 수 없었다. 요코하마항에 근무하던 하야시(林又六)라는 통역원이 신사유람단의 일원인 이헌영에게 남긴 말이다.

"조선에서 일찍이 미국 배 한 척을 불태우고 미국인들을 살해한 적이 있습니다. 그때 신문을 번역한 사람이 그 사건의 전말을 전했기 때문에 서양 사람이 여지없이 패하여 다시 일어날 수 없게 된 것을 알고 통쾌하게 생각했습니다. 미국 병선이 조선에 갔을 때에 소인은 이곳에 있으면서 밤낮으로 그 승부를 살폈습니다. 프랑스 사람들이 강화도로 들어갔을 때에도 그 승부가 어떻게 되는가를 살폈습니다. 그러나 서양 신문들은 이따금 허위보도를 많이 했습니다. 조선과 싸워 이겼다면서 노획한 기계, 활과 화살 등을 실어서 실지로 이긴 것처럼 꾸몄습니다."

이러한 승리는 조선으로 하여금 서양 배척의 끈을 늦추지 않게 만들었으나, 일본의 패배는 위력적인 서양의 힘을 재인식하게 만들었다. 조선인은 서양인과 거리를 두고자 했고, 일본인은 일찌감치 서구를 배우기 위해 유학길에 오른다. 너무나 대조적인 두 선택인 것이다.

1876년에 남긴 김기수의 기록이다. 강화도사건을 해결하기 위해 일본에 갔던 김기수는 고베항에서 배를 타고 귀국길에 오른다. 그는 자기가 탈 배에 서양인이 승선해 있는 것을 우연찮게 발견한다. 이에 김기수는 배를 호송할 일본인 관리에게 단호하게 항의한다.

"이 배는 비록 일본선이지만 이번 일은 우리의 행차를 전송하는 것인즉 우리가 배에서 내리기 전에는 이것은 우리의 배이다. 그런데 우리 배에 어찌 서양인을 태울 수가 있겠는가? 빨리 이 사람을 내려보내고 배에 머물지 못하게 하라."

결국 김기수는 그 서양인을 배에서 내리게 만든다. 고위직에 있는 조선인의 양이운동은 조금도 퇴색하지 않았다.

서양배척운동의 격렬함에 있어서는 일본인도 뒤지지 않았다. 그러나 그들은 '채장보단(採長補短)'을 즐겨 말했다. 서양의 뛰어난 장점을 이용해서 일본의 뒤진 부분을 메운다는 유연한 선택적 사고이다. 김기수가 서양인과 함께하는 것을 거부한 1876년 훨씬 이전부터 일본의 영향력있는 인물과 정치권력은 스스로 외국인과 함께하는 길을 택한다.

해외로 나가는 것이 곧 죽음을 의미하던 쇄국체제 하의 1814년, 메이지 유신의 정신적 지도자 요시다 쇼잉(吉田松陰)은 페리 제독이 이끄는 미국 함대에 숨어들어가 밀항하려다 발각된다. 서양을 알기 위해 의식있는 일본인들은 이른 시기부터 생명을 건 모험을 감행했다.

요시다 쇼잉의 시도는 수포로 돌아갔다. 그러나 적지않은 일본인들은 쇼잉의 모험이 일본의 변혁을 위한 중요한 출발이라고 평가했다.

1863년 5월에는 훗날 메이지 정부에서 가장 비중있는 정치가로 활약하게 되는 이토 히로부미와 이노우에 카오루(井上馨) 등 다섯 명이 비밀리에 영국으로 파견된다. 당시 이들이 소속되어 있던 조슈(長州)의 통치자들은 서양 오랑캐를 성공적으로 격퇴하기 위해서는 우선 적의 사정을 상세히 파악하지 않으면 안된다고 생각했다. 또한 장기적으로는 개국에 즈음해서도 외국사정을 직접 실지에서 연구해 두는 것이 필요하다고 믿었던 그들은 서양 배척을 위해 서양 접근을 결정한 것이다.

고종이 즉위한 다음 해에 해당하는 1864년 4월 4일, 이집트의 스핑크스 앞에서 한 장의 사진을 찍은 서른 네 명의 사무라이가 있었다. 이들 사무라이들은 유럽을 알기 위해 도쿠가와 막부가 공식파견한 일본의 관리들이었다. 이 한 장의 사진은 우리들의 머리를 강하게 때린다. 1864년에 이미 머나먼 이집트의 스핑크스 앞에 자태를 드러낸 일본인들이 있었다는 사실은 충격적이지 않은가? 돌이켜 생각해보면 지금 세계 각처에서 활동하고 있는 일본의 기업가나 샐러리맨의 원형은 바로 여기에 있는 것이 아닌가 생각될 정도이다.

1867년에는 파리에서 개최되는 만국박람회에 참가하기 위해, 훗날 일본 경제의 대부가 되는 시부사와 에이치(澁澤榮一)가 도쿠가와 막부의 공식결정에 따라 유럽으로 파견된다. 이 일행에는 도쿠가와 막부 마지막 장군인 도쿠가와 요시노부(德川慶喜)의 친동생 도쿠가와 아키타케(德川昭武)도 동행했다. 당시로서는 장군을 제외하고 최고권력에 가장 가까웠던 고위층 인물이다.

장군의 의도는 하나였다. 어린 동생인 아키타케가 젊을 때부터 유럽의 풍습이나 문명을 실지에서 배우기를 바랐기 때문이다. 우리들이 세계사 시간에서나 들었고, 조선과는 전혀 관계가 없다고 생각되는 파리 만국박람회에 일본인들은 이렇게 귀빈의 자격으로 참가했던 것이다.

또한 1871년에는 천황 측근의 귀족으로서 유신 내란기에 활약하고 훗날 정당정치의 중심인물로 부상하는 사이온지 긴모치(西園寺公望)가 세계 정치사상 최초로 수립된 정부 파리 코뮌의 현장을 목격했다. 동양인들과는 전혀 무관하다고 생각되는 역사적인 파리 코뮌 현장에 일본인이 함께 했다. 쉽게 상상이 가는 풍경이 아닌 것이다.

한편 1862년에는 도쿠가와 막부가 공식적으로 최초의 유럽 방문사절단을 파견했고, 1871년 11월에는 메이지 신정부가 1백여 명에 이르는 대규모 사절단을 구미에 파견하는 등 일본인들은 이미 메이지 유신을 전후해서 미국과 유럽으로 분주한 발걸음을 옮겼다. 구미를 알기 위한 일념에 의한 것이다.

일본의 통치계급은 서구열강의 위협과 전쟁에서의 패배 앞에 좌절하지 않았다. 무기력 속에 허송세월하지 않았다. 한 수 배우는 것이 불가피하다고 판단한 그들은 아예 인재를 해외로 파견하거나 외국인들을 국내로 불러들이기 시작한다.

특히 메이지 정부는 각 분야에 걸친 외국인 전문가들을 대거 고용한다. 1869년에서 1877년까지 일본 정부가 고용한 외국인 전문가는 매년 5백 명 정도에 이르렀고, 대부분이 공부성(工部省)에 소속되었다. 이들 외국인 전문가들은 거의가 기술자들이었기 때문이다.

그러나 메이지 정부는 어디까지나 주인의 자격으로 그들을 불러들였을 뿐, 결코 주인의 자리를 그들에게 양도하지는 않았다. 그리고 이 원칙은 단 한 번도 변경되지 않았다. 변경되기는커녕 오히려 강화되었다. 일본 정부가 필요했던 것은 외국의 전문기술이었지 외국인이 아니었기 때문이다.

메이지 정부 제1호 고용 외국인인 브란톤의 증언을 들어보자.

"일본의 관리들은 유럽인의 원조를 기꺼이 받아들인다. 그러나 일본 정부 내의 어떤 부서도 외국인의 지배 하에서 문서를 발행하는 것은 생각지도 않는다."

일본 정부는 외국인의 지배를 기본적으로 거부한 것이다. 따라서 토목기사였던 브란톤은 문서에 서명할 일이 있을 때는 책임자로서가 아니라 기사 자격으로 서명할 뿐이었다.

그의 증언은 계속된다.

"분명한 것은 일본인은 고용된 외국인을 가능한 한 이용하고, 어떤 경우에라도 외국인을 자기 주인으로 하거나 권력을 부여하는 일은 생각하지 않았다. 일본인들은 외국인에 대해 지휘권을 갖지 않은 조언자나 혹은 단순한 지도자의 지위에 머물게 하고 싶었던 것이다. 외국인은 자신들이 이러한 지위에 머물고 있다는 사실에 모욕을 느꼈다."

시간이 흐를수록 이런 경향은 더욱 강화된다. 일본 정부는 자신들의 권리를 엄격하게 지키고자 했으며, 가능하면 고용 외국인의 도움을 빌리지 않고 일을 성취하고 싶어했고, 어쩔 수 없이 외국인이 필요한 경우에는 그들을 될 수 있는 한 낮은 지위에 두고자 했다. 일본 정부의 관료들은 외국인 기술자에게 알리지도 않고 자기네들끼리 일을 추진하고, 외국인 기술자를 무시하면서 유럽인 부하에게 명령을 내리며 이를 거부하는 것을 용납치 않았다.

이런 태도는 과학기술 분야가 아닌 다른 분야에서도 나타난다. 근대적인 법체계를 세우는 과정에서도 고용 외국인의 역할은 중요했다. 그중에 대표적인 인물은 일본 근대법의 아버지라 일컫는 프랑스인 대학교수 브와소나드이다. 그도 교사나 고문의 지위에 머물러 있었을 뿐, 정규 관직에 취임해서 최종적인 결정을 내릴 수 있는 권한은 갖지 못했다.

일본 정부와 브와소나드가 체결한 15개조 고용계약에는 이런 조항이 있다.

제8조 어떠한 일이 있더라도 일본의 종교나 정치에 관한 문제에는 손질을 하지 않을 것.

제15조 브와소나드 씨가 일본에 도착한 후에는 법무장관 각하를 배알할 것. 법무장관 각하로부터 직무 내용과 봉직 시간을 명령받을 것.

일본 정부는 브와소나드의 업무한계를 애초부터 확실히 했고, 상급자인 법무장관의 통제를 사전에 확고히 했다. 일본 정부의 이런 방침은 나중에 일본의 형법전을 편찬하는 과정에서 확인된다. 일본 법무성이 정한 편찬 방침 제3항은 "브와소나드에게 논의의 토대가 될 초안을 제출하도록 해서 본격적인 편찬작업의 일조로 삼을 것"이었다. 그리고 제4항은 "브와소나드로 하여금 프랑스 형법을 강의하도록 해서 형법전을 편찬하는 데 참고로 삼도록 할 것"이었다.

고급 법률전문가인 브와소나드의 역할은 단순한 초안 제출자나 참고인 수준이었다. 이 정도면 완전한 엑스트라로의 전락이다. 그에게 무언가를 결정할 수 있는 권한을 부여하는 문제에 대해서는 일언반구도 없다. 외국인의 간섭은 달갑지 않았던 것이다.

국가간의 관계에 있어서도 일본인들은 외국이 간섭할 수 있는 틈새를 원천봉쇄하고자 진력한다. 1868년의 메이지 유신에서 19세기 말에 이르기까지 일본 정부가 외채를 얻었던 것은 단 두 번밖에 없다. 각성이 늦은 나라가 외국자본에 의존하는 위험을 두려워했기 때문이다. 이것 또한 일본인들이 외국의 간섭을 달가워하지 않았던 탓이다.

일본 정부는 외국인 전문가를 환영했다. 그러나 그들을 '초빙'했다기보다는 '고용'했다. 외국인의 전문기술은 흔쾌히 받아들였지만, 외국인의 간섭은 끝까지 배제했다. 일본인들은 돌연히 눈앞에 펼쳐진 서양문명에 무릎을 꿇지도 않았고, 서양문명에 현혹된 채 민족의 독자적인 요구를 망각하는 일도 없었다.

일본인들은 새로운 국가를 건설하는 과정에서도 외국인에게 무기력하거나 간단하게 굴복하지는 않았던 것이다. 그들은 어디까지나 주인으로 행세했고, 주인으로 남고자 했다. 외국인의 간섭은 마지막까지 'No'였던 것이다.

대계도라는 중국인은 일본을 이렇게 평가한 적이 있다.

"시종일관 일본의 중심은 일본이며, 일본의 기초는 일본에 구축되어 있다. 프랑스의 파리가 일본을 지휘할 수 있었던 것도 아니고, 독일의 베를린이 일본을 지휘할 수 있었던 것도 아니다. 만약에 이런 일이 일어났다면 이는 일본의 멸망만이 아니라 일본 민족의 멸망을 의미한다."

이렇게도 말하고 있다.

"일본은 메이지 국가 건설에 즈음해서도 일본인의 지식과 능력만이 아니고 외국인 고문을 통해서 내용을 충실하게 만들었다. 군대는 독일인이 훈련시켰고, 군사제도도 독일인이 제정했다. 법률제도는, 처음에는 거의 프랑스인 브와소나드 고문이 혼자의 힘으로 만들어냈다. 그러나 이것을 지휘하고 통솔하며 선택하고 운용했던 것은 일본인 자신이었다."

시세의 변화에 따라 어떤 때는 도쿄에, 그리고 어떤 때는 모스크바에 편향되어온 변화무쌍한 중국인의 태도에 좌절하고 있던 대계도로서는 일본이 취한 주체적인 태도가 너무나 부러웠던 것이다. 외국인의 간섭을 끝까지 'No'하고 거부했던 일본은 적대국가였던 중국의 정치가로부터도 아낌없는 찬사를 받았던 것이다.

맞지 말고 돌아오라!

맞지 말고 돌아오라! 한국의 어느 군대가 휴가를 떠나는 병사들에게 하는 훈시가 아니다. 말이야 비슷하긴 하지만 여기서 하는 이야기는 내용이 다르다.

1878년 1월, 일본을 출발해서 유럽 순방길에 오른 한 척의 일본 군함이 있었다. 함장은 훗날 해군원수가 되는 이노우에(井上良聲)였다. 밝게 빛난다는 '청휘(淸輝)'라는 그럴듯한 이름을 가진 군함이다. 그러나 군함의 크기는 보잘것없었다. 1천 톤이 될까말까한 이 군함은 깊은 산에서 벌채한 나무로 건조된 목선으로서 승선병력도 40여 명에 지나지 않았다. 그래도 대포를 4문이나 실었고, 일본에서는 최초로 만들어진 기념비적인 군함이었다.

유럽 순방을 위한 장도에 오르기 위해 이제 이들은 요코하마항을 벗어나야 했다. 그리고 예기치 않게 전해온 천황의 축사를 듣고는 장교나 사병 할것없이 모두가 감격해서 눈물을 흘리는 광경도 연출된다. 이런 풍경도 일본적이라면 일본적이지만, 몇 가지 지극히 흥미로운 일본적 자존심과 자긍심이 순방길에서 표출된다.

그들이 향하는 곳은 총포로 무장한 근대적인 서구열강이었다. 그러나 그들은 출발에 앞서 한 가지 의견일치를 보았다. 유럽에 가더라도 거수경례는 그들 방식대로 하되, 나머지는 전부 일본 무사의 예법대로 행한다는 것이다. 그리고 그들이 휴대하기로 결정한 것은 일본도였다. 칼과 함께 하지 않는 일본 무사의 예법은 불가능하기 때문이다. 로마에 가서 로마법을 거부하겠다는 그들은 예절문제에서조차 일본적인 방식을 고집했던 것이다.

일본을 떠난 지 3일, 폭풍우를 만난 이들은 고생고생하며 겨우 홍콩에 도착하고, 계속해서 싱가포르를 경유하여 인도의 콜롬보에 상륙한다. 인도에 상륙한 이들은 서라는 이름을 가진 인도인으로부터 초대를 받게 된다.

이 인도인은 서양인, 특히 영국인만이 우수한 항해능력을 보유하고 있다고 믿었던 모양이다. 그의 첫 인사는 "일본인만으로 일본배를 타고 잘 오셨다"였다. 그의 눈에도 일본인은 아시아인이었다. 그런 아시아인이 자기네 힘만으로 자기네 나라에서 건조한 군함을 타고 인도까지 왔으니 아주 인상적이었던 것 같다.

이들이 경유한 홍콩이나 싱가포르, 인도는 하나같이 영국의 식민지였다. 그곳 주민들은 영국의 폭압통치에 시달리고 있었다. 착취와 수탈도 참을 수 없는 것이지만, 영국인에 의한 인격적 차별과 모독은 더욱이나 인내할 수 없는 것이었다. 그러나 인도인들은 차별과 모독에 항의할 저항력을 상실하고 있었다.

이 인도인의 관심의 하나도 여기에 있었다. 그는 일본인들에게 한 가지 질문을 한다.

"영국인은 당신들을 향해서도 검둥이라 부르는가?"

오죽했으면 이런 질문을 했을까 싶다. 이에 일본인들은 단호하게 대답한다.

"그런 무례한 말을 하면 우리가 용서하지 않기 때문에 감히 입에 올리지 않는다."

이 말을 들은 인도인은 울먹이며 중얼거린다.

"당신들은 너무나 부러운 사람들이군요."

숨김없는 식민지 국민의 울먹임이다.

물론 당시 일본은 식민지 국가가 아니었다. 그러나 일본의 힘은 전격적인 부국강병이 절실할 정도로 절대 취약했다. 그럼에도 일본인들은 외국인의 차별과 모독을 용납치 않았다. 일찍이 일본인들은 자기나라를 개국시키기 위해 찾아온 서양인들을 향해서도 '일본인을 모욕해서는 안된다'는 주의사항을 잊지 않고 전달했다. 이처럼 굴복하지 않는 일본인을 설움 많은 인도인은 부러워한 것이다.

하여튼 일본인들은 기가 죽지 않기 위해 악착같이 버틴다. 터키를 방문한 그들은 그곳 황제와 대면하는 기회를 갖는다. 당시 터키는 유럽의 강국 러시아와 끊임없이 전쟁을 벌였던 나라였고, '썩어도 준치'라고 쇠퇴일로에 있기는 했지만 정예의 육군을 거느린 대제국이었다.

일본인들도 터키를 세계적인 강국으로 알고 있었다. 도쿠가와 시대에 일본인이 쓴 대부분의 서양 관련 서적도 터키를 세계적인 대제국의 하나로 소개하고 있다. 그러나 터키 황제가 보는 일본은 동양의 조그만 섬나라에 지나지 않았다. 신생 일본인지라 정보가 그렇게 많은 것도 아니었다. 무시해도 그만인 나라였던 것이다.

그런 터키 황제가 일본인이 한 말을 듣고는 눈을 동그랗게 뜨고 만다. 황제의 질문이다.

"일본의 종교는 무엇인가?"

이 질문에 일본인은 자신있게 답한다.

"일본 고유의 것이다."

다시 황제가 질문한다.

"군함은 몇 척 있는가?"

이 질문에는 그들도 입을 다문다. 당시 일본이 소유한 군함이래야 너덜너덜한 배가 네 척 정도 있을까말까 하기 때문이다. 자존심 상하는 질문인 셈이다. 그러나 다음 질문에 그들은 고개를 쳐들고 당당히 대꾸한다.

황제의 질문.

"병력은 어느 정도인가?"

그들은 옳거니하고 기다렸다는 듯이 대답한다.

"평상시는 5만 정도이고, 문제가 발생하면 모든 국민이 병사가 된다. 단 한 명도 빠짐없이!"

이 대답을 들은 터키 황제는 눈을 동그랗게 뜬다.

그러나 실제로 일본의 병력은 2만 명이 채 안됐다. 당시 일본은 징병제를 실시하고 있기는 했지만 '모든 국민이 병사'는 아니었다. 요즘 말로 해서 징병검사에 합격한 자만이 군인이 될 수 있었다. 터키 황제는 전국민이 병사라는 큰소리에 놀라지 않을 수 없었다. 그러나 실은 기가 죽기 싫은 일본인들의 큰소리에 지나지 않았던 것이다. 대제국 터키의 황제인 것을 알면서도 일본인들은 그렇게 처신한 것이다.

이 일로부터 반세기가 다 되는 1923년, 터키에서 케말 파샤가 지도하는 공화주의 혁명이 성공했을 때 신생 터키의 개혁은 일본의 메이지 유신으로부터 수많은 시사를 받는다. 터키 혁명의 주인공 케말 파샤의 고백이다.

"나는 일본으로부터 많은 것을 배웠다. 일본은 터키 공화국의 선생이다."

50년 전과 50년 후의 일본과 터키, 묘한 만남이다.

그러나 아직까지는 아시아에서의 일들이다. 그들이 향하던 곳은 열강의 대륙 유럽이었다. 그들은 영국, 프랑스, 독일, 이탈리아, 에스파냐 등지를 방문하게 된다. 이들 일본인들이 유럽인들로부터 받은 인상은 그다지 달가운 것이 아니었다. 영국인이나 프랑스인은 자기네를 어린애 취급했고, 이탈리아인이나 에스파냐인들은 거만하게 구는 등 가뜩이나 자존심 강한 그들로서는 이만저만 상처받은 게 아니었다. 여기서도 일본인들은 예의 강한 자존심과 굴복하지 않는 모습을 드러낸다.

유럽을 방문한 이들은 단순한 관광객이 아니라 군인들이었다. 참을 수 없는 모독 앞에 그들은 침묵하지 않고 곳곳에서 저항한다. 허다한 주먹다짐이 발생할 수밖에 없다. 보고를 받은 함장은 병사들을 일일이 찾아다니면서 이렇게 호령한다.

"다섯 명씩 조를 짜서 다녀라. 만일 상대방이 주먹을 쓰면 죽을 때까지 싸워라!"

함장이 내린 훈시는 명쾌하다. '맞지 말고 돌아오라!'는 것이었다. 이후에 계속된 일본인과 유럽인의 주먹다짐에서는 항상 일본인의 승리였다. 그리고 뒤처리는 항상 외교관인 일본 공사의 몫이었다. 일본 병사들을 다른 아시아인으로 착각한 유럽인들이 돌멩이를 던지면 "우린 일본인이다!"고 소리치며 뚫어질 듯이 쳐다보았다. 결과는 유럽인들의 도망이다. 결국 유럽 순방에서 그들이 남기고 온 알려지지 않은 공적 하나는 '일본인은 자그마하지만 센 놈들이다'라는 풍문이었다.

사상, 제도, 풍속, 문명, 기술 등 중대한 문제에서 사소한 말 한마디나 주먹다짐에 이르기까지 일본인들은 결코 굴복하지 않았다. 일본인들은 대담한 놈들이거나 겁없는 놈들이라고 다시 볼 필요는 없다. 일본인들은 예전부터 전통처럼 굴복하지 않았기 때문이다. 새삼스런 것은 아니다.

그리고 그들이 한때 미소를 짓거나 혹은 침묵하며 'No'라고 말하지 못했다고 해서 굴복했던 것으로 해석해서도 안될 것같다. 마음 속까지 굴복하지는 않았기 때문이다. 일본인의 미소와 침묵은 굴복의 표시라기보다 오히려 보복과 복수의 깊은 준비에 가까운 때문이다.

할말 다 하는 일본인

승자나 강자의 입에서 나오는 이런저런 요구는 어쩔 수 없는 것인지도 모른다. 반면에 패자나 약자의 입에서 나온 이런저런 요구는 그렇게 자연스런 광경이 아니다. 대부분 입다물고 처분을 기다릴 뿐이기 때문이다. 그러나 전쟁에 패했을 때도, 서구열강의 위협 앞에서도, 강대국의 요구 앞에서도 일본인들은 패자나 약자의 입장에 있으면서도 순순히 물러서지만은 않았다. 이렇게 썩 자연스럽지 못한 광경을 일본인들은 자주 연출한다. 어찌보면 우스꽝스럽고, 어찌보면 흥미롭다.

지금 일본은 강대국이다. 미국이 손을 내밀고, 유엔이 손을 내밀며, 세계 각국이 손을 내민다. 그러나 미국도 일본 이상으로 움직일 수 없는 강대국이다. 미국이라는 창과 일본이라는 방패가 몇 년 전에 무역마찰을 둘러싸고 한판 붙었다. 집요하게 밀어붙이는 미국, 교묘하게 피해가는 일본. 창과 방패의 싸움은 일진일퇴를 거듭했다.

창의 공격은 시장개방이다. 그래서 미국은 말한다. 눈으로 확인할 수 있도록 숫자로써 수입품목의 명세서를 정하라고. 쉽게 말해서 1년에 자동차는 몇 대, 뭐는 이만큼, 뭐는 요만큼 숫자로 정하라는 것이다. 그러자 일본에서는 미국의 태도는 떳떳한 사업이 아니라 구걸이라는 비아냥을 했다. 미국은 단도도 하나 준비하고 있었다. 그러지 않으면 통상에 관한 미국의 '수퍼 301조'를 던지겠다고. 미국은 조급했던 모양이다. 자기 집안 법을 가지고 남의 집안 간섭을 하겠다고 나섰으니.

방패는 대담했다. 수입한다면 수입하는 거지, 세상에 이건 이만큼 사들이고, 저건 저만큼 사들이겠다고 어떻게 정하느냐고. 방패는 한마디 더 떠들었다. 미국도 일본인들이 살 만한 물건을 좀 만들어보라고. 짐짝만한 자동차를 만들어놓고 마당같은 좁다란 나라에 사는 일본 사람에게 사라고 하면 누가 그걸 사겠냐고. 도로도 넓지 않고, 주차장도 크지 않은데, 기름 한 방울 안 나는 땅에 가솔린만 퍼들어가는 대형차를 어떻게 살 수 있냐고.

그리고 한마디 더 대꾸했다. 미국은 자유무역원칙에 따라서 하자고 떠들어놓고 이제 와서 무슨 헛소리냐고. 미국을 방문했던 일본 수상도 대통령을 앞에 놓고 말했다. 성숙한 관계를 위해서 불합리한 요구는 받아들일 수 없다고. 얼굴이 붉어진 미국 대통령이다.

그러나 방패 일본은 갑옷을 하나 준비하고 있었다. 미국이 던진 '수퍼 301조'라는 단도에 대항해서. 아마도 일본은 되는 싸움이라고 판단했던 모양이다. 미국이 정 그렇게 나온다면 세계무역기구(WTO)에 맞제소하겠다고.

이 일진일퇴의 싸움에서 방패는 쉽게 뚫리지 않았다. 미국에서는 '일본 두들기기'가 한창이었다. 자동차 도시로 번성했던 디트로이트에서는 미국의 노동자들이 일본차를 향해 해머를 내리쳤다. 미 행정부 내에서도 일본을 혼내주자는 보복론이 힘을 얻고 있었다.

방패는 벼랑에 선 것처럼 보였다. 그러나 동시에 미국 내에서는 일본의 주장이 타당하다는 반론도 만만찮게 대두했다. 방패 일본은 할말을 다 했을 뿐만 아니라, 타당하고 정당한 말도 많이 했기 때문이다. 벼랑에 선 방패는 미국 내의 또 다른 방패를 얻으면서 온전하게 살아남는다.

미국은 일본의 교묘한 지연전에 지쳐버린 것 같았다. 그래서 그들은 결론을 내렸다. 미국도 일본에서 먹히는 물건을 먼저 개발하자고. 상처받은 미국의 자존심을 회복하기 위한 선언이었다. 그리고 머지않아 미국은 네온이라는 이름의 소형차를 생산해 낸다.

이 사건은 1990년대에 있었던 미·일 무역전쟁의 한 장면이다. 물론 많은 사람이 목격한 사건이다. 그러나 이 사건이 최초의 것은 아니다. 미국을 지쳐버리게 만든 것처럼 일본인은 오래 전에도 같은 전력을 갖고 있다. 그 현장에 있었던 외국인의 우스꽝스런 불만을 들어보자.

1854년, 일본을 개국시키기 위해 미국에 이어 쇄국의 땅을 찾은 나라는 러시아였다. 일본을 개국시키기 위해 미국 함선이 일본으로 출발했다는 정보에 접한 러시아인들은 미국과 똑같은 네 척의 함대를 이끌고 뒤질세라 일본을 향해 출범한다. 그리고 도착한 땅, 일본. 그러나 그들을 기다리고 있던 것은 지루하고 지루한 싸움이었다.

이들 러시아인들과의 대면에서 일본인이 그들에게 던진 질문은 누가 대답하더라도 난처할 수밖에 없는 질문이었다.

먼저 러시아인은 이렇게 정중하게 말한다.

"러시아는 일본과 통상하기를 진심으로 원하오. 여기 러시아 황제의 친서를 가지고 왔으니 부디 장군에게 전해주길 바라오."

러시아로서는 지극히 당연한 첫마디다. 그러나 이에 대한 일본인의 첫 질문은 우스울 정도로 아주 얄궂다. 일본인은 반문한다.

"무엇 때문에 단 한 통의 편지를 네 척의 함선에다 싣고 왔소?"

도대체 이 얄궂은 질문 앞에 뭐라 대답할 것인가? 질문도 타당할 수밖에 없다. 아닌게 아니라 한 통의 편지를 네 척의 함선에다 싣고 올 필요는 없었다. 그렇다손치더라도 러시아인에게는 한마디로 황당한 질문이었다. 너무나 어처구니없는 질문에 러시아인은 말문이 막혔다. 물론 이 얄궂은 질문 안에는 러시아에 대한 의혹과, 일본에 대한 러시아의 적의는 없는가 하는 강한 의심이 깃들어 있다.

그들의 첫 설전은 이렇게 시작된다. 그러나 본격적으로 지루한 싸움은 이 다음부터다.

일본의 관리와 접촉한 러시아인들은 방문절차와 의식에 관한 의견을 나누어야 했다. 이런 경우 러시아인의 상식으로는 먼저 일본 정부가 러시아인의 방문을 허락할 것인가 말 것인가를 교섭하는 데 있다. 이것이 유럽 외교의 상식이다. 그러나 정작 뚜껑을 연 순간 러시아인들은 전혀 엉뚱한 문제에 봉착하게 된다.

교섭의 주요 내용은 러시아인들이 앉을 것인가 말 것인가, 혹은 설 것인가 말 것인가였다. 이에 더해 무엇을 깔고 앉을 것인가란 문제가 던져진다. 러시아인들이 더욱 황당했던 것은 이런 문제를 가지고 며칠씩이나 논의해야 했던 점이다.

일본인들의 요구는 간단했다. 모든 러시아인들이 다다미 위에 무릎을 꿇고 일본식으로 앉는 것이었다. 대부분의 외국인이 공통적으로 느껴왔던 고통스런 일본 풍속은 바로 이것이었다. 하체가 긴 서양인들이 무릎을 꿇고 앉아 있는 것은 고문에 가깝기 때문이다. 그러나 일본인들은 아랑곳하지 않았다. 일본에서는 자기들이 주인이다. 모든 외국인은 일본식을 따라야 하는 것이다. 이 교섭은 간단하게 끝나지 않았다. 며칠씩이나 끌어야 했다.

문제는 또 있었다. 일본에 상륙하는 경우에 어느 나라 배를 사용할 것인가도 심각한 문제로 제기된다.

러시아인들이 기대하고 있는 방문허가 문제는 산넘고 물 건넌 다음에야 있을 교섭인 것이다. 그들은 순간적으로 고민에 빠진다. 교섭 당시 러시아인이 남긴 일기를 직접 보자.

"이런 문제는 어떤 것이나 자질구레한 것들이었다. 따라서 만일 중대한 결과를 가져오지 않는다면 이런 문제를 논의하는 것은 이상한 것이 될 것이다. 그러나 사소한 문제라고 해서 상대방의 주장에 양보하게 되면 커다란 문제에 대해서도 양보를 요구할 구실을 주게 되고, 나아가서는 교섭에 임해서도 불손한 태도를 취하게 만들 것이다. 이 때문에 제독은 일본과의 교섭에는 크고 작은 일을 불문하고 온정, 정중, 강경을 모토로 시종일관 이를 견지했다.……문제는 밖으로 보이는 것보다 훨씬 중대했다."

유럽 외교에서는 상상도 할 수 없는 엉뚱한 문제 앞에 고민에 빠진 러시아인. 그러나 그는 이를 중대한 것이라고 결론내린다. 양보해서는 안되는 문제였던 것이다.

지루한 싸움은 그래서 계속된다. 그러나 그들은 서서히 지쳐갔다. 일본인에게는 상식의 싸움이고 러시아인에게는 비상식의 싸움이니 러시아인들이 지쳐갈 수밖에 없다. 울화통이 터지기 직전이랄까? 그만큼 일본인은 서서히 승리하고 있던 셈이 된다.

번잡하고 자질구레한 의식상의 싸움에 지친 그들은 이런 기록을 남기고 있다.

"의식에 참가하기 위해서라면 나는 구두를 벗는 것뿐만이 아니라, 다다미 위에 앉게 되어도 좋다는 기분이었다."

눈물이 날 정도로 힘든 그들이 남긴 최후의 기록이다. 마지막까지 일본적인 방식을 고집하며 할말을 다 하는 일본인들은 할말을 다 찾지 못하는 거구의 러시아인들을 무릎 꿇기 직전까지 몰고갔다.

이로부터 4년이 지난 1858년, 미국의 대표들도 할말 다하는 일본인을 상대했다. 이 싸움은 다행히도 번잡하고 자질구레한 의식상의 싸움은 아니었다. 그러나 일본인들은 자기네 주장을 마지막까지 포기하지 않으면서 할말을 다 했다. 최근의 미·일 무역마찰에서 그들이 보여준 것처럼.

미국의 요구는 일본과 미국 사이에 통상조약을 맺자는 것이었다. 태평양을 횡단하면서 거치게 되는 일본. 미국은 이 항해과정에서 식수니 연료니 음식 등을 일본으로부터 공급받고 있었다. 물론 일본 정부의 허락이 있을 때 가능한 이야기다. 필요할 때 항시로 드나들 수 있는 일본이 아니었다. 게다가 미국은 여러 가지 무역도 필요해지기 시작했다. 따라서 미·일간의 통상조약은 미국에게는 모든 문제를 일거에 푸는 근본적인 해결책이었다.

그러나 미국은 신사답게 입만 가지고 일본에 온 것이 아니다. 함대를 이끌고 온 것이다. 일본은 두려움에 떨 수밖에 없는 상황이다. 한발 헛디디면 바로 전쟁인 것이다.

이런 상황에서 테이블에 앉은 일본인들. 그러나 그들은 통상조약 요구에 순순히 응하지 않았다. 미국 대표는 노골적으로 협박하고 나섰다. 만일 일본이 조약 체결을 거부하게 되면 가장 안좋은 결과가 야기될 것이라고. 한마디로 전쟁인 것이다.

이에 일본인들은 대답한다. 일본 정부도 그것을 잘 알고는 있지만, 지금 당장 체결하게 되면 반드시 국내에서 반란이 일어날 것이다. 만일 일본이 위험에 처하게 된다면, 그것이 국내에서 비롯되든 국외에서 비롯되든 결국 마찬가지가 아닌가라고.

여기서 말하는 일본 정부는 도쿠가와 막부다. 사실 막부도 위기다. 서지도 앉지도 못할 상황이기는 하다. 그러나 미국 대표를 상대로 테이블에 앉은 일본 대표들은 막부의 위기보다 일본의 위기가 더 심각한 문제라고 생각한다. 그러면서도 그들은 할말을 잊지 않았다.

미 대표는 다른 요구를 하고 나섰다. 미국 상인들이 일본 국내를 여행할 수 있는 권리를 달라고. 이에 일본인은 딱 잘라서 거절한다. 이유는 명쾌했다.

"상인들은 단순한 금전적 이익 때문에 여행이 필요하지만, 그 때문에 일본은 혼란에 빠질 것이다. 금전적인 목적과 일본이 혼란에 빠지는 것을 비교해 본다면 어느 것이 더 중대한가?"

일본인들은 오히려 미국인들을 깨우치고 있었다. 미국인 외교관은 이렇게 기록하고 있다.

"이 연설은 본 교섭과정에서 일본인이 행한 발언 가운데서도 가장 사려깊은 것 중 하나이며, 그 말은 옳았다. 일본은 위험한 상황에 놓여 있다. 어떤 이권을 미국에 주지 않으면 전쟁과 정복이라는 협박을 당할 것이고, 이권을 제공하게 되면 일본인이 반란을 일으키게 될 것이다."

일본인의 타당한 반론은 인정받을 수밖에 없었던 것이다.

1945년 8월 15일, 일본은 무조건 항복을 선언할 수밖에 없었다. 두말할 나위없는 완전한 패배였다. 그러나 이때도 일본은 연합국의 처분만을 기다리지 않았다. 패전국 주제에 그들은 할 수 있는 모든 말을 다했다.

천황의 항복선언이 라디오 전파를 통해서 방송되던 같은 날, 일본 정부는 한 통의 외교전문을 스위스 주재 가세(加瀬) 공사에서 발신한다. 전문 내용은 포츠담 선언을 수락함에 즈음해서 일본 정부가 미·영·중·소 4개국 정부에게 요구하는 '희망사항'을 담고 있었다.

첫번째 항목의 첫 조항은, 연합국측 함대나 군대가 일본 본토에 진입하고자 하는 경우에는 일본측의 준비관계도 있기 때문에 사전에 예정사항을 통보해줄 것.

첫번째 항목의 두 번째 조항은, 연합국측 정하게 될 일본 점령지점은 그 수를 최소한으로 하고, 또한 점령지점을 선택함에 있어서 예를 들면 도쿄를 제외시킴과 동시에 점령지점에 주둔하게 될 병력도 상징적인 정도에 머물게 할 것,

두 번째 항목에는, 일본 군인을 지금 상태대로 오랫동안 해외에 주류시키는 것은 피아 쌍방에게 달갑지 않은 각종의 복잡하고 곤란한 문제가 생길 우려가 있으므로 이들을 속히 일본으로 철수시키는데 필요한 선박과 수송상의 편의를 제공해주기를 간절히 바란다는 내용이 있다.

그리고 이외에도 몇 가지 '희망사항'이 있었다. 일본은 완전하게 패망한 입장이었다. 그런데도 이것이 그들의 입에서 나온 '희망사항'이다. 패전국 주제에 그들은 승전국에게 상륙날짜 통보를 요구하고, 점령지역을 여기저기 지시하고 있으며, 점령에 필요한 병력 수까지도 관여하고 나섰다. 두 번째 항목에 이르러서는 '피아 쌍방에게 달갑지 않은' 사태를 운운하면서 필요한 수송수단 제공을 '간절히 바란다'는 형식으로 요구하고 나섰다. 승자에게 이것저것 요구하고 나서니 배짱 좋은 패전상담이다.

물론 그들의 '희망사항'이 전부 들어먹힌 건 아니다. 도쿄에는 어엿하게 연합군 총사령부가 설치되었으니. 그러나 연합군은 무작정 일본 본토를 밟지 않았다. 부분적으로는 일본 정부의 요구가 수용된 것이다. 마지막까지 할말을 다 한 일본인들은 소득이 전혀 없지 않았다.

일본인은 할말을 다 한다. 패자인 경우에나 약자인 경우에나 한결같다. 그러나 그들의 말은 용의주도하다. 정당하고 타당한 말을 충분히 준

비한다. 이유있는 항변을 그들은 발견했다. 일본인들이 쉽게 물러서거나 굴복하지 않았던 이유도 바로 여기에 있다.

지금 우리가 상대하고 있는 일본은 이런 나라다. 한·일간에는 경제문제나 외교문제와 같은 현안사항이 항상 걸려 있다. 패자나 약자인 경우에도 쉽게 물러서지 않았던 그들이다. 세계적 강대국인 미국이나 러시아를 상대로 할말 다 하며 물러서지 않았던 그들이다. 하물며 강자의 입장에 섰을 때 그들은 어떻겠는가?

승부의 관건은 하나다. 그들 이상으로 타당하고 정당한 모든 말을 충분히 준비하는 것, 그 이상 그 이하도 아니다. 그래서 그들 이상으로 집요하게 할말을 다 할 수 있어야 한다. 당연히 그에 상응하는 충분한 준비와 인고가 필요할 수밖에 없지만.

제2부

일본의 두 얼굴,
아무도 그 속을 모른다

자기 생명을 하찮게 여기니, 타인의 생명을 귀하게 여길 턱이 없는
일본인들. 바로 이런 일본인들이 훗날 조금도 주저하지 않고
자살특공대로 지원했고, 전쟁 말기에는 집단자살과 할복자살을 했던
것이다. 미군들이 아연실색한 것은 그런 처참한 현장을 목격했기
때문이다. 그리고 바로 이런 일본인들이 아시아 각지에서 그처럼
잔인한 만행과 학살을 자행했던 것이다. 아무런 감각도 없이, 그리고
당연하다는 듯이! 모두가 황당한 '사의 찬미' 때문이다.

황당한 '사(死)의 찬미'

영국인들은 인도의 모든 것을 다 준다 해도 자기네가 낳은 세계적인 대문호 셰익스피어와는 바꿀 수 없다고 했다. 셰익스피어를 높이 평가하는 표현으로 익히 들어온 말이다. 셰익스피어를 평가하는 건 좋다지만, 그래도 그렇지 인도를 너무 우습게 본 게 아닌가? 그러나 그런 평범한 영국인들조차 셰익스피어의 모든 것을 다 준다 해도 자기 목숨과는 바꾸지 않을 것이다. 솔로몬의 온갖 지혜와 부귀영화도 죽음 앞에서는 무의미하다. 살아 있다는 건 그만큼 소중하다.

그러나 예외없는 원칙은 없다던가? 일본인은 약간 예외였다. 지금으로부터 4백여 년 전, 한 서양인은 일본인을 이렇게 기록했다.

"일본인의 성격은 아주 잔인하고 가볍게 사람을 죽인다. 사소한 일로 가신을 처형하며, 사람의 목을 자르고 몸통을 두 개로 쪼개는 것을 마치 돼지를 죽이는 정도로 가볍게 생각한다. 따라서 자신의 칼이 얼마나 예리한지를 시험할 목적만으로 자신에게 위험이 없을 경우에도 길에서 만난 사람을 두 동강 내는 자도 많다. 전란에 즈음해서는 민가를 태우고 양민을 살육하며 우상이 있는 사원도 예외가 아니다. 화가 나거나 혹은 적의 포로로 떨어지지 않기 위해서 스스로 배를 갈라서 자살하는 것도 간단히 행한다."

몇 가지를 제외하면 어디서 많이 듣던 소리다. 바로 침략자 일본 제국
주의의 모습이다. 중국 대륙과 포로수용소를 배경으로 한 영화에서도 일본
도로 포로의 목을 치고 양민을 학살하는 장면이 보이지만, 어떤 다큐멘터
리에서도 일본군들은 연합군 포로들을 말뚝에 묶어놓고 총검술 연습을 하
는 장면이 나온다. 방화와 파괴와 학살로 점철된 일본 침략자의 모습은 이
렇게 몇 백 년 전부터 시작된다.

게다가 그들은 집 밖에서만 잔인했던 게 아니다. 마찬가지로 4백여
년 전에 쓰여진 글이다.

"그들간에는 다른 세상에서는 볼 수 없는 기묘한 지배방법이 존재
한다. 그들은 자기 가정에 있어서나 수하에 있는 사람에 대해서나 절대적
인 군주로 행세한다. 그렇기 때문에 그들은 원하는 대로 누구도 꺼릴 것
없이 자기 가족이나 수하에 있는 자를 죽일 수 있다."

지금 일본의 책임있는 정치가들은 일본군의 잔인함을 부정하려들지
만, 일본인들은 자기 집안에서조차 잔인한 행위를 서슴지 않았다. 하물며
외국에서야! 그나마 세월이 흐른 뒤에 이런 모습이 바뀌었다면 말이나 될
까. 생명을 우습게 아는 그들의 풍속은 그후에도 고질병처럼 변하지 않
는다.

도쿠가와 시대 일본에 머물렀던 서양인들에게는 이같은 일본적 특
성이 한결같이 눈에 띈다. 프랑소아 카론은 이렇게 말한다.

"그들은 명예를 유지하기 위해서는 기꺼이 생명을 버리기도 한다.
……여러 사람이 죄를 범한 경우, 만일 한 사람이 잡히더라도 그는 자신
의 동료들에게 폐를 끼치기보다는 차라리 죽음을 택한다. 그 고통이 아무
리 무섭고 엄청나다 할지라도 결코 공범자의 이름을 대지 않으며, 결국

고통 속에서 죽어간다. 이를 어김으로써 가까운 자를 죽음에 빠지게 하는 것은 자신의 명예를 더럽힌다는 믿음을 갖고 있기 때문이다."

명예도 소중한 것이지만, 생명은 더욱 소중한 것이다. 그러나 일본인들은 생명보다는 명예를 위해서 독종처럼 죽어간다. 그렇다고 그들이 명예만을 위해서 그렇게 죽었던 것은 아니다. 모독을 당했을 때도 그들은 그것을 참지 못한다. 결국 치밀어오르는 분노를 이기지 못해서 자살을 하는 자도 부지기수다. 높은 지위에 있는 자만이 그런 게 아니다. 봉건시대의 하인들조차 그렇다. 사무라이들은 배를 갈라 자결하고, 하인들은 목에 칼을 찔러 자살한다.

서양인들이 보기에는 너무나 간단히 생명을 끊는 일본인들이다. 그래서 모라에스라는 포르투갈인은 일본인의 특성을 이렇게 표현한다.

"일본인은 대부분 죽음을 두려워하지 않는다. 대부분이라고 하기보다는 '완전히'라고 하는 것이 적절하다. 군중이 들끓어오를 때, 예를 들면 전쟁터에서는 생명을 아무 것도 아닌 것으로 던져버리고 생(生)도 사(死)도 가치없는 하찮은 것으로 여긴다."

명예를 위해서 쉽게 생명을 버리고, 치밀어오르는 분노를 이기지 못해서 자기 목숨을 끊는 일본인들, 그래서 서양인들에게는 납득하기 어려운 그들의 특성이 눈에 띄었을 것이다.

이런 얘기가 남아 있다. 도쿠가와 시대 때, 조선통신사가 일본에서 경험한 일이다. 하루는 통신사를 수행하던 조선인 두 사람 사이에 싸움이 있었다. 이에 책임자가 곤장으로 그들 두 사람의 죄를 다스린다. 곤장이야 조선시대 당시 일반적인 형벌이었으니, 때리는 자나 맞는 자나 이상할 게 없다. 자식들을 먹여살리기 위해서 돈 받고 대신 곤장을 맞는 흥부의 이야기도 있을 정도다. 그러나 곤장질하는 현장을 목격한 일본인들은 이런 말을 한다.

"차라리 참형을 당할지언정 곤장은 맞지 못하겠다."

명예와 생명의 교환, 분노와 목숨의 교환, 여기에 일본인들은 곤장과 생명도 교환할 수 있다고 입에 올린 것이다. 이 소리를 들은 통신사는 그들의 성품이 얼마나 지독하고 삶을 가벼이 여기는지를 새삼 느끼게 된다.

그나마 이건 자기 생명을 둘러싼 문제다. 자기 생명이 하찮게 보이니, 타인의 생명이 귀하게 보일 턱이 없다. 일본인들은 자신의 협기와 대담함을 자랑하기 위해서도 무고한 사람들을 쉽게 죽여버리고, 사소한 불만이나 불평이 있어도 간단히 타인의 생명을 해친다. 지극히 평범한 일상생활에서조차 그들은 그랬던 것이니, 전쟁터에서라면 도대체 어떻게 했을까? 상상이 가고도 남는다. 이처럼 생명을 우습게 여기니 별난 인종으로 보일 수밖에 없다.

그들이 함부로 칼을 휘두를 수 있었던 것은 포악한 개인의 성질 탓만이 아니다. 도쿠가와 시대의 일본 사회가 그런 풍속을 지지하고 있었던 것이다. 도쿠가와 시대 일본의 풍속은 사람 잘 죽이는 것을 담용으로 삼았다. 살인을 많이 하는 자는 비록 시정의 천한 사람일지라도 이름값이 곧 배로 올랐다고 한다. 반면에 이를 두려워해서 피하는 자는 비록 명문가의 자식일지라도 이름이 땅에 떨어지고 만다. 삶을 가벼이 여기고 죽기를 즐거하는 풍속이 이랬으니, 그 정도가 짐작된다.

한마디로 당시 일본 사회는 죽음에 용감한 것을 명예롭게 여겼고, 죽음을 겁내는 것을 부끄럽게 여겼던 것이다. 그래서 할복자살은 마치 장엄한 의식처럼 진행된다.

할복에 앞서 자결을 하게 될 자는 목욕하고 머리를 깎은 다음 현장에 들어선다. 그리고는 눈을 감고 염불을 왼 다음에 스스로 배를 가른다.

이 일도 보통 일은 아니라고 생각되지만, 이 정도는 칭찬도 영광도 없는 평범한 할복자살이다. 배를 가른 다음에 손으로 오장을 끄집어내어 죽는 자들도 있다. 이들은 보는 사람들로부터 칭찬을 받게 되고, 그 자손도 이름이 높아진다. 참혹한 죽음일수록 일본 사회는 그에게 칭찬과 영광을 더해준다. 황당한 '사(死)의 찬미'라고밖에 얘기할 게 없다.

자기 생명을 하찮게 여기니, 타인의 생명을 귀하게 여길 턱이 없는 일본인들. 바로 이런 일본인들이 훗날 조금도 주저하지 않고 자살특공대로 지원했고, 전쟁 말기에는 집단자살과 할복자살을 했던 것이다. 미군들이 아연실색한 것은 그런 처참한 현장을 목격했기 때문이다. 그리고 바로 이런 일본인들이 아시아 각지에서 그처럼 잔인한 만행과 학살을 자행했던 것이다. 아무런 감각도 없이, 그리고 당연하다는 듯이! 모두가 황당한 '사의 찬미' 때문이다.

'할복'에 '항복'한 프랑스 함장

일본에서 내란이 한창이던 1868년 3월 8일, 드브레라는 프랑스 포함(砲艦) 한 척이 오사카 근처에 있는 사카이(堺) 해안에 정박해 있었다. 이 함정은 오사카 시내로 외출나갔던 몇 명의 프랑스 장교를 기다리고 있었다.

이때 마침 토사번(土佐藩) 소속 무사들이 이곳을 지나갔다. 서양배척운동의 열기가 한창이던 당시인지라 아무런 동기도 구실도 없이 이들 무사들은 프랑스 해군을 향해 발포했다. 갑작스런 발포에 프랑스 사관과 해군병사 10여 명이 사망하는 사건이 발생한 것이다. 일본의 국내정치가 혼란기에 있다손치더라도 프랑스 해군에게는 아닌 밤중에 날벼락이었다.

당시 일본은 어떻게 해서든지 외국인들을 국외로 내쫓을 것인가, 설령 잘못되더라도 이들을 추방해야 된다고 생각했다. 쇄국파는 물론이고 개국파들도 실력을 쌓아서 이들 외국인들을 추방해야 한다고 믿었다. 이들 토사번의 무사들은 프랑스인들을 향해 발포함으로써 그 임무를 다하고자 했던 것이다.

이 사건으로 인해 여론이 비등한 것은 물론이었다. 프랑스 당국은 곧바로 이 사건에 대해 엄중히 항의했다. 천황은 어떻게 해서든지 평화리에 서양인과 친교를 맺고자 발버둥쳤다. 결국 이 사건에 연루된 20명의 무사들에게 사형이 선고되고, 프랑스 당국은 일본 정부의 조치에 만족해했다. 그런데 당시 무사들의 사형은 할복을 의미했다.

할복은 일본 관헌과 프랑스 외교관 및 많은 일본인들이 보는 앞에서 묘국사(妙國寺)란 절에서 집행되었다. 처형은 지극히 엄숙하게 시행되려 하고 있었다. 프랑스인들에게는 만족스럽고 당연한 결과를 확인하는 일만 남은 셈이었다.

20명의 토사번 사무라이들은 차례로 한 사람 한 사람씩 자신의 배를 가르고 스스로 생명을 끊어나갔다. 한 사람, 또 한 사람, 다시 한 사람이 배를 가르고 자살했다. 열 한 명째의 무사가 배를 가르고 죽어갔을 때, 프랑스 함장은 도저히 참을 수 없다는 듯, 나머지 아홉 명은 구제해줄 것을 요구하고 나섰다. 그리고 일본 관헌은 프랑스 함장의 요구를 승낙했다.

엄숙한 의식 가운데 자신들의 생명을 태연자약하게 끊어가는 사무라이들의 할복에 프랑스 함장은 기겁한 것이다. 피는 강물처럼 낭자하게 흐르고 내장도 쏟아져 나왔을 것이다. 그러나 다음 순서를 기다리는 사형수는 눈 하나 깜짝하지 않고 칼을 손에 쥐고 있었다. 유럽인에게는 도저히 상상도 할 수 없는 일이 눈 앞에서 일어났던 것이다.

이렇게 해서 만족스럽고 당연했던 사형선고는 피해자측의 참관인 대표자가 질겁을 함으로써 중도에서 막을 내려야 했다. 이 날 이후 현장을 참관했던 프랑스 함장은 악몽의 기나긴 밤을 보내야 했을 것이다.

이들 열 한 명의 사무라이들은 죽음에 앞서 하나같이 단시 한 수씩을 남겼다.

요기(妖氣)를 제거하고 국은(國恩)에 답한다

단지 천 년에 걸쳐서 대의를 가르칠 뿐
하나의 죽음은 원래 논할 만한 가치가 없다

나도 또한 신국(神國)의 자손이기 때문에
더욱 미련없이 깨끗한 오늘의 추억

때가 되어서 피고지는 사쿠라
무엇을 아쉬워 할 것인가 일본혼이여!

혼을 여기에 새겨서
일본의 용맹한 마음을 사방에 떨칠 뿐

　이들의 평균 나이는 서른 한 살. 살아남은 자는 아홉 명. 그러나 목
숨을 건진 나머지 아홉 명 가운데 한 명은 사느니 차라리 동지들의 영혼
이 있는 곳으로 가고 싶다는 말과 함께 할복자살의 길을 선택한다.
　메이지 유신과 동시에 막이 올라간 근대 일본의 역사는 이렇게 지독
한 일본인들의 등장과 함께 시작되는 것이다.

군복 입은 천황

반세기 전만 해도 천황은 군복 차림을 한 군인이었다. 무조건 항복을 최종 결정했던 1945년 8월 14일 마지막 어전회의 당시 군복을 입은 천황이 마지막 모습이다. 그리고 지금 우리들이 목격하는 천황은 양복 정장 차림에 미소를 머금고 있다. 1945년 9월 27일 점령군 총사령관 맥아더 옆에 서 있는 양복 차림의 왜소한 천황이 그 시발점이다.

천황은 왜 군화를 신고 군복을 입게 됐을까? 군국주의 일본을 통치했던 천황으로서 군인 복장을 하는 것은 당연한 일인지도 모른다. 히틀러나 무솔리니 등을 보아도 그렇다.

그러나 한 가지 의문이 남는다. 만일 일본이 군국주의의 길을 걸어가지 않았다면 천황은 군화를 신지 않았을까 하는 점이다. 미국의 루즈벨트 대통령도, 영국의 처칠 수상도 군화를 신지 않았듯이 말이다.

사무라이들이야 원래 군인이었던지라, 이들이 창검 대신 총칼을 잡고 군화를 신은 것은 당연한 일이다. 그러나 궁궐 속의 천황은 사무라이 복장을 하지 않았다. 그런 천황이 국가의 대권을 송두리째 독점한 메이지유신 이후 군인의 복장을 한다. 왜일까? 군국주의로 치달은 일본, 그 수수께끼를 푸는 열쇠가 부분적으로는 여기에 숨어 있기도 하다.

먼저 한가지 흥미로운 대비를 소개한다. 한국과 일본의 건국신이 그 주인공이다. 우리나라에 있는 단군 초상은 그 어느 것이나 공통적으로 온화한 문인의 모습을 하고 있다. 단군당에 모셔져 있는 영정이나 민간에 전승되어 내려온 초상 모두가 그러하다.

이 부분에 관해서는 분단된 한국의 남과 북도 공통적이다. 1994년 10월 준공되어 한때 시끌벅적 보도를 탔던 북한의 단군릉에 안치되어 있는 단군 초상도 온화한 문인의 모습을 하고 있다.

《삼국유사》나 《삼국사기》에 그려져 있는 단군이 한결같이 덕으로 나라를 세운 건국신인 때문이기도 하다. 머리에도 가슴에도 팔다리에도 단군은 가벼운 치장만 하고 도포를 휘두른 후덕한 문인의 모습을 보여준다. 단군의 실존 여부는 접어두더라도, 우리 조상들이 그렸던 단군은 이 같은 모습을 하고 있고, 건국과정과 통치의 내용도 이러한 모습에 상응하는 덕치의 건국신이었다.

이에 반해 일본의 건국신, 즉 일본 초대 진무(神武)천황의 모습은 단군의 모습과 사뭇 다르다. 이 건국신이 구체적인 모습을 하고 일본인 앞에 나타난 것은 메이지 유신 뒤의 일이었다. 교과서를 통해서 이 신의 상상화가 처음으로 등장한 것이다.

그런데 이때 등장한 일본의 건국신은 활과 칼로 무장을 하고 있거나, 병사들을 이끌고 있는 무인의 모습을 하고 있다. 이런 저런 교과서가 많다 보니, 책에 따라서 상상화는 각양각색의 모습을 하고 있다. 교과서 제작자의 상상에 따라 달라지는 그림이니 그럴 수밖에 없겠지만, 한 가지 측면에서만큼은 묘하게 일치를 이루고 있다. 한결같이 무장한 모습을 하고 있다는 점이다.

단군상이든 천황상이든 둘 다 상상화에 지나지 않지만, 일본인 앞에 처음으로 등장한 건국신이 하필 무장한 모습을 하고 있다는 사실은 일단 흥미를 끈다. 한국의 건국신인 단군과 얼마나 판이한 모습인가! 이 모습 안에는 최초의 통치자이자 가장 상징적인 존재에 대한 이미지, 혹은 메시지가 숨김없이 담겨 있다고 할 수 있다.

그러면 왜 무장한 건국신이었을까? 옛날에는 병마(兵馬)와 식량을 관장하는 권한을 천하의 대권이라 하고, 군에 대한 최고의 통수권은 병마의 대권이라 했다. 병사와 말에 대한 모든 군사적 권한을 한 손아귀에 넣었으니, 그 이상의 파워가 없는 셈이다. 도쿠가와 시대에는 무사정권의 최고 우두머리인 장군이 병마의 대권을 장악하고 있었던 반면, 천황은 교토의 궁궐에 유폐되다시피 해서 살던 잊혀진 군주였다.

그러나 이런 무사정권 시대에 있어서도 의식있는 학자나 정치가들은 천황을 잊은 적이 없었다. 이들에게는 자신들이 그리는 천황의 이상적인 상이 있었다. 그것은 문무를 겸비한 인간이었다.

도쿠가와 시대였던 17세기 후반, 한 지방의 정치를 담당하던 무사가 다음과 같은 글을 썼다.

"초대 진무천황 때부터 오우진(應神)천황, 그후에 이르기까지는 왕의 무위가 상당히 강했다. 그러나 점차로 문약에 빠지면서 무가 쇠퇴해졌다. 무인들이 교토에 있는 귀족이라고 해서 그들을 얕보게 된 것은 그 때문이다. 중국에서도 3백 년 혹은 5백 년 동안 통치가 원만했기 때문에, 그 사이에 문무가 똑같이 소중한 것을 모르게 되고, 칼도 차지 않는 풍속으로 바뀌게 된 것은 당연하다. 따라서 성스런 시대의 군주를 그리면서 칼을 차지 않는 모습으로 그린 것은 옳지 않다."

이 무사 정치가가 그린 이상적인 천황은 문무를 겸비한 군주였다. 곧 통치자는 문덕(文德)을 갖추는 것은 물론이요, 칼을 차서 무위(武威)를 갖출 때 진정한 권위를 갖게 된다는 것이다. 그래서 그는 일본의 옛 무사는 문필만이 아니고 무예에도 능했다고 본다.

이 당시 일본은 무사들이 통치하던 나라였다. 하지만 그렇다고 해서 모든 지방의 영주(大名)들이 무력에만 힘을 기울였던 것은 아니다. 그들은 문치에서도 서로 열심히 경쟁했다. 문학이나 무예에 뛰어난 학자를 경쟁적으로 초빙해서 자신의 신하로 대우한 것이 그 실례이다. 영주들은 자기 수하에 있는 신하의 아들들이 문무 방면에서 뛰어난 재능을 갖춤으로써 자기 영지의 유능한 일꾼이 되도록 장려하였다. 그들은 무예와 학문을 잊은 적이 없었다.

그런데 천황가가 통치력을 상실하게 된 원인을 바로 여기서 찾는다. 이 무사 정치가의 주장에 의하면, 세상을 움직이는 양 바퀴는 문과 무이다. 그러나 일본에 불교가 전파된 이후, 천황은 무의 바퀴를 불교라는 바퀴로 갈아 끼워버렸다는 것이다. 무가 없는 문은 진정한 문이 아니기 때문에 결국 천황은 통치력을 잃어버렸다는 것이다.

이러한 천황의 문무겸비론은 그후에도 계속해서 등장한다. 무를 높이 받드는 상무정신이야말로 일본 고유의 전통이라고 주장하는 일본의 학자나 정치가는 너무나 많다.

이들은 신이 천황에게 전해줬다는 세 개의 보물 가운데 거울·구슬과 함께 칼이 있다는 사실에 주목한다. 고대 일본의 천황이 변경의 소란을 평정해서 위세를 뻗친 것도 이 칼의 정신을 잊지 않고 강병에 힘쓴 결과라고 강조한다.

그들에게 있어 칼은 야만적인 폭력의 상징물이 아니다. 거울이 지혜를 나타내고 구슬이 인덕을 나타낸다면, 칼은 용맹을 나타낸다고 믿는다. 그래서 그들은 신으로부터 거울·구슬·칼을 받은 일본은 지·인·용(智

仁勇)의 삼덕을 갖춘 나라라고 주장한다. 따라서 천황의 무장은 빠뜨릴 수 없는 일본 3대 미덕 가운데 하나가 되는 것이다.

메이지 유신 이후 일본의 교과서에 등장한 건국신 진무천황의 무장도 이런 논리에서 비롯된다. 유목민족은 "말 위에서 천하를 얻은 자는 말 위에서 천하를 다스려야 한다"고 말한다. 그러나 일본인들은 "말 위에서 천하를 제패한 자는 말 위에서 천하를 다스릴 필요는 없다"고 말한다. 그러나 궁궐에서 천하를 통치하더라도 천황은 무장을 해야 한다고 주장한다.

문무의 양 바퀴는 일본인들의 통치관 속에서 절대적인 요소였다. 따라서 일본의 지배계급은 교과서 속에서만 무장한 천황을 그리지 않았다. 명치천황은 고풍스런 일본의 관복을 벗어버린 후, 항상 훈장으로 장식한 군복을 입고 있었다. 이유는 한 가지였다. 천황이 무장했을 때 비로소 국가를 확실하게 통치할 수 있다고 믿었기 때문이다.

1882년 1월의 〈군인칙유〉에서 천황 스스로가 "일본의 군대는 초대 진무천황 이래로 천황만이 통솔하는 것"이라고 가르치면서, '천황은 병마의 대권을 갖고 있는 군인의 대원수'라고 강조한 것은 결코 우연이 아니다. 이런 이유 때문에 태평양전쟁에서 패망할 때까지 일본의 천황은 단 한 번도 군복을 벗은 적이 없었던 것이다.

그렇다면 패전 후 천황은 어떠할까? 히로히토가 군복을 벗은 것은 스스로의 선택과 판단에 의한 것이 아니었다. 천황은 스스로 군복을 '벗은' 것이 아니라, 일본을 점령했던 미국에 의해서 '벗겨진' 것이다. 다시 말해 천황의 무장해제는 결코 스스로의 뜻이 아니었던 것이다.

따라서 충분히 이런 상상을 해볼 수도 있다. 만일 그들의 생각 속에 '문무의 양 바퀴'가 통치자의 절대적인 요소라는 신념이 남아 있다면, 천황이 양복에서 군복으로 갈아입는 것은 시간 문제이고, 현재의 모습은 주변국가에 대한 눈치보기일 뿐이라는 점이다.

천황제의 마술을 경계하는 사람들은 바로 이 점을 염려한다. 일본의 운명이 '1억인의 의사'에 의해서가 아니라 '단 한 사람의 생각'에 의해서 결정되었던 과거를.

게다가 다음과 같은 사례를 본다면, 이런 상상과 염려는 나름대로의 근거를 갖는다. 현재 일본에서 자위대라는 군대를 총괄하는 정부 관료는 방위청장관이다. 1973년 5월 바로 이 방위청장관이 일본의 자위대 문제를 히로히토에게 은밀히 보고한 적이 있었는데, 이에 대한 히로히토의 반응은 다음과 같았다.

"자위대 세력은 가까운 옆 나라들에 비해 그렇게 크다고 생각되지 않는다. 그런데 신문 등에는 자위대를 거대한 조직으로 만들고 있는 것처럼 보도하고 있다. 그 점은 어떤가? 나라를 지키는 것은 중요하다. 옛날 군대가 지녔던 나쁜 부분은 배우지 말고 좋은 부분은 배워서 확실하게 하도록 하라."

이 정도의 대답이라면, 히로히토가 일본의 군비와 주변 국가의 군비 정도를 충분히 숙지하고 있지 않고서는 불가능한 반응이라고 할 수 있다. 하기야 그는 군국주의 일본의 대원수로서 태평양전쟁을 지휘했던 경험이 있으니, 군비 비교 정도는 식은죽 먹기였을 것이다.

천황과 자위대의 관계는 이 정도로 끝나지 않는다. 지금에 와서는 자위대의 고위간부들이 천황을 '배알'하기까지 한다. 패전 후 일시적으로는 상상도 못하던 일이었다. 자위대가 일본헌법에 맞느니 안 맞느니 하는 논쟁이 뜨거운 터에, 천황과 자위대의 책임자들이 만난다는 것은 민감한 문제일 수밖에 없기 때문이다.

1960년 9월 28일, 일본이 폐허의 잿더미 위에서 일어선 그 무렵, 처음으로 자위대 고위간부들이 천황에게 인사를 갔다. 그리고 5년 뒤부터는 자위대 고위간부들이 천황을 '배알'하는 것이 아예 공식적인 관행으로 자리를 잡았다. 한 두 명이 천황을 '배알'해도 문제가 될 판국에 무려 수십 명이 집단적으로 인사하러 찾아간 것이다. 결국 이런 만남은 천황의 상징적인 권위가 자위대 쪽으로 무게를 실어줄 수밖에 없다.

이들은 만나서 도대체 무슨 말을 주고받았을까? 히로히토는 자위대 고위간부들을 앞에 두고 이런 말을 한 적이 있다.

"자위대원들은 각자가 평소에 맡은 일에 힘을 다하고 있으니 노고가 많습니다. 앞으로도 국가를 위해서 한층 노력해주기를 바랍니다."

이에 대해 자위대를 대표하는 의장은 이렇게 답사를 한다.

"이처럼 고마운 말씀을 듣게 되어서 너무 감격스럽습니다. 자위대원 일동은 새롭게 결의를 다져서 일본의 평화와 독립을 지키기 위해 전력을 다 바침으로써 천황폐하의 뜻에 따를 각오입니다."

이 격려사와 답사는 과연 무엇을 의미할까? 천황은 '국민'이 아닌 '국가'를 위해서 노력해주기를 요청하고, 자위대측에서는 이런 천황의 의향을 받들어서 '천황폐하의 뜻에 따를' 충성을 맹세하고 있는 것이다. 한마디로 자위대는 스스로 '국민의 군대' 이전에 '천황의 군대'가 되고자 하는 것이나 진배없다. 구시대의 일본군이 떠오르는 것은 자연스런 반응일 수밖에 없다.

히로히토가 죽고 그의 큰아들인 아키히토가 새로운 천황(平成)으로 즉위한 지 15년을 넘어서고 있다. 그 동안이라고 해서 이러한 관계에 변화가 있는 것은 아니다. 천황은 행사가 있을 때마다 꼬박꼬박 자위대에 걸음을 하고 있고, 이런 천황을 맞아 자위대는 도열을 해서 최상의 경례를 바치고 있기 때문이다.

다만 차이가 있다면 옛날에는 일본군 대원수로서의 행차였다면 지금은 '일본국의 상징'으로서 행차라는 점이 다를 뿐이다. 그러나 아무리 소수일지라도 일본 사회의 일각에서 대원수로서 무장한 천황을 바라보는 시각이 존재한다는 사실은 주목을 요하는 점이다.

어느 것이나 쉽게 사라진 적이 없던 일본적 전통의 생명력을 감안한다면, 무장한 천황을 주장하는 논리도 예외는 아닐 것이다.

일본이여, 무장하라!

미국에 남북전쟁이 있었듯이 일본에도 남북전쟁이 있다. 미국에서 남북전쟁이 끝난 지 얼마 안되는 1869년에 일본은 교토 근교에서 발생한 내전을 시작으로 에도성 무혈 입성, 동북전쟁, 홋카이도 전쟁을 거치면서 내전이 종결된다. 외국인들은 이 내전을 천황측에 선 남부지방 무장집단과 도쿠가와 막부측에 선 동북지방 무장집단간의 권력쟁탈전으로 이해했기 때문에 일본의 남북전쟁이라 부르기도 했다. 피로써 피를 씻는 동족상잔의 전쟁인 것이다.

강력한 군사력을 지닌 서구열강이 극동으로 몰려들던 서세동점의 시대, 혼란에 혼란을 거듭하던 일본의 국내정치는 이 남북전쟁을 기점으로 일단 한 매듭을 짓는다.

무사계급 출신이 통치하게 된 메이지 국가에는 자연스레 무사들이 운집한다. 메이지 유신 초기인 1869년에는 일본의 각 지역을 대표하는 무사계급들로 구성된 공의소(公議所)라는 기관이 있었다. 일본의 진로에 대해 다수의 의견을 수렴하기 위해 만들어진 자문기관이었다.

그들은 여기서 새로운 국가건설을 향해 논의에 논의를 거듭하게 된다. 이들 무사계급들은 이 세계를 약육강식의 춘추전국시대로 파악한다.

그들이 보기에는 무사가 기지개를 펼 계절이기도 했던 것이다.

유신이 단행된 메이지 시대 초기에 일본의 통치자들은 서양의 군사력에 대해 상당한 위기의식을 갖고 있었다. 메이지 천황도 서양의 군사력을 '현재 일본이 직면한 가장 심각한 문제'로 파악하면서 일찍부터 머리를 쥐어짰다. 때문에 메이지 천황은 공의소에 이런 의견을 묻는다.

"일본은 당당한 신주(神州)로서 옛날부터 현재에 이르기까지 외국의 수모를 받은 적이 없는데, 외국의 경멸을 초래함에 있어 오늘날보다 심한 적이 없다. 이런 수모를 없애기 위해서 어떻게 해야 될 것인가?"

천황의 '걱정'은 계속 이어진다.

"만약 저들이 공격해오는 경우 일본이 이에 대응할 병비가 없다면 일본인은 왕실과 더불어 멸망할 것이 뻔하다. 만약 쇄국을 고집해서 전쟁이 발발할 경우, 왕실은 어디에 두며 무슨 병력을 가지고 왕실을 보호할 것인가?"

천황은 걱정이 태산이다. 그런 만큼 그에 대한 논의도 결코 소홀하지 않았다. 메이지 천황은 1868년 3월 14일, 국내전 초기에 반포한 〈유신칙어〉에서 서구열강의 위협으로부터 일본을 보전하는 일과, 그들과 대결할 수 있는 힘을 갖추는 것을 가장 중대한 과제로 언급하고 나선다. 메이지 유신 초기, 일본의 모든 국가정책은 오직 이 한 가지 일에 집중된다.

현재 우리가 알고 있는 일본의 수도는 도쿄이다. 그러나 본래 일본의 수도는 교토였다. 그 수도를 옮기자는 최초의 계획이 제기되었을 때는 지금의 도쿄가 아니고 오사카였다. 왜 오사카였을까?

메이지 유신 3걸 중의 한 명인 오쿠보(大久保利通)는 유신을 둘러싼 내전이 한창인 1868년 2월 18일에 일찌감치 오사카로 수도를 옮기자는 의견을 내놓는다. 그의 주장은 이렇다.

먼저 그는 천황의 위엄을 해외에 빛나게 하고, 만국과 대결할 수 있는 일본을 건설하는 것이 가장 중요하다고 밝힌다. 이를 위해서는 수도가 교토이기 때문에 발생하는 비효율성과 번거로움을 없애야 하는데, 오사카는 교토에 비해서 '부국강병'을 이룩하고 해군과 육군을 일으키는 데 지형이 적당하다고 주장한다.

수도를 옮기자는 최초의 주장은 이렇듯 오사카가 일본을 보전하고 열강과 대결할 수 있는 군사적 근거를 제공해준다고 믿었기 때문이다. 메이지 유신 초기 일본의 국가건설 방침은 이처럼 단순하고 명쾌한 것이었다. 한마디로 모든 일본인이 알아들을 수 있는 슬로건인 셈이다. 그리고 일본의 통치자들은 단순명쾌한 건설방침을 아침에 만들고 저녁에 뜯어고 침없이 일관성있게 추진해 나간다.

일본의 역사를 아는 사람이면 누구나가 귀에 익숙한 판적봉환(版籍奉還)이니 폐번치현(廢藩置縣)이란 말이 있다.

'판적봉환'이란 도쿠가와 장군을 포함하여 모든 대명(大名)들이 지배하던 토지와 인민을 천황에게 바치는 것이고, '폐번치현'이란 260여 개로 나뉘어 있던 대명들의 관할지를 중앙에서 통치할 수 있는 행정단위로 재편하는 것이다. 즉 대명들의 기존 권한을 천황과 천황의 정부에게 집중시키는 정치적인 대변혁이었다. 이러한 정치적 대변혁을 강행한 배경에도 일본 보전과 열강과의 대결 실현이라는 단순명쾌한 건설방침이 있었다.

1869년 1월 23일에 제출된 '판적봉환' 의견서는 제도 · 형벌 · 군사 문제에 관한 것에서부터 군복 · 기계에 이르기까지 모든 것을 조정에서 관할해야 하며, 이렇게 명(名)과 실(實)이 하나가 될 때 비로소 서구열강과 대결할 수 있을 것이라고 주장한다.

1871년 7월 14일에 공포된 '폐번치현'도 "안으로 억조를 평안케 하고 밖으로 만국과 대결하고자 한다면 명실을 부합하게 하고 정령을 귀일시켜야 한다. 번을 폐지해서 현으로 바꿔 힘써 번잡함을 없애서 간이함을 얻고, 이름은 있되 실속이 없는 폐해를 없애서 정령(政令)이 여러 갈래로 나뉘는 우려를 없애야 한다"고 주장한다.

한 국가를 통치하는 데 있어 국민의 힘을 어떻게 결집시키냐 하는 것은 국가성패의 관건이다. 또한 국민의 힘을 결집시키기 위해서는 정부의 방침과 목적을 국민이 쉽게 납득하고 이해할 수 있도록 해야 한다. 번거롭고 복잡한 정부의 슬로건을 이해하기 위해서 일반 국민은 고민하지 않는다. 메이지 정부는 대국민 홍보에 관한 한 이런 원칙에서 벗어나지 않았다. 국가적 위기에 직면한 그들은 정부 내에서의 논의를 도모하면서 동시에 대국민 홍보도 철저히 진행한다. 요즘말로 일본의 통치자들은 일본인들의 정신무장 캠페인을 전개하기 시작한 것이다.

1869년 2월, 교토에 반포된 일본 정부의 대국민 포고문은 위기의식을 주기에 충분한 것이었다. 포고문은 "국제정세를 깨우치고 신주(神州) 일본의 국시를 밝힌다"로 시작된다. 그리고 계속해서 "지금은 세계만국이 병기를 개발하고 병력을 길러서 국가이익을 도모하고 있는 판인데, 천황의 덕이 널리 퍼져서 정부와 국민이 혼연일체가 되지 않는다면 외국에 일본의 약점이 알려져 모독을 받는 토대가 될 것"이라고 경고한다.

또 다른 어느 지방에 공포된 포고문에도 서구열강으로부터 가해지는 위협을 언급하고, 서구열강과 대결하기 위해서는 다사다난한 현실을 타개해야 하며, 이를 위해서는 상하가 일체를 이뤄야 한다고 역설한다.

천황과 천황의 정부는 이처럼 한결같이 일본을 보전하고 서구열강과 대결할 수 있는 일본을 건설하기 위해 단순명쾌한 방침을 고수했다.

여기에는 저명한 지식인도 가세한다. 당시 가장 광범한 영향력을 행사하던 후쿠자와 유키치(福澤諭吉). 훗날 아시아를 버리자고 주장한 그도 일본 보전과 열강과 대결할 수 있는 일본을 건설하기 위해 선도적으로 나섰다.

1870년대 당시 경이적인 베스트 셀러를 기록했던 후쿠자와의 《학문의 권장》은 "사람 위에 사람 없고, 사람 밑에 사람 없다"는 유명한 말로 시작된다. 인간의 존엄한 권리를 선언한 이 계몽적인 책은 그러나 상당부분을 서구열강의 위협에 할애하고 있다. 그는 이렇게 썼다.

"지금 러시아나 영국인과 같은 외국인들이 일본 주위에 바로 다가와 있다. 이러한 때에 일본인이 가져야 할 의무는 누구 할 것 없이 국체를 온전하게 간직하는 단 한 가지뿐이다."

후쿠자와가 모든 일본인에게 학문을 권장한 이유도 바로 이 한 가지 목적 때문이었다. 그의 주장에 따르면 메이지 시대 일본인이 우려하지 않으면 안되는 것은 오직 외국과의 관계라고 본다. 따라서 후쿠자와는 또 하나의 유명한 베스트 셀러 《문명론개략》에서 "문명이 지니는 가장 큰 뜻은 전체 국력을 기르고, 그 국력으로 연면하게 지속되어온 왕실을 유지하며, 더욱 국체를 빛나게 해서 세계만국과 대결하고자 힘쓰는 것"에 있다고 결론내린다.

이제 남은 길은 하나뿐이었다. 그들은 '일본이여, 무장하라!'고 외친 것이다. 메이지 정부의 자문기관 내에서는 신속히 군비문제를 다루기 시작한다. 먼저 천황은 해군과 육군 확장책 및 해군 훈련장 문제에 대해 구체적으로 다루도록 시달한다.

이 당시 자문기관에서는 여러 가지 문제를 취급했다. 그러나 천황은 단 한 번도 참석하지 않았다. 그런 천황이건만, 유독 해군과 육군 확장책을 논의하던 날에는 처음으로 천황을 포함한 메이지 유신의 중심인물이 대거 참석한다. 일본의 통치자들은 그만큼 군사문제에 많은 관심을 보였다.

당시의 군비문제에 대한 발언 가운데는, 패전 후 현대 일본이 선택했던 경제입국론을 주장한 자도 있다. 그는 지금 시급한 것은 오직 교역을 성하게 해서 나라를 부유하게 만드는 것이므로 해군과 육군은 잠시 현상태로 두자는 무역부국론을 주장한다. 그러나 이런 주장을 편 사람은 단한 사람밖에 없었다. 경제입국론은 들어먹히지 않았던 것이다. 나머지는 전원 군비확장론이다.

그들은 육군은 프랑스식으로, 해군은 영국식으로 개편해야 한다고 주장하는 한편, 군사문제를 무사계급에만 의존하던 종래의 제도를 고쳐서 모든 일본인을 징집 대상으로 하는 국민개병제도 도입을 주장하기도 한다. 서구열강의 군사제도를 수용하는 데 그들은 조금도 주저하지 않았다.

일본에는 이런 속담이 있다.

"적의 비수를 빼앗아서 적의 가슴에 들이댄다."

그들은 열강의 뛰어난 제도를 완전히 수용해 그들을 압도하겠다는 의욕에 불탔다. 그들은 군사기술적으로 열강에 의존하게 되는 위험성도 재빨리 파악했다. 따라서 그들은 군함과 총기에 대해서는 서양기술을 전습받아서 일본 국내에서 제조하는 길을 확보하고자 했고, 그 일환으로 병기제조 공장을 국내에 건설해야 한다는 병기자급책을 용의주도하게 마련했다. 또한 해군학교 설립과 관련해서는 외국인을 고용해서 전습받을 것을 주장하는 한편, 유학생을 파견하자는 해외파견 방책도 제안되었다.

이들 논의는 탁상공론으로 끝난 것이 아니라, 나중에는 실제로 채택되고 적용된다. 훗날 노만이라는 미국인 일본 연구가는 이렇게 쓰고 있다.

"메이지 유신은 선진 서양제국의 기계기술과 군비를 따라잡기 위한 경쟁이며, 일본은 자국의 경제적·정치적 독립마저도 그 경쟁에 걸었던 것이다. 일본의 공업화는 오직 군사력 강화를 위해서 존재했다."

이 평가는 지극히 타당하다. 일본은 민족의 생존을 걸면서까지 '일본이여, 무장하라!'고 외쳐댄 것이다. 그러나 일본의 무장화는 단지 강력한 군함과 병기를 사들이는 데만 있지 않았다. 돈으로만 보장받는 안보가 아니었던 것이다. 그들은 독자적인 군사력, 군사력의 자주성을 충분히 감안했고, 서양 의존을 극히 경계했다.

군사만이 아니다. 메이지 유신 이후로부터 패전에 이르기까지 일본의 모든 것은 군국 일본을 위해 자리매김당한다. 외교방침도 재정방침도 교육방침도 모두가 국방계획을 기본으로 수립된다. 따라서 외교는 군사외교, 재정은 군수재정, 교육은 군사교육이었다.

의회가 개설되고 헌법도 제정되었지만, 정권의 중심은 완전히 군사기관에 있었으며, 정권을 조율하는 주요 인물은 모두가 군인이었다. 국가정책은 군사비 최우선이었고, 다른 정책은 떡고물을 받아먹는 정도였다.

정당정치도 마찬가지였다. 정당의 변천을 봐도 의회가 개설된 이후한발 한발 정권에 접근해 갔지만, 이는 곧바로 한발 한발 군벌에 동화되어간 과정이나 다름없었다. 자유당의 주류는 이토 히로부미에게 붙었고, 자유당 당수 사이온지는 군벌에 순응했던 인물이었으며, 자유당 분열 후에는 아주 간단히 다나카(田中義一) 육군대장의 휘하에 들어갔다. 자유당과 대결하고 있던 진보당도 마찬가지였다. 진보당도 괴멸상태에 빠진 뒤에는 국민당이라는 잔해로 남아 있었지만, 가츠라(桂太郎) 육군대장이 정당을 조직하자 대부분이 곧바로 그의 휘하로 들어가버렸다.

일본인들이 믿었던 것은 무력 중심의 통수정치였다. 따라서 일본이봉건정치에서 벗어나자마자 군국주의적인 근대 제국으로 변신했던 것은조금도 이상한 일이 아니었다. 결국 일본 민중은 군국주의를 노래했을망정 정당정치는 노래하지 않게 된 것이다. 1945년 8월 15일까지 일본은 '군국의, 군국에 의한, 군국을 위한' 나라에서 조금도 변함이 없었다.

그로부터 패전 60주년을 맞은 지금 일본은 어떠한가? 일본은 주변국으로부터 가해지는 군국주의 부활이라는 비판을 거꾸로 비판한다. 가당치도 않은 말은 하지도 말라고, 일본은 예전에 걸어갔던 길을 가지도 않을 것이며, 일본 국민이 허락치도 않을 것이라고.

그렇다면 일본의 무장은 포기했느냐고 물어보기로 하자. 군복을 벗은 천황은 지금도 완전한 무장해제를 하고 있지 않다. 오히려 일본 사회의 일부에서는 천황의 무장을 요구하고 나서는 판이다. 패전 하루 전날 히로히토 천황이 남긴 말은 메이지 천황처럼 때를 기다려 복수를 기약하는 것이었다. 불행하게도 무장한 천황은 건재하다.

무를 숭상하는 일본의 정신 또한 패전과 함께 사라지지 않았다. 일본의 통치자들은 무조건 항복이 결정된 후에도 일본군의 무장해제는 일본군 스스로 처리하고 싶다고 요구하고 나섰다.

이유는 한 가지에 있었다. 연합군에 의한 무장해제는 일본군의 명예에 손상을 끼친다는 때문이었다. 하지만 무장해제 거부는 군국 일본의 명예를 마지막까지 지키면서, 군국 일본의 자존심을 일본인에게 심어주고자 하는 최후의 발버둥처럼 보인다.

마지막까지 그들이 지키고 싶었던 것은 일본군의 '불패(不敗)의식'이었다. 따라서 그들은 말한다. 8월 15일은 '종전기념일'이라고. '패전'한 것이 아니라 단지 전쟁상태가 끝난 '종전'일 뿐이라고 주장하기 위해서이다.

이 모두는 무엇을 말하는가? 쌀 수입 자유화를 둘러싸고 일본 열도가 뜨겁게 달아오르던 불과 몇 년 전, 일본의 정치가들은 강대국들이 쌀을 무기화할지도 모른다는 이유를 내세우며 식량의 자주화를 외치고 나선 적이 있었다. 일본이 개국하고 미국과 최초로 통상조약을 맺던 1858년 당시에도 그들은 쌀, 보리 등 주식으로 사용되는 식량은 미국에 팔지 않기로 협정했다.

그들에게 있어 쌀은 예나 지금이나 두 개의 얼굴을 하고 있다. 하나는 평시의 식량이요, 또 하나는 전시의 군량이다. 그들의 머리 속에 국제정치는 언제 어떻게 만국 대결의 시기로 들어설지 모르는 불투명한 세계다. 강병 일본을 위해서 그들은 항상 준비해둬야 하는 것이다. 그러니 군비문제에 대해 과연 그들이 무관심하겠는가?

우리가 주로 경계하는 것은 일본의 첨단 군사기술이나 강력한 화력을 지닌 현대무기이다. 그러나 그 이상으로 우리가 주목해야 되는 것은 일본 통치자들의 사고방식이다. 그들이 무장한 천황과 일본의 무장을 거부하기 전까지 현해탄은 결코 조용히 잠들지 못하는 것이다.

일본만을 위해 떠오르는 태양

한국의 정치를 말의 잔치라고 하던가? 한국 신문들은 선거철에 반드시 한 코너를 마련한다. 선량후보들의 풍성한 '말'을 소개하기 위해서이다. 때문에 말이 빈곤한 정치가는 마치 무능한 정치가로 인식되기도 한다. 정책대결을 펼칠 머리보다 말싸움에 능한 입이 더 소중한 정치는 여기서 비롯된다.

덕택에 우리는 불후의 명언을 아주 쉽게 입에 올리는 우수한 국민이 되었다. "머리는 빌릴 수 있어도 건강은 빌릴 수 없다"는 어느 대통령의 말. 한 때 누구나 입에 올리던 명언이었다. 물론 건강의 소중함을 강조한 말이다. 그러나 일본의 정치가들은 건강도 빌릴 수 없는 것이지만, 머리도 빌려서는 안된다는 확신에 차 있다.

1700년대 초반까지만 해도 러시아는 유럽의 약소국이며 후진국이었다. 1697~98년에 당시의 러시아 군주 표트르는 사절단의 일원으로 네덜란드, 영국을 여행하면서 그들의 뛰어난 선진기술을 습득하기 위해 몸소 조선술과 토목기술을 배웠다. 표트르는 공장, 학교, 병원도 시찰하고, 다수의 학자, 기사, 전문기술자를 초빙하거나 유학생을 파견하는 등 러시아의 공업과 상업을 진흥시키기 위해 온갖 노력을 기울인다.

평생 동안의 호의호식을 약속받은 표트르는 빌릴 수 없는 건강이 허락하는 한에서 온갖 머리를 다 짜는 고난을 선택한 것이다. 러시아로 돌아온 그의 보따리에는 부국강병의 토대가 될 선진국의 과학기술을 포함하여 온갖 것이 쏟아졌다. 화려한 변신의 준비를 알리는 순간이었다. 그 길로 부국강병에 모든 국력을 다 바친 것은 물론이다. 그의 개혁은 관료 체제 확립을 미롯하여 복장과 일상생활에까지 이르렀다.

그로부터 30여 년이 흐른 1725년, 표트르는 유럽 대륙 제패와 아시아 정복이라는 세계정복 책략을 담은 유훈을 남기고 죽어간다. 표트르는 이렇게 가르쳤다.

독일에 대해 간섭하라, 폴란드 내에 친러시아 당파를 만들어 그들을 비호하라, 스웨덴·덴마크 연합을 해체해서 그들을 약화시켜라, 터키나 페르시아 양국에 대해서는 끊임없이 전쟁을 도발하라, 오스트리아와 동맹을 맺고 시기를 보면서 오스트리아를 약화시켜라, 발칸 반도에 산재해 있는 러시아 정교 신도들을 정치적으로 이용하라, 인도로 진출하라.

표트르는 스웨덴을 빼앗고, 페르시아를 격파하며, 폴란드를 할양하고, 터키를 탈취하는 계략을 준비하는 한편, 당시의 열강과 세계를 분할해서 나눠갖는 방안까지 치밀하게 가르쳤다.

그러나 그는 단지 침략적인 전략 전술에 대해서만 시종 언급한 것이 아니었다. 유럽 강국으로부터 군사전문가나 학자들을 영입해서 지식을 습득하도록 가르치기도 하고, 영국의 무역술과 영국 해군의 기술에 정통하도록 독려하는 등, 러시아를 강국으로 개조하기 위한 제반사항에 대해서도 면밀하게 주의를 환기시켰다. 그가 건설한 러시아는 검은 야욕을 불태울 만큼 자신감에 넘쳐 있었던 것이다. 그리고 그의 후손인 러시아 황제들은 표트르의 유훈을 받들어 유럽 대륙과 아시아 방면에서 좌충우돌

그칠 줄 모르는 정복전쟁으로 날을 지새웠다.

소설같은 이 이야기는 러시아를 유럽의 강국으로 변모시킨 '제관을 쓴 혁명가' 표트르 대제의 실화이다. 지금으로부터 3백여 년 전의 일이다. 이렇게 오래된 인물을 러시아인들은 지금도 잊지 못하는 모양이다. 오죽 했으면 러시아 해군은 태평양 함대에 합류하게 될 핵 항공모함에 '표트 르 대제'라는 이름을 붙였을까. 지금도 러시아인들은 그가 그리운 것이 다. 21세기 블라디보스톡의 파고(波高)는 결코 심상치 않게 됨을 예고하 는 대목이다.

머리를 빌리지 않고 몸소 서방으로 발걸음을 한 표트르 일행은 대규 모 사절단이었다. 러시아의 괄목할 만한 성과는 우연이 아니었다. 만일 이런 일이 일본에서 일어났더라도 우리는 결코 우연이라고 말할 수 없을 것이다.

메이지 정부가 서양 견문을 넓히기 위해 사절단을 파견한 것은 1871 년 11월 12일의 일이었다. 1백여 명에 달하는 세계사에서도 전무후무한 대규모 사절단이었다. 내전이 종식된 것은 불과 2년 6개월 전. 국내체제 가 채 완비되기 전의 악조건 속에서도 메이지 유신을 주도한 오쿠보(大久 保利通), 기도(木戸孝允), 이와쿠라(岩倉具視)를 위시하여 이토 히로부미 등 당대 최고의 실력자들이 대거 해외로 몰려나간 것이다. 이 때문에 남 아서 국내정치를 관장하게 될 정부도 온전한 정부가 아니라 유수(留守)정 부(일시적으로 정부를 지키게 된 정부)라 칭하게 될 정도였다.

사절단의 최연장자인 이와쿠라가 마흔 일곱 살, 오쿠보가 마흔 둘, 기도가 서른 아홉, 이토가 서른 하나, 그리고 일행 중 최연소자는 열아홉 살로, 사절단의 평균연령은 서른 살이었다. 혈기왕성하고 패기충천하는 청년 사절단이었다. 그들의 나이는 자기 눈과 머리로 서양의 현실을 직접 확인하려는 왕성한 의욕에 차 있을 무렵이었다.

당시 새파란 20대의 메이지 천황도 환송문을 발표하면서 그들의 장도를 축원했다. 그의 기대는 선명했다.

"국가원수인 짐의 책무는 모든 일본인이 현명한 국민이 될 수 있도록 도움을 줌으로써 일본을 부강한 나라로 만드는 데 있다. 만약 일본이 선진국과 같은 유익한 과학이나 기술 및 모든 제도에 힘입어 나라를 부강하게 만들 수 있다면, 이들 정보를 획득하기 위해 국내에서 이를 연구하든가, 아니면 외국에서 이를 실제로 견문하기 위해 인재를 파견하지 않으면 안된다. 외국여행은 모두의 지식을 풍부하게 할 것이다. 일행중에는 이미 나이가 들어 신지식을 얻기 위해 애쓰는 것이 무리인 자도 있다고 생각되지만, 전원 협력해서 귀중한 정보를 얻어 귀국하기를 기대한다."

당초 6개월 정도로 예정됐던 외국시찰이 마감된 것은 무려 세 배가 넘은 1년 9개월이 지난 뒤였다. 그들은 그만큼 정력적으로 구미열강을 누비고 다닌 것이다. 주요 방문국만 보더라도 미국, 영국, 독일, 프랑스, 이탈리아, 러시아, 벨기에, 네덜란드, 오스트리아, 스위스, 스웨덴, 덴마크, 에스파냐, 포르투갈 등이었다.

그들은 무엇을 보았을까? 물론 그랜드 캐년이나 라스베거스 같은 관광지는 아니었다. 당시 세계의 공장이었던 영국에서만도 육군사관학교와 해군기지 등을 견학했고, 런던에서만 28군데 제조소와 공장을 방문했다. 물론 다양한 분야에 걸친 견학 방문이었다.

예를 들면 양초, 접착제, 기와, 우모, 성냥, 고무, 시멘트, 시계, 그릇, 화약, 도료, 피혁, 염색, 표백, 식육보존 등등 각종 제조소가 그 가운데 포함되었다. 버밍엄에서는 병기공장, 유리와 화학공장, 전기도금공장 등을 견학했고, 맨체스터와 리버풀에서는 제당공장, 제사공장, 기계공장, 기관

차공장 등을 견학했다. 에딘버러에서는 조선소를 찾아갔고, 뉴캐슬에 도착해서는 일본이 군함과 병기를 수입한 적이 있는 윌리엄 암스트롱의 공장을 견학했다.

국방과 산업에 관한 것이 태반임을 알 수 있다. 이른바 천황의 환송문에 보이는 '선진국의 유익한 과학이나 기술'에 관한 것이다. 그러나 그들은 선진국의 '모든 제도'에 대해서도 무심하지 않았다. 미국에서는 상원과 하원을 방문했고, 구미 헌법이나 지방자치, 토지제도, 종교 등도 관심의 초점이 되었기 때문이다.

권력의 핵심부에 있는 사절단 일행은 과학기술과 무역만이 일본을 부강한 나라로 이끌 수 있는 유일한 길임을 깨닫는다. 따라서 무엇보다도 서양의 선진 과학기술을 신속히 수용해서 빠른 시일 내에 일본을 부국강병의 문명국가로 만들어야 한다는 확신을 얻게 된다.

그들은 내치(內治 : 국내를 정비하는 것) 우선파로 변신했으며, 신속한 국내건설을 최우선적인 정치 일정으로 올려놓게 된다. 메이지 천황의 기대는 어긋나지 않았던 것이다.

구미사절단의 핵심이었던 이와쿠라와 오쿠보가 1873년에 제기된 정한론(한반도 침략론)을 내치가 최우선 과제라는 이유로 반대하게 된 것도 서양견문에서 체득한 확신이 있었기 때문이다. 최우선 과제인 내치완성을 위해 그들은 천황을 움직이면서까지 정한론을 철회시킨다. 이 때문에 국내에 남아서 처음부터 정한론을 주장해온 사이고 타카모리 등 정한파들은 정부를 박차고 나온다. 소위 최초로 일본 정부를 분열시킨 '메이지 6년(1873)의 정변'이라는 정치적 사건이다.

이와쿠라와 오쿠보는 자신들의 확신을 관철시키기 위해 정부가 분열되는 것도 마다하지 않았던 셈이다. 그리고 메이지 정부 내에서 최고 실력자로 부상한 오쿠보는 정한파가 하야한 1개월 뒤인 1873년 11월에 서양견문에 입각한 국내정비와 식산흥업에 재빨리 착수한다.

오쿠보의 확신은 심지어 내란에 처해 있을 때조차도 나타난다. 1877년에는 정한론 좌절로 하야한 사이고 타카모리의 사쓰마 사족집단이 반정부 무력봉기에 나선다. 단일집단으로서는 전통적으로 일본 최강의 무력을 자랑하는 사쓰마 세력에 대항해 메이지 정부는 무력으로 맞선다. 한때는 절친한 고향 친구였고, 유신 내란기에는 혈맹의 동지였던 오쿠보와 사이고 타카모리는 서남(西南)전쟁(1877년 2월)에서 적으로 만난 것이다.

전운이 감도는 위기일발의 화급한 상황 속에서도 오쿠보는 식산흥업의 일환으로 준비하고 있던 제1회 내국권업박람회(內國勸業博覽會)를 중지하지 않았다. 오쿠보는 식산흥업에 대해 분명한 신념을 갖고 있었다. 그는 〈식산흥업에 관한 건의서〉에서 이렇게 밝히고 있다.

"나라의 강약은 인민의 빈부에 의하고, 인민의 빈부는 물산의 많고 적음에 의한다. 그리고 물산의 많고 적음은 인민이 공업에 힘쓰는 정도에 달려 있지만, 더욱 근본이 되는 것은 정부 관료가 어느 정도 이를 유도하고 장려해 주느냐에 달려 있다."

제1회 내국권업박람회는 오쿠보의 이러한 신념에 따라 국내산업의 진흥과 육성을 위해 계획된 것이었다. 어떤 나라에서든 내란이 벌어졌다면 이 정도의 행사는 간단히 중지됐을 것이다. 그러나 오쿠보는 국내건설 완수라는 최우선 과제를 위해 조금도 동요하지 않았다. 그리고 그는 서남전쟁이 진압되고, 사이고 타카모리가 패사한 뒤 8개월이 가까워오는 1878년 5월 14일 이른 아침, 사이고의 복수를 준비해온 여섯 명의 자객에 의해 암살당한다.

이처럼 일본의 실력자들은 자신의 머리로 국가정책의 우선순위를 결정했다. 그리고 자신의 머리로 깨달았기 때문에 어떤 역경에도 굴하지 않고 흔들림없이 국가건설에 매진할 수 있었다.

이들이 가슴 속에 품고 있던 일본의 비전은 한마디로 어떤 것이었을까? 메이지 유신의 3걸인 오쿠보, 사이고, 기도가 기구하게도 비슷한 시기에 사망한 뒤 일본을 주도한 자는 이토 히로부미였다. 그는 서양인들이 보기에도 가장 눈부신 활약을 한 정치가였고, 가장 상징적으로 일본의 비전을 대외에 천명하기도 했다.

대규모 사절단이 미대륙에 상륙했을 때, 미국 정부는 대대적으로 그들을 환영한다. 해가 바뀐 1872년 1월, 우리에게는 도요토미 히데요시와 더불어 양대 원흉인 이토 히로부미는 샌프란시스코 시장이 마련한 환영회에서 유명한 연설을 남긴다.

"일본은 아직 독창적인 것을 주장할 힘이 없다. 그러나 모든 문명국의 장점은 취하고 과오는 피하면서 실효있고 지혜롭게 대응할 것이다. 일본 국기의 한 가운데 있는 빨간 원은 이미 쇄국의 표시가 아니다. 앞으로 세계적인 문명국을 향해서 떠오르는 태양과 같은 고귀한 상징적 표시이다."

다른 기록에 따르면 이토의 연설은 다음과 같다.

"제군! 일본 국기는 태양이다. 이 태양이 세계를 향해 절반 정도만 얼굴을 내민 것이 일본의 현실이다. 그러나 이 태양이 얼굴을 전부 내밀어 세계를 비출 날은 머지않다."

그의 연설은 미국인들로부터 갈채를 받았다고 전해진다.

일본인들은 세계적인 문명국을 향해서 떠오르는 태양과 같은 일본을 가슴에 품고 있었던 것이다. 열강의 위협으로부터 일본을 보전하고 서구열강과 대결할 수 있는 일본을 건설하는 과정에서 그들이 품은 비전은 '떠오르는 태양 일본'이었다. 그들은 확고부동한 이 목표를 향해 스스로 생각하고 스스로 결정했으며 스스로 책임졌다.

1810년대에 고로닌이라는 러시아 함장이 남긴 이런 경고가 있다. 만약 일본이라는 나라에 표트르 대제와 같은 위대한 군주가 군림한다면, 일본은 짧은 시일 내에 아시아에서 군림하는 나라가 될 것이라고. 따라서 일본인들에게 서양문명을 가르쳐주는 일은 되도록 피해야 한다고.

고로닌의 경고와 우려는 엉뚱한 것이 아니었다. 그의 경고로부터 1세기도 지나기 전인 1905년, 그의 조국 러시아조차도 일본에게 치욕적인 패배를 당해야 했기 때문이다.

그리고 무엇보다도 일본인들은 일찍부터 표트르를 알고 있었다. 사쿠마 조잔(佐久馬象山)같은 경우는 이미 1842년에 제출한 해양방어책에서 표트르 대제를 '러시아의 영웅'이라 평가했고, 교회의 종 등을 회수해서 무기로 만들었던 표트르의 정책을 따라야 한다고 제안했다. 표트르 대제는 벌써 1840년대부터 일본인들이 존경하던 위대한 건설자의 표상이었던 것이다.

또한 일본의 저명한 계몽지 《명육잡지(明六雜誌)》 1874년 3월호에도 표트르 대제의 세계전략이 소개되고 있음을 주목해야 할 것이다. 그들은 입으로만 표트르를 얘기하지 않았다. 메이지 천황은 표트르의 정책을 직접 답습하는 결정을 내린다. 메이지 천황이 전국에 내린 조칙이다.

"전국 사찰에 있는 범종을 거둬들여서 대포와 소총을 제작하는 데 협력하라."

완전한 표트르 대제의 복사판이다. 고로닌의 우려는 이미 현실화되고 있었다. 떠오르는 태양 일본을 가슴 속에 품은 그들도 표트르의 후손인 러시아 통치자들처럼 검은 야욕을 불태우는 전철을 밟기 시작한 것이다.

일본을 바꾼 외국인의 시선

일본은 외압(外壓)에 약하다고 한다. 외국의 압력에 쉬 굴복하기 때문이라는 말이다. 그래서 항간에는 1854년 미국의 압력에 의한 일본의 쇄국 포기를 그 예로 든다. 그러나 실상은 어떤가?

확실히 미국의 외압은 있었다. 거기에 러시아가 가세하고 영국, 프랑스도 합세했다. 당시 조선이 열강에 포위되어 있듯이, 일본도 사정은 마찬가지였다. 그러나 일본이 굴복한 것은 외압에 의해서가 아니었다. 오히려 그들도 우리 조선처럼 죽기 살기로 저항했다. 그러나 어느 순간 그들은 저항을 단념하고 나라 문을 열기로 결심한다. 단 그들은 결코 대책도, 이유도 없이 나라 문을 열지 않았다. 스스로 판단하고 스스로의 필요에 따라 닫은 문을 열기로 했을 뿐이다.

그들은 왜 나라 문을 열어야 하는지를 깨달았다. 서구문명을 수입해서 부국강병을 이룩하는 것만이 유일한 살길임을 발견한 것이다. 이런 깨달음과 함께 문을 연 그들이었기 때문에, 그 깨달음을 실현하기 위해 모든 국력을 어디에 써야 하는지도 알고 있었다. 결정만 내리고 할일을 몰라 하는 자들처럼 앞뒤를 그르치지 않은 그들이다.

얼마 전 미국도 일본 시장을 개방시키기 위해서는 압력을 행사해야 한다고 주장했다. 그들의 입에서는 일본의 쇄국체제를 단념시킨 1854년에 있었던 전례가 거론되었다. 물론 일본이 외압에 약하다고 봤기 때문이다. 미국인들은 뭔가 착각했던 것이다. 일본을 다루는 데 외압이 필요하다는 판단은 정확한 것이 아니다. 결국 미국인들은 강압적인 으름장과 온갖 보복조치를 다 동원하겠다고 위협했지만 충분한 결실을 거둘 수가 없었다. 일본의 속성을 모른 탓이었다.

일본은 스스로 움직이는 편이다. 그러나 동시에 철학도 빈곤한 편이다. 일본이 세계적인 지도이념을 갖고 있지 못하다는 비난은 틀리지 않다. 1930년대까지 일본은 세계 무대에서 '침묵하는 일본(Silent Japan)'이라는 불명예스런 소리를 들어야 했다. 영어를 못한 탓도 있겠지만, 기본적으로 세계 무대에서 통용되는 이념이 빈곤한 탓에 할말도 많지 않았기 때문이다.

지금 일본은 '얼굴이 보이지 않는 나라'라는 비난을 받는다. 무슨 생각을 하고 있는지 분명치 않기 때문이다. 이것도 이념의 빈곤에서 오는 것이다. G7회의(선진 7개국 정상회담)에서도 일본은 할말이 많지 않다. 이것 또한 세계경제를 이끌어갈 뾰족한 이념이 빈곤한 탓이다. 그들은 부유한 나라와 강한 군대를 만드는 데만 능숙한 것같다.

그렇다면 일본을 움직이게 만들기 위해서는 어떻게 해야 하는가? 과연 일본을 움직이게 한 것은 무엇일까?

메이지 유신이 있던 다음해인 1869년, 당시 일본정부 내의 자문기관에서는 문신을 없애자는 주장이 제기되었다. 개인적인 취향 정도로 보이는 문신문제에 왜 이렇게 간섭하고 나섰을까? 이유는 있었다.

일본에는 묵형(墨刑)이라는 벌이 있었다. 죄의 경중에 따라 얼굴이나 팔뚝에다 검은 줄 표시를 새겨넣는 형벌이다. 침으로 새겨넣으니 지워지는 것이 아니었다. 물론 범죄자임을 확인할 수 있도록 하기 위함이다. 그러나 그들은 이 표시 위에다 꽃이나 새의 모양을 덧새겨 넣어서 전과증거를 인멸하고자 했다. 범죄자들이 화려한 문신을 새기는 것은 그래서 필요했다. 지금 우리가 어디선가 목격할 수 있는 문신은 이런 과거사를 갖고 있다. 따라서 일본 당국은 이런 탈법행위에 대비해야 했던 것이다.

그러나 이유는 또 있었다. 자문기관에 제출된 문서에는 이렇게 씌어 있다.

"피부에 인물이나 화조(花鳥)를 새겨 넣어서 스스로를 상처입히는 것은 가련한 일이다. 게다가 외국인에게 심히 부끄러운 일이다."

이때는 일본이 서양의 선진문명을 정열적으로 배우던 시기로 외국인과의 접촉은 빈번해지고, 약소국의 입장에 있던 일본은 불평등조약을 어떻게든 개정해야 하는 과제를 안고 있었다. 일본의 통치자들은 자기 나라가 결코 야만적이거나 미개한 나라가 아니라는 것을 보여줄 필요가 있었다. 외국인의 시선을 의식하지 않을 수 없었던 것이다.

이 제안은 바로 표결에 부쳐 226 대 9라는 압도적인 표차로 통과하게 된다. 결국 '외국인에게 심히 부끄러운' 문신은 범법행위가 되고 만다. 그리고 다음해인 1870년에는 얼굴이나 팔뚝에 검은 줄 표시를 새기는 묵형도 폐지되기에 이른다. 이런 형벌도 부끄럽게 여긴 탓이다. 결국 따가운 외국인의 시선이 일본을 움직인 것이다.

1871년 11월 29일, 도쿄에는 '나체금지'를 지시하는 당국의 명령이 하달된다. 일반 서민들이 '훈도시' 하나 덜렁 차고 나체에 가까운 모습으로 나다니는 것은 일본의 풍속이었다. 그런데 왜 행정당국은 이를 금지했을까? 포고문에는 이렇게 씌어 있다.

"벌거벗고 다니는 것은 일반 풍습으로서 일본인에게는 이상한 일이 아니지만, 외국에서는 이를 아주 경멸한다. 각자가 커다란 치욕으로 생각해서 자기 살결을 절대 드러내지 않도록 하라. 외국과의 교류가 활발해지고 있다. 도쿄는 별도로 치더라도 외국인의 왕래가 빈번한 곳(여기서는 요코하마와 같은 외국인 거류지를 가리킴)에서 보기 흉한 풍습을 그대로 둬서는 국가의 체면이 말이 아니다."

행정당국은 이를 준수하지 않는 자는 체포하겠다는 의지를 분명히 하면서 '나체금지'를 명령한다. 오래된 풍습이지만, 도무지 외국인의 시선이 따가웠던 것이다.

나체와 함께 혼탕도 오랫동안 내려온 일본의 풍습이다. 최근 일본의 온천에서는 말할 것도 없고, 예전에는 대중목욕탕에서도 남녀 혼욕이었다. 지금의 일본 목욕탕도 뭔가 구조가 이상하다. 돈을 내고 이용한다는 '센토우(錢湯)'라는 이름의 목욕탕에 처음 들어선 한국 여성이라면 남탕과 여탕을 동시에 내려다보는 카운터의 남자 주인을 보고 깜짝 놀랄 것이다. 입구만 다를 뿐, 한 지붕 아래 벽 하나로 나눠진 남탕과 여탕. 주인은 입구 중앙의 높은 곳에 걸터앉아 양쪽으로 들어서는 남녀 손님을 맞이한다. 그러나 여탕 탈의실의 어떤 곳도 시력 좋은 남자 주인의 사정거리에서 벗어날 수 없다. 완전한 노출이다. 세상에, 합법적으로 자기 알몸이 도적질당하고 있는 것이다.

그래도 이건 약과다. 1800년대 말엽에 일본에 갔던 한국 여성이라면 같은 탕 안에 웬 남자가 버젓이 들어앉아서 묵상에 잠겨 있었을 것이니 얼마나 황당했으랴!

이런 혼욕이 1870년대 말엽에 금지된다. 외국인의 항의가 있었기 때문이다. 그래도 워낙 오래된 습관인지라 없애기 힘든 이 혼탕은 욕조 사이에 칸막이만 쳐서, 한쪽에서는 남자가 또 다른 한쪽에서는 여자가 목욕할 수 있도록 개조된다. 그래도 외국인의 비난이 멈추지 않자 당국은 남녀탕을 벽으로 완전히 차단해 버린다.

현재 한국 여성이 경험할 수 있는 기기괴괴한 대중목욕탕은 이렇게 해서 태어난 것이다. 이 경우에도 일본의 통치자는 외국인의 따가운 시선을 의식하지 않을 수 없었다. 잘못하다가는 미개인이라는 낙인이 찍힐 판이니 어쩔 수 없었다. 신경쓰이는 외국인의 시선이었다.

1868년 4월에 3백 명의 일본인이 하와이로 건너간 적이 있다. 하와이에 있는 사탕수수밭에서 3년 동안 일하기로 고용계약을 맺은 자들이었다. 그러나 어느 외국인으로부터 이들 일본인은 노예가 될 것이라는 투서가 들어왔다. 투서에 접한 일본 정부는 고용주인 미국인과 갖은 접촉을 시도했지만, 아무런 성과가 없었다.

결국 4월 27일, 3백 명의 일본인을 태운 선박은 요코하마를 떠나 하와이로 출발해 버리고 만다. 그러나 일본 정부는 포기하지 않았다. 다음 해인 1869년 9월, 일본 정부는 대표를 하와이에 파견하며 재접촉을 시도한다. 그들은 영·미·불 세 나라 공사의 협조공문까지 얻어내면서 담판을 준비한다. 결국 담판은 성공리에 끝나게 되고, 이들 일본인들은 다시 일본으로 돌아오게 된다. 당시 일본인들을 놀라게 했던 괴사건으로 기록되어 있다.

일본의 통치자들은 일본인이 노예로 팔리는 것에 대해 심한 모독감을 느꼈던 것이다. 아마도 일본이란 나라가 우습게 보이는 것을 사전에 경계한 탓도 있다. 자기 국민을 지키겠다는 일본 정부의 의지는 바람직한 것이다. 지금도 해외에서 발생한 일본인 관련 사건에서는 적극적으로 대처하는 일본 정부다. 그들은 국내, 국외를 막론하고 일본인은 자기네가 지켜야 한다는 확신을 버리지 않는다.

3백 명의 일본인이 하와이에서 돌아온 같은 해인 1869년에 노예를 둘러싼 이런 얘기도 남아 있다. 1869년 4월, 일본 정부의 자문기관에 한 의안이 제출되었다. 내용은 일본인의 대부분을 양인(良人)으로 하고, 외국인을 노예로 삼는 것을 허용하도록 하라는 주장이었다. 신분제도가 완전히 폐지되기 전인지라, 노예와 같은 하인들이 있던 당시였다. 이 주장의 논점은 분명했다.

"유럽인은 중국이나 인도, 혹은 아프리카 흑인 등을 고용해서 노예로 삼고 있고, 그 자신들은 양인(良人)으로서 그들을 쓰고 있다. 우리들도 이처럼 해야 되지 않겠는가!"

자국민이 노예로 팔리는 것을 수치로 여기면서, 그들은 타국민을 노예로 삼아야 한다고 주장하고 나선 것이다. 후안무치한 이런 주장이 가능한 것은 원칙도 이념도 없는 탓이다.

이보다 1개월 전인 3월에는 '인신매매금지에 관한 의안'이 제출되었다. 여기서도 츠다(津田眞一郎)라는 계몽학자는 서양에서는 사람을 팔고 사는 악풍이 사라진지 오래되었는데도 일본에는 여전히 비문명적인 풍습이 있다고 비판하면서, 인신매매를 금지시켜야 한다고 주장한다. 외국인의 시선을 의식하지 않을 수 없던 그들이기 때문이다. 결국 3년 후인 1872년 10월 2일에는 일본 정부의 이름으로 '인신매매금지령'이 반포되기에 이른다.

따가운 외국인의 시선 때문에 그들이 움직인 사례는 이외에도 많이 있다. 최근의 경우를 보자. 일본 정계의 유력한 인사 가운데 한 명인 오자와 이치로(小澤一郎)의 말이다. 그는 일본이 '자그마한 뇌를 가진 공룡'인 상태에서는 격변하는 상황에 대처할 수 없다고 강조한다. 적극적으로 국제무대에서 활동을 전개하기 위해서는 일본의 정치를 여러 각도에서 진지하게 논의하고 체계화시켜 나가야 한다고 말한다.

그는 현재 일본 정치가 도무지 성에 차지 않는 것이다. 그가 《일본개조계획》을 쓴 것도 그 때문이다. 그는 말한다.

"일본은 국제사회에서 어떤 나라로 생각되기를 원하는가, 혹은 일본이 어떤 나라로 비쳐지길 바라는가?"

따가운 외국인의 시선은 지금도 일본을 움직이고 있는 중요한 원동력인 셈이다.

일본은 외압에 의해서라기보다 스스로 움직이는 편이다. 그들은 외국인의 시선을 너무 강렬히 의식한다. 그것도 빈번히. 자기들이 어떻게 비치고 있는지가 꽤나 신경쓰이는 것이다. 한마디로 이념은 빈곤한 대신에 눈치는 있다. 때로는 뻔뻔한 구석이 있는 반면에 어쩔 수 없이 외국의 시선을 감안하는 그들이기도 하다.

일본을 움직이도록 하기 위해서는 어떻게 해야 하는가? 과연 일본을 움직이게 한 것은 무엇일까? 따가운 외국인의 시선을 의식하면서 움직였던 그들, 으름장과 협박이라는 외압만이 능사가 아니다. 외압은 힘이다. '따가운 외국인의 시선'은 과연 무엇일까? 미국이 외압에만 호소할 때, 일본을 상대하는 우리에게는 '따가운 외국인의 시선'이 과연 무엇인지를 발견하는 것도 중요한 일이다.

종군위안부의 오랜 과거사

여성을 상품으로 하는 섹스 산업, 혹은 향락산업은 어느 나라에나 존재한다. 거슬러 올라가면 구약의 이른 시대에 신의 노여움으로 멸망한 소돔과 고모라에도 섹스 산업이 번성했음을 엿볼 수 있다. 숭고한 이성(理性)을 존중하는 서양도 성의 상품화는 예외가 아니다. 체계적인 섹스 산업은 오히려 그쪽이 앞서 있다.

그러나 우리가 듣기에 서양인들의 단체관광에 섹스 문제가 여론화된 적은 없던 것같다. 서양인들은 섹스를 단체관광의 주요한 흥미거리로 삼고 떼거리로 몰려다니지는 않는 것이다. 그러나 한국인의 단체관광에도 적잖은 문제가 있지만, 일본인들의 단체관광과 섹스의 관계는 오래 전부터 비난의 화살을 맞아왔다. 경제적 동물이라는 비난 이상으로. 특히 우리들에게도 명예롭지 못한 한국 기생관광은 그들의 트레이드 마크이기도 하다.

오래 전부터 여론화되기 시작한 종군위안부 문제가 있다. 전쟁터에서 여성을 집단적으로 유린한 패륜적인 범죄이다. 몇백만 명의 유태인을 학살한 독일의 나치마저도 상상해내지 못했던 범죄이다. 이 문제에 대해 일본 정부는 국가와는 무관한 사건이고, 일부 민간인 업자들의 짓이었다고 해명한다. 정부의 공식문서가 발견되고 폭로되었음에 불구하고 여전히 종군위안부 문제에 대해서 일본 정부는 책임을 질 수 없다고 강변하고 있다.

유엔 인권위원회는 종군위안부 문제에 대한 일본의 법적 책임과 국가배상을 촉구한 적이 있다. 그러나 일본 정부는 이를 거부했다. 1996년 2월에도 하시모토 총리는 유엔 인권위원회 특별보좌관의 권고 내용을 수용하지 않겠다는 입장을 거듭 밝혔다.

일개 부하직원이 저지른 잘못에 대해서도 공식적으로 사과하는 일본인들이다. 직장의 상사가 지시할 턱이 없는 부하직원의 잘못이다. 그래도 기업의 이름으로 공식사과하는 것이 일본인들이다. 한때는 자기 자식이 물건을 훔쳐먹었다는 상인의 욕설에 자식의 배를 가르면서 결백을 밝혔던 일본인들이다. 마지막은 상인도 목숨이 날아가고 그도 자결한다. 자기 잘못과 무죄를 해명하기 위해 과거의 일본인이나 지금의 일본인이 보여주는 태도는 정당하고 어떤 경우는 섬뜩하기도 할 정도다.

일본군대는 당시 '천황의 군대'로서 일본국의 이름으로 '천황폐하를 위해' 싸웠다. 전쟁터로 군대를 내보낸 것은 일본 정부이다. 당연히 거기서 발생한 잘못과 범죄는 그들을 파견한 정부의 책임이다. 그런데도 그들은 책임을 거부한다. 자기 잘못과 무죄를 해명하기 위해 정당하고 섬뜩할 정도의 태도를 취했던 모습과는 정반대다. 도대체 비열하고 비겁하기 짝이 없는 작태다.

왜 그럴까? 이유는 하나일 수밖에 없다. 그들의 머리 속에 종군위안부는 범죄로 생각되지 않는 탓이다. 일본인들은 오래 전부터 일상적으로 그런 일을 저질렀고, 따라서 그런 종류의 일이 '범죄'로 비춰지지 않았기 때문은 아닐까? 그들의 과거사는 바로 이를 증명한다.

외국에 알려진 고대 일본인들의 성풍속은 꽤 건전한 편이다. 고대 일본을 기록한 중국의 역사책은 하나같이 일본 여성은 '음란하지 않다'고 쓰고 있다. 고대 일본의 성풍속은 바람직스런 것이었던 셈이다. 따라서 일본은 원래부터 음란한 민족이라는 혹시 있을지 모를 감정적인 평가는 정당치 못하다.

그러나 바람직한 일본의 성풍속은 최소한 1500년대의 전국시대 이후에는 완전히 달라져 버린다. 1500년대부터 메이지 유신 이전에 일본을 여행했던 외국인들은 한결같이 음란한 일본의 성풍속에 대해 비난한다. 1583년에 남긴 발리냐노의 기록이다.

"일본인에게 보이는 제1의 악은 색욕에 관한 죄이다.……그들은 이를 중대한 것으로 생각하지 않기 때문에 젊은이나 그와 관계를 맺은 상대방도 이를 자랑으로 여기며, 공공연하게 입에 올리고 숨기려 하지 않는다."

발리냐노는 일본인이 저지르는 죄악 가운데 가장 나쁜 것으로 섹스에 관한 풍속을 들었다. 발리냐노라는 서양인은, 일본인이 유럽인들을 능가할 정도로 우수한 민족이라고 고백했던 선교사였다.

일본인의 성풍속 비난은 전국시대가 평정된 도쿠가와 시대에 들어서도 계속된다. 1810년대 초반 한 러시아인은 일본인과의 대화를 통해서 얻은 정보에 입각해서 발리냐노의 비난을 더 구체적으로 밝힌다.

"일본인의 단점 가운데 가장 강한 지배력을 가지고 있는 것은 색욕으로 보인다.……일본인들은 유녀(遊女)를 데리고 있는 집을 추악하다고 보지 않으며, 이들 업자들은 정부의 면허를 받고 상품을 매매하는 상인과 동일한 권리를 갖고 있다.……정부는 이를 시인하고 있지는 않지만, 이를 근절하기 위해서 엄중한 단속을 고려하고 있지도 않다."

우리는 이 대목에서 일단 일본인들의 문란한 성풍속이 오랜 세월 지속되고 있음을 알 수 있다. 게다가 거기에는 정부의 무책임한 시책도 관련되어 있다. 일본 정부는 이미 몇 세기 전부터 일본인들의 성관념을 둔감하게 만들고 있었다.

이들의 둔감한 성관념은 과연 어느 정도였을까? 1826년에 씌워진 시볼트의 실제 관찰이다.

"길가의 양쪽에는 창녀굴이 있다.……일반적으로 이런 시설은 요릿집과 마찬가지로 일본에서는 생활에 필요한 것으로 간주되고 있는 것 같다. 대낮에 창녀굴에서 나오는 것은, 우리 유럽에서 커피집에서 나오는 것과 마찬가지로 아무런 문제가 되지 않는다."

서양인에게는 그야말로 어이없는 광경이었다. 대낮에 일본인들이 사창가에서 나오고 있으니 말이다. 그것도 찻집에서 나오는 것처럼 아주 태연스런 모습으로. 서양인의 눈에는 도무지 일본인들의 성감각이 정상이 아니었던 것이다.

성도덕이 그렇게까지 엄격하지도 않은 서양인의 눈에도 그렇게 비쳤으니, 남녀칠세부동석의 신조를 지닌 조선인의 눈에는 어떻게 비쳤을까? 어느 조선통신사의 말처럼 일본이 '남녀와 남승 여승들이 난잡하게 섞여서 참으로 하나의 금수들이 우글거리는 터'라는 비난은 남녀구별을 금과옥조로 여겼던 우리 선조들에게는 있음직한 욕설이다.

그러나 이 정도는 당시 일본의 고유한 습속이라고 넘겨버릴 수도 있다.

'예의는 옷에 있다'고 믿었던 우리 선조들은 훈도시 하나 덜렁 차고 발가벗은 일본인을 보고 야만인이니 오랑캐니 비난한다. 이런 반나체의 일본인을 이상하게 봤던 것은 조선인만이 아니다. '예의는 옷에 있다'는 말조차 모르는 유럽인도 벌거벗은 하반신을 창피하게 생각하지 않는 일본인을 이상하게 여겼다. 그러나 이것도 이해할 수 있는 문제다. 습기많고 후덥지근한 곳에 사는 민족이라면 어쩔 수 없다. 문제는 조선인의 눈에도 비친 음란한 풍속이다.

발리냐노보다 무려 160여 년 전에 있었던 일본의 성풍속에 대한 관찰이다. 1420년에 일본에 갔던 송희경은 "이 나라는 여자가 남자보다 배나 많기 때문에 음란한 풍속이 크게 유행"하고 있다고 기록하고 있다. 음란한 성풍속이 여초(女超)사회에서 온 것이라 보고 있으니 당시로서는 꽤나 분석적이지 않은가.

세월이 지나 도쿠가와 시대 때 남긴 조선통신사의 기록들도 여전히 일본의 성풍속을 비난한다. 1617년에 남긴 조선통신사 종사관 이경직의 기록이다.

"같은 성씨를 피하지 않아 사촌남매끼리도 서로 시집가고 장가드는데, 이따금 음탕하고 더러운 행실이 추하여 차마 들을 수 없었다.……일반인들의 주거지에 유녀를 두고 영업하므로 음탕한 풍속이 크게 일었다."

서양인의 관찰처럼 이경직도 요릿집이나 커피집이라는 말은 쓰지 않지만 거의 비슷한 비난을 하고 있다. 1624년에 조선통신사 부사 강홍중이 남긴 기록도 한결같다.

"남녀가 분별이 없고 음란한 것이 풍속이 되어 가까운 친척끼리도 서로 정을 통하고 간부를 둔 집이 곳곳에 있었으며, 소위 유식하다는 집에도 내외를 분별하는 범절이 없어서 음란한 행동이 많았다. ……금수의 행동은 더러워서 차마 들을 수 없는데, 습속이 이미 몸에 젖어 있어 괴상하게 여기지 않았다."

1700년대나 1800년대에 일본을 찾았던 조선인의 기록도 하나같이 음란한 일본의 성풍속을 비난한다. 1719년에 남긴 조선통신사 신유한의 구체적인 표현을 보자.

"음탕하고 더러운 행실이 곧 금수와 같고, 집집마다 반드시 목욕탕 설비가 있는데 남녀가 함께 벗고 목욕하며, 대낮에 서로 정사를 하고 밤에는 반드시 불을 켜고 정사를 하는데, 각기 색정을 도발하는 자료를 가지고 즐거움을 극도로 하니, 그것은 곧 사람마다 춘화를 품속에 지녔는데, 화려한 종이 여러 폭에 각기 남녀의 교접하는 태도를 백가지 천 가지로 묘사하였으며, 또 춘약 몇 가지가 있어 그 색정을 도발한다고 한다."

갑신정변 직후에 일본을 방문했던 박대양도 마찬가지 풍경을 전하고 있다.

"일본 풍속은 남자를 귀하게 여기고 여자를 천하게 여긴다. 손님을 접대하는 것은 다 부녀자로 하여금 맡게 한다. 그런 까닭에 비록 타국 사람을 대할지라도 조금도 부끄러워하는 빛이 없고, 전연 알지 못하는 사람과 나체로 같이 목욕하는 것을 괴이하게 여기지 않는다. 섬나라의 문란한 풍속은 구역질나게 하기에 넉넉하다."

이처럼 서양인이나 조선인의 기록에 등장하는 일본인의 성풍속은 약속이나 한 듯이 음란 일색이다. 게다가 그들의 음란한 성풍속은 이미 몸에 젖어 있어서 죄책감이나 죄의식을 불러일으키지 않고 있었다. 한 러시아인의 지적처럼 도쿠가와 막부의 무책임한 시책도 이를 한껏 거들었다. 음란한 성풍속이 범죄행위라면, 일본 정부와 일본인은 공범관계에 있었던 것이다.

음란한 성풍속은 특별히 외국인만이 비난하는 것도 아니었다. 일본인들도 이런 사실을 부정하지 않는다. 도쿠가와 시대를 기록한 켐펠은 이런 말을 했다.

"아주 많은 주민을 거느리고 있음에도 불구하고 오사카의 물가는 아주 싸고 생활하기 쉬운 곳임과 동시에 사치를 하거나 관능적인 오락에 필요한 거의 모든 것을 갖추고 있다. 그 때문에 일본인은 환락에 관한 한 오사카는 모자랄 것이 없는 도시라고 한다."

일본인들도 인정하는 이런 음란한 성풍속에 과연 일본 정부는 어떻게 구체적으로 관여되었을까? 우리는 쉽게 납득하기 힘든 사실을 일본 역사에서 찾아낼 수 있다.

1854년, 일본은 쇄국체제를 포기하고 나라의 문을 열게 된다. 개국에 따라 많은 외국인이 일본을 찾아오게 될 것은 뻔했다. 이에 일본의 정치권력은 몇 가지 사태를 가상하게 된다. 개국은 했지만 서양인을 혐오하는 국내세력이 외국인에 대해 테러를 할지 모른다는 한 가지 사태를 설정한다. 그리고 이에 못지않게 그들이 가장 염려했던 것은 일본 부녀자들의 정조문제였다. 외국인에 의한 겁탈이나 강간을 염려한 것이다. 제 버릇에 놀란 것이나 아닌지?

여하튼 일본의 정치권력은 일본 여성들의 정조를 지킬 필요성을 느끼게 되었다. 이 정조방위의 일환으로 그들이 고안해낸 것이 외국인을 위한 유곽 설치였다. 이른바 '위안소' 설치인 것이다. 이 계획은 실행에 옮겨져서 도쿠가와 막부는 1860년 요코하마에 외국인 전용 유곽을 설치한다.

정치권력에 의한 위안소 설치! 이는 일본 정부에 의한 일본 여성의 창녀화이다. 도대체 한 국가권력이 자국 여성의 창녀화라는 정책을 스스로 취한 경우가 있기나 한지 자못 궁금하다. 이 얼마나 황당한 성감각인가? 외국인의 첩으로 유명한 주일 미국 총영사 하리스의 오키치(吉), 하리스의 통역관 휴스켄의 츠루(鶴), 네덜란드 영사 볼스부르크의 오시마(島) 등은 일본 정부가 취한 정책의 희생양들이다.

그럼에도 이 버려진 일본 여성들은 당시 일반인들로부터 '라샤멘'이라고 모멸당한다. 일본 정부가 이 차별문제에 눈을 감은 것은 물론이다.

이런 발상이 가능한 것은 전통적으로 내려왔던 일본의 성문화와 무관하지 않다. 그래도 이런 일본인과 일본 정부의 공범관계가 메이지 유신 이전인 도쿠가와 시대에서 막을 내렸다면 문제가 달라졌을까? 그러나 맺어져서는 안될 공범관계는 그후에도 지속된다. 일본의 〈호치신문(報知新聞)〉이 1904년 9월 15일자에 보도한 내용이다. 타이틀은 '외국인의 눈에 비친 요시하라(吉原) 유곽'이다.

"어떤 나라에 있어서나 부패구역에 출입하는 자는 부패한 인물이지만, 일본의 요시하라만은 질서있는 유곽이다. 다수의 일본인들은 이곳을 부패한 구역으로 생각하지 않을 뿐만 아니라, 공공연하게 구경하는 곳으로 삼고 있다. 이곳에서는 어린아이나 젊은 여자, 대학생 등이 걸어다니는 것을 볼 수 있을 정도이다."

외국인들은 요시하라라는 일본의 유곽이 단순한 환락가가 아니고 평범한 일본인들의 관광지가 되고 있는 점에 주목할 정도였다. 성적 위안시설은 일본인들의 생활의 일부가 되어 있는 것이다. 도쿠가와 시대 이래로 꾸준하게 말이다. 일본인들의 성감각은 거의 마비상태가 아닌가? 놀랍게도 성적 위안시설은 도쿠가와 시대처럼 메이지 유신 이후에도 변함없이 요릿집이나 커피집과 다름없었다.

더더욱 놀랄 만한 일은 일본 여성의 정조를 지키기 위한 정책이 태평양전쟁에서 패전한 직후에 다시 거론된다는 점이다. 1945년 8월 18일, 일본 내무성은 앞으로 진주하게 될 점령군에 대비해서 성적 위안시설을 설치하도록 각 지방장관에게 지시한다. 패전에서 불과 3일밖에 안되는 때에 일본 정부는 공식적으로 매춘부를 소집한 것이다. 어떤 점령대책보다도 매춘부 정책이 먼저였던 셈이다. 자신들의 침략 체험에 비추어 생각해낸 것이다.

그리고 이로부터 일주일이 지난 8월 26일, 일본 내무성은 매춘 전문업자들을 도쿄의 긴자(銀座)에 소집하고, 진주하는 점령군에 대해 어떤 방법으로 매춘부를 제공할 것인가를 토의한다. 그리고 그 결과, 같은 날인 8월 26일 일본 정부는 긴자에 '특수위안시설협회'라는 단체를 설치하기에 이른다.

이 '특수위안시설협회'라는 이름을 듣고 곧바로 매춘을 생각해낼 수 있는 사람은 흔치 않다. 무슨 공연단체나 예술단체 혹은 문화공간이 연상될 뿐이다. 이런 '화려한' 조직을 일본 정부는 1854년에 이어 1945년에도 국가의 이름으로 떳떳이 만들었다. 마비된 성감각은 계속해서 움직이고 있던 셈이다.

이로 미루어 보면 '특수위안시설협회'가 설치되기 바로 몇 년 전에 있었던 종군위안부는 성감각이 마비된 그들에게는 아주 '자연스런' 정책일 수밖에 없다. 따라서 종군위안부 문제는 그들에게는 '문제도 아닌 일을 문제로 삼고 있는' 꼴이 된다.

마비된 성감각과 종군위안부! 그들에게는 상식일지 모르나 국제적으로는 엄연한 전쟁범죄인 종군위안부 문제. 그들이 저지른 이 전쟁범죄는 과연 태평양전쟁 때가 처음이었는가?

그들이 범했던 최초의 전과기록을 1691년에 씌어진 서양인의 글을 통해 살펴보기로 하자.

"크고 작은 여관·찻집·요릿집 등에 있는 음란한 여자들……이런 천한 여자들과 관계를 맺지 않고 이곳을 지나치는 일본인은 드물다. 일본에 있는 모든 공공여관이 곧바로 공창인 것은 부정할 수 없다.……이는 별로 새로운 것이 아니고, 이미 예전부터 내려온 습관이다. 정이대장군

(征夷大將軍)으로 최초의 세속적인 황제(장군을 지칭)인 미나모토 요리토모(源賴朝)가 수세기 전에 이미 이것을 시작했던 것이다. 즉 장기간에 걸친 싫증난 원정 여로에서 그의 병사들이 짜증내지 않고 어디서나 찾아낼 수 있는 여자들을 구하여 자기 욕망을 채울 수 있도록 하기 위해서 이같은 공창을 인정했던 것이다. 따라서 중국인이 일본을 중국의 매춘굴이라고 부른 것은 부당한 것이 아니다. 왜냐하면 중국에서는 창가와 매춘을 엄벌에 처하며, 이를 금지하고 있기 때문이다. 그래서 젊은 중국인들은 정욕을 채우고 돈을 쓰기 위해 빈번히 일본에 오는 것이다."

12세기를 살았던 가마쿠라(鎌倉) 막부의 초대 장군 미나모토 요리토모. 그리고 그가 이끌었던 전쟁. 그리고 그의 병사들을 위한 여성과 공창 시설. 다름아닌 종군위안부의 역사는 12세기 일본 최초의 장군인 미나모토에 의해 일찍이 시작되었던 것이다.

일본인의 마비된 성감각은 이때부터 출발했고, 종군위안부 문제에 대해 둔감한 현 일본 정부의 반응은 미나모토가 뿌린 씨앗의 열매인 것이다.

참혹함이 만들어낸 일본인의 질서의식

'질서는 아름다운 것.' 질서있는 사회를 만들고자 하는 우리 사회의 의지를 담은 표어다. 무질서에 대한 반성을 담고 있는 말이기도 하다. 그래서 일본 사회에 접한 적이 있는 한국인은 하나같이 일본인의 정연한 질서가 피부에 와닿는 것이다.

대도시는 어디나 혼잡스럽다. 일본의 수도 도쿄도 예외는 아니다. 교통체증도 심각하다. 수도 중심으로 향하는 모든 지하철도 만원이다. 휴가철 해외로 빠져나가는 나리타 공항도 북적거리긴 마찬가지다. 눈에 띄는 바로는 서울과 비슷하다. 그러나 한 가지, 혼란스럽지는 않다. 혼잡 속에서도 정연한 질서가 있기 때문이다.

이런 특성은 일본 사회를 소프트하게 느끼도록 만드는 원인이 되기도 한다. 그리고 일본 사회는 기본적으로 소프트하다. 한 사회로서는 바람직한 모습이 아닐 수 없다. 무엇이 그렇게 만들었을까?

생활에 여유가 있는 탓이라고 한다. 그렇다면 경제대국화는 그것을 약속해줄 것이다. 그러나 몸이 부유해진다고 서로가 서로를 배려하는 마음이 생기진 않는다. 돈 쓸 데를 찾지 못하는 졸부들의 생활에서 절제된 미덕은 발견하기 힘들다. 부(富)는 어느 날 얻을 수 있다. 그러나 바람직한 인간의 미덕은 오랜 세월의 끝이 아니면 얻어낼 수 없는 것이다. 과거와 비교했을 때 지금의 우리는 상대적으로 부유하다. 수치상으로나 외관상으로 우리 사회는 부유해졌다. 그럼에도 우리는 예전과 마찬가지로 '질서는 아름다운 것'이라며 질서를 찾고 있다.

경제적으로 많이 달라진 우리라고 하지만, 일상생활에서 목격하는 폭언, 폭행, 폭력, 조급함 등 공동체의 미덕을 해치는 요소는 예나 지금이나 달라지지 않고 있다. 오히려 가난한 시절의 우리에겐 차라리 이웃에 대한 배려와 애정이 있었다. 경제대국화를 통해서 얻어낼 수 있는 것은 분명히 많이 있다. 그러나 모든 것이 저절로 얻어지는 것은 아니다.

소프트한 일본 사회, 과연 무엇이 그렇게 만들었을까? 일본인들의 질서는 옛날부터 정평이 나 있다. 결코 지금의 일본인만이 그런 것은 아니다. 일본인에게 향해진 찬사를 확인해 보자.

1826년, 시볼트는 쇼군을 만나기 위해 에도로 향했다. 조선통신사가 갔을 적에도 항상 그랬지만, 서양인의 행렬도 일본인들은 귀한 구경거리로 생각하여 구름처럼 몰려들곤 했다. 어디서나 수많은 인파였다. 그러나 시볼트가 여행길에서 만난 농민들은 하나같이 놀랄 정도로 질서정연했으며, 예의도 올발랐다.

길거리에서만 그런 것이 아니었다. 그가 목격한 축제도 마찬가지였다. 축제에 참가한 일본인들은 엄청나게 많은 수였다. 그럼에도 불구하고 어디에서도 무질서 상태가 야기되지 않고, 끝까지 질서정연한 통제가 유지되는 것이었다. 시볼트에게는 놀라운 광경이었다.

휫셀도 1833년에 시볼트와 마찬가지 목적으로 에도로 행차한 적이 있다. 그도 유럽인 행렬을 보기 위해 구름처럼 몰려든 에도의 대군중을 목격하게 된다. 그런데도 이들이 질서정연하게 통제되고 있는 사실에 휫셀은 시볼트 이상으로 놀라고 만다. 이 정도의 대군중이 밀집했으면 어디선가 혼란이나 무질서가 발생할 만도 한데 너무나 질서정연한 것이다. 그의 감동은 다음과 같은 감상문을 남기게 만든다.

"만약에 유럽의 대도시가 지금 목격하고 있는 에도와 마찬가지 상태에 놓여 있다면, 얼마나 많은 어린애들이 밟혀죽고, 얼마나 많은 여성들이 산소 결핍 때문에 죽었을까? 또한 술에 취한 자들이 일으킨 수많은 무례함과 소란은 얼마나 횡행했을까?"

휫셀이 목격한 일본인의 질서는 경이로울 정도였다. 1858년 통상조약을 맺기 위해 에도로 향하던 휴스켄도 이와 비슷한 감상을 품는다. 그는 에도로 들어서기 직전인 시나가와(品川)에서 양쪽 길가를 빈틈없이 메운 엄청난 인파를 목격한다. 인파는 거의 7마일에 이르고 있었고, 1백만 명 정도에 달한다고 해도 과장이 아닐 정도의 인파가 운집했다. 이런 엄청난 인파에도 불구하고 휴스켄은 말하는 소리 하나 듣지 못한다. 그가 목격한 것은 오직 예의바른 침묵이 지배하는 인파였다.

에도로 향하던 외국인들이 목격한 것은 하나같이 믿을 수 없을 정도의 정연한 질서였다. 그것도 엄청난 인파가 몰려 있는 가운데서다. 조선인의 눈에는 어땠을까?

조선통신사가 임진왜란 후 처음으로 일본을 방문한 것은 1607년이었다. 당시 통신사 일행도 구름처럼 몰려든 일본인을 눈 앞에 두고 있었다. 그러나 구경하는 남녀들은 거리와 뜰을 가득 메웠으나, 떠드는 소리 하나없이 조용할 뿐이었다.

1636년 쓰시마 섬에 도착한 통신사 임광도 길가에 남녀노소들이 줄줄이 나열한 인파를 목격한다. 그러나 모두가 무릎을 꿇고 앉아 숨을 죽이고 감히 시끄럽게 떠들지 않았다. 또한 에도로 향하는 거리 곳곳에서도 임광은 엄청나게 많은 구경꾼들을 대하게 된다. 그러나 이들도 모두 줄을 지어 늘어앉아 떠드는 소리란 전혀 없었다.

1624년에 일본에 갔던 통신사 강홍중도 쓰시마 섬이나 오사카 등지에서 사신의 행렬을 구경하는 남녀들이 길 좌우를 메웠으나 고요하여 떠드는 소리가 없고, 아이들까지도 모두 꿇어앉아 종일토록 아무 말 없이 구경하는 광경에 감탄하고 만다. 이런 일본인들에 비해 강홍중의 눈에는 조선통신사 일행의 태도가 영 탐탁치 않았다. 강홍중은 자탄의 소리를 이렇게 기록한다.

"통신사의 하인들은 뜰 가운데 열지어 앉아 아무리 금지시켜도 떠드는 소리가 그치지 않으니, 저 오랑캐에 비해 볼 때 부끄러운 일이었다."

모든 외국인이 감탄해 마지않던 일본인의 정연한 질서. 이는 충분히 평가해도 좋다. 우리는 지금도 이런 질서의식이 몸에 배어 있는 일본인들을 목격할 수 있다. 엄청난 인파가 밀집한 야구장이나 축구장이 그렇다. 그들은 질서있게 모여들어서 정연하게 빠져나간다. 사람이 많은지라 혼잡은 있으나 혼란은 없다.

비교적 큰 대학의 축제도 마찬가지다. 며칠간에 걸쳐 열리는 대학축제에는 연인원 몇 십만 명이 운집한다. 거기서도 그들은 약속된 시간에 교정문을 열고 약속된 시간에 축제를 파한다. 밀물처럼 들어왔다가 썰물처럼 빠져나간다. 각기 차린 몇백 개 가판 점포에서 제각기 정연하게 장사를 할 뿐이다. 손님을 부르는 소리는 일본도 크다. 그러나 모두가 정해진 공간에서 점포를 차리고 점포를 정리하면서 혼란스럽지 않게 즐기다 끝낸다. 인상적인 것은 정해진 축제시간이 지나면 교정에는 단 하나의 점포도 문을 열고 있지 않다는 점이다. 약속이나 한 듯이 모두가 정연하게 하루를 마감하는 것이다. 엄격한 규율 속에 통제받는 군인들도 아닌데 말이다.

왜 이런 것이 가능할까? 일본인만이 특이한 형질을 타고 나지는 않았다. 그들은 그렇게 만들어졌을 뿐이다. 일본의 정치가들이 그런 일본인들을 만들어 나갔을 뿐이다. 어떻게 만들어 나갔을까? 일본인의 정연한 질서에 놀란 시볼트는 이렇게 말한다.

"질서가 널리 퍼져 있는 점은 칭송할 만하다. 엄격한 법이 고도로 팽창된 주민들의 호기심을 억누르고 있다."

시볼트가 보기에 일본인의 질서는 엄격한 법이 있기 때문에 그렇다는 것이다. 일본인의 경이로운 질서에 감탄하는 외국인들은 시볼트와 거의 같은 생각을 한다.

휴스켄도 모든 일본인들이 자기네를 향해 경의를 표시한 것은 일본 정부가 엄청난 권력을 행사하면서 그렇게 명령하고 있기 때문이라고 말한다. 특히 휴스켄은 일본 정부의 통제력을 이렇게까지 비아냥거린다.

"일본인은 무엇이든 규칙에 따라 일정한 시각에 행하는 것 같다.……오늘은 한 사람도 남김없이 감기에 걸려 있다. 필히 정부의 명령에 따른 것이리라."

그는 일거수 일투족을 통제하는 것으로 보이는 일본 정부가 아주 밉살스러웠던 모양이다.

조선통신사들의 시각도 이들 서양인과 매한가지다. 강홍중은 성인 남녀는 물론이고 어린아이들마저도 질서정연한 데 놀란다. 그러나 강홍중도 이 모든 것은 평소에 '법령이 엄중'한 때문이라고 말한다. 임광의 주장도 매한가지다.

이를 가장 구체적이며 적나라하게 묘사한 것은 외국인 가운데서도 조선통신사 신유한일 것같다. 그가 기록한 빼어난 장문의 관찰이다.

"일본 풍속에는 본래 등급이 없어서 가옥·가마·말·의복·기물은 제멋대로 사용해서 일정한 규제가 없다. 그러나 명분이 한번 정해지면 위아래의 차별이 엄한 탓에 공경하고 두려워하며 준행하고 받드는 것이 태만하거나 소홀히 하지 못한다. 통신사를 접대하는 고위관리나 그 아랫사람들은 대부분 못나고 잔약하며 어리석어서 아무 것도 모르는 자다. 그런데도 그 부하들이 감히 윗사람을 우러러보지도 못하고 엉금엉금 기어다니면서 명령을 듣고 시키는 대로 하는 것이 조금도 경우에 벗어나지 않았다. 무사들이 칼을 차고 문을 지킬 때에는 문 안에 오뚝하게 서서 밤새도록 권태함이 없고, 차를 끓여서 올리려고 할 때에는 화로를 끼고 숯불을 피우며 잠깐도 떠나지 아니하며, 무릇 부르는 일이 있을 때에는 응답하기를 메아리처럼 하여 매질을 할 필요도 없이 일마다 잘 처리된다. 길을 끼고 관광하는 자는 모두 큰 길 밖에 앉되, 작은 사람은 앞에 있고 조금 큰 사람은 두 번째 열을 이루고, 더 큰 사람은 뒤에 있어 차례로 대열이 되어 엄숙하고 정돈되어 떠들지 아니하여 엄청난 대군중을 아무리 둘러보아도 망동하여 길을 범하는 자가 한 사람도 없었다. 대개 인심과 습속이 모두 중국 춘추시대 병법가였던 손무나 양저의 군사와 같은 것이고, 예법 교화로써 이렇게 된 것이 아니다. 장군과 각 대명(大名)의 정치가 한결같이 병제에서 나왔기 때문에, 백성이 이를 보고 익혀서 한결같이 군법과 같은 것이었다."

일본인의 정연한 질서는 그들의 민족성과는 아무런 관계가 없다. 우리가 생각할 수 있는 것은 엄중한 법령의 효력이다. 여기서 보듯이 최소한 1600년대에서 1800년대에 걸친 2백여 년 동안 일본 정부의 엄중한 법령은 시종일관 일본인들을 지배했다. 이는 거꾸로 말하면 일본의 정치권력은 자국민의 질서확립을 위해 2백 년 이상을 꾸준히 투자한 셈이나 마찬가지다. 때로는 방종하게 놔두고, 생각나면 엄하게 단속하는 투가 아니다. 이런 일관된 엄중한 법령 앞에 모든 일본인들은 복종할 수밖에 없었던 것이다.

도대체 일본의 법령은 얼마나 엄중한 것이었을까? 한마디로 그들의 법령은 혹독했다. 남의 것을 훔치거나 법을 어긴 자에게는 조선시대의 곤장질같은 형벌이 없었다. 죄가 가볍거나 무겁거나를 막론하고 모두 참형이다. 사형은 극히 참혹해서 더러는 십자로 된 나무에다 사람을 묶어놓고 불로 지지기도 하고 혹은 창으로 찌르기도 한다.

조선통신사 강홍중은 실제로 사형현장을 목격했다. 그는 십자 나무에 결박되어 있는 참혹한 시체를 목격하고 일본인에게 그 사연을 묻는다. 수행하던 일본인은 "이들은 모두 남의 재물을 도둑질하고 남의 목숨을 해친 자이므로 이 형벌을 가하는데, 창과 칼로 난자질하고 까마귀나 솔개밥이 되게 하며, 뼈는 바람에 날리게 합니다"라고 대답한다.

강홍중이 경악한 것은 물론이다. 설마 도둑질 정도를 이처럼 가혹한 형벌로 다스렸으랴? 그러나 1719년 통신사로 갔던 신유한은 실제로 일본 법령이 얼마나 무서운가를 간접적으로 체험한다.

에도로 향하는 하마마츠(濱松)란 곳에서 일어난 일이다. 아침 일찍 화장실에 갔던 신유한은 옷의 띠를 잃어버린다. 요즘말로 허리띠를 분실한 것이다. 그는 심부름하는 일본인이 훔쳐간 것임에 틀림없다고 생각한다. 이 일은 통신사를 수행하던 일본인 관리에게 보고되고, 그는 세밀하게 수색을 다하나 결국 찾지를 못한다. 이에 그 관리는 에도에 가더라도 제발 아무 소리 말아달라고 신유한에게 부탁을 해온다. 상부에 보고되면 통신사를 수행하던 사람들에게 무서운 형벌이 미칠 것을 두려워했기 때문이다.

이처럼 살인죄는 말할 것도 없고, 가벼운 절도죄도 가혹한 사형으로 다스리는 것이 일본의 풍속이었다. 이 때문에 가벼운 죄일지라도 법령을 어기는 자는 목숨을 바칠 각오 없이는 불가능했다. 누가 감히 이를 어기고자 하겠는가?

그래서 이런 사실을 접한 조선통신사 이경직도 "일본인들은 글도 모르고 예절도 모르지만, 명분이 한번 정해지면 상하 구별이 분명하여 예모가 매우 공손하고 경외하며 감히 태만하거나 소홀하지 않는다. 이는 만일 조금이라도 실수하는 일이 있으면 반드시 죽음에 이르기 때문"이라고 말한다.

김기수를 비롯한 다른 조선통신사들도 얘기하듯이, 결국 일본인들이 범죄를 흔히 저지르지 않고, 도둑이 적어서 바깥 문을 닫지 않고 자거나 나그네들이 밖에서 잠을 청하며, 혹은 시장에 물건을 밤낮없이 내놓을 수 있던 것도 모두가 형벌이 혹독한 덕분이었다.

이렇게 보면 황준헌도 감탄했듯이, 길바닥에 물건이 떨어져 있으면 반드시 주인을 찾아 돌려준다는 일본인의 정직성이나, 통신사 강홍중도 경탄했듯이 조선에서 발송한 서신을 50일씩이나 걸리면서 6천리 밖에 있는 일본에 무사히 전달한 일본인의 성실성과 믿음도 납득이 갈 수밖에 없다. 헛손질 한번 잘못했다가는 그 길로 황천행이기 때문이다.

정직성은 지금도 외국인들의 평판에 오르는 일본인의 한 특성이다. 지하철에 놔두고 내린 가방을 종점이나 중간역에서 돌려받는 일은 허다하다. 잃어버린 물건도 분실물보관소에서 쉽게 찾을 수 있다. 일본에서 생활을 해본 사람이면 많은 사람이 경험하는 일이다.

일본인 스스로 입에 올리는 자랑도 있다. 현금봉투를 우편으로 보내는 제도가 정착된 곳은 세계의 수많은 나라 가운데서 오직 일본뿐이라고. 사실 일본에는 현금 우편제도가 정착되어 있다. 일본인들은 우체국에 현금을 가지고 가서 봉투에 넣은 다음 직원에게 넘겨준다. 수신자에게 도착했을 때는 액수에 아무런 변동도 없다. 일본인들은 이를 당연하게 여긴다. 중간에 분실되는 것이 어느 정도인지는 알 수 없지만, 이런 우편제도가 일반화되어 있다는 사실을 그들은 자랑할 수밖에 없다.

이런 점을 포함해서 일본인의 질서의식이나 상하간의 예절과 같은 그들의 특성은 엄중한 법령과 함께 오랜 세월에 걸쳐 서서히 자리잡아 나갔던 것이다.

일본의 한 부동산 회사는 TV에서 이런 선전을 한다. '집을 짓기 전에 먼저 목수를 만든다!' 멋진 말이 아닌가? '선무당이 사람잡는다'고 했다. 설 익은 목수가 만든 집이라면 생명을 걸고 살아야 한다. 그러나 일본의 이 기업은 먼저 충분히 숙련된 목수를 소중히 여긴 것이다. 생명을 걸면서 살지 않아도 될 집을 짓기 위해.

일본의 정치가들도 마찬가지였다. 그들은 자신들이 원하는 일본인들을 만들어내기 위해서 엄중한 법령이 필요함을 알았다. 그리고 그들은 엄중한 법령이 자기 국민에게 힘을 발휘하기 위해서는 경솔하게 법을 변경해서는 안된다고 믿었다. 빈번히 바뀌는 법을 누가 믿고 따르겠냐고 그들은 염려한다. 그들이 엄중한 법령을 제정함과 동시에 법률의 권위를 유지하기 위해 쉽게 법을 바꾸려 들지 않았던 것은 이 때문이다.

도쿠가와 시대 기록에 따르면, 일본인들은 자기네 법률은 강철로 만든 피라미드와 같은 것으로 기후의 변화나 폭풍, 시간의 경과도 이를 파괴하기는커녕 변경하지도 못한다고 말한 적이 있다. 일본 정부는 자국의 법률에 중대한 결점이 있다고 인정하더라도 이를 한꺼번에 뜯어고치는 것을 두려워하여 시간을 두고 아주 서서히 고친다.

일본 정부가 이같은 두려움을 품게 된 이유는 한꺼번에 모든 것을 바꿔버리면 국민이 오래된 국가의 법령을 경멸하는 생각을 일으키게 하고, 나중에는 법률이 바뀌는 것에 익숙하게 되는 것을 염려했기 때문이다.

자국 국민이 국가의 법령을 경멸하지 않도록 주의를 다하는 일본 정치가들의 태도는 사려깊다. 육법을 다 갖추고 온갖 법령을 죄다 동원해도 권위와 신뢰를 받지 못하는 법은 있으나마나다. 그들은 이를 경계한 것이다.

1854년에 도쿠가와 막부는 러시아와 예전에 없던 조약을 맺는 것을 연기하고자 했다. 그 무렵에 전 장군이 죽고 새로운 장군이 즉위하게 됐는데, 새 장군으로서는 우선 예전 법을 일거에 바꾸지 않고 이를 존중한다는 것을 국민에게 보여줄 필요가 있었기 때문이다.

지금도 일본은 법령과 제도를 바꾸는 데 충분한 토의와 시간을 들인다. 가능하면 기존 테두리 내에서 개선을 도모하고자 한다. 법령과 제도 변경을 식은죽 먹듯 하면, 그를 통해서 얻는 것보다 잃는 것이 많다고 생각하기 때문으로 보인다. 오랜 전통은 지금도 살아숨쉬고 있는 것이다.

일본의 정치는 일반 국민의 질서 하나를 비롯해서 정직성이나 성실성에 어긋나는 모든 행위를 엄중하게 다스려왔다. 그들은 법 집행도 단호하고 가차없이 시행했고, 법령을 경멸하지 못하도록 갖은 배려를 다해 왔다. 그들은 엄중한 법령을 통해서 일본 사회에 필요한 일본인을 장기간에 걸쳐 서서히 만들어온 것이다. 우리가 지금 목격하는 일본인들은 이렇게 해서 탄생한 것이다.

충성심의 두 얼굴

어둠이 짙게 깔린 미국과 유럽 대도시의 밤, 대부분의 샐러리 맨들은 가정과 술집으로 제각기 발걸음을 옮긴 뒤다. 그러나 이 대도시에 밤을 잊은 빌딩과 사람들이 있다. 그 주인공은 한국과 일본의 오피스빌딩이다. 같은 무렵, 서울과 도쿄의 수많은 사람들도 밤을 잊기는 마찬가지다. 한국인과 일본인의 이런 근면함은 오랫동안 외국인들의 혀를 내두르게 만들어왔다. 경제성장의 비결도 여기에 있었다.

품질경쟁과 가격경쟁에서 밀리기만 하는 미국. 무역전쟁으로까지 불렸던 미·일 무역교섭에서 미국 정부는 밤을 잊은 일본의 빌딩 숲에 주목했다. 그들은 강한 일본의 경쟁력이 세계 대도시의 밤과 도쿄의 밤을 밝히는 장시간 노동에 있다고 분석한다. 높지도 않은 월급에 늦은 밤까지 계속되는 노동, 그리고 생산되는 상품들, 일본 제품은 가격이 저렴할 수밖에 없었다.

그래서 미국 정부는 샐러리맨들을 적당히 일시키라고 일본 정부에 요구하고 나섰다. 남이야 밤새 일하든 말든, 살다보니 별일 다 본다고 푸념할 수밖에 없는 일본 정부다. 그러나 미국 정부는 문제의 핵심을 제대로 꿰뚫어본 것이다. 이른바 일본의 강한 경쟁력을 원천봉쇄하겠다는 의도다.

일본은 미국의 요구를 일단 수용하고 들어간다. 세계시장도 예전처럼 전망이 썩 밝지 않은 편이어서 어차피 조업단축이 필요한 일본이었다. 미국의 요구는 때마침 울고 싶은데 뺨 때린 격이었다.

짧아진 일본인들의 근무시간, 그러나 회사나 공장에서 하루를 보내는 데 익숙해진 그들은 갈 곳을 몰라했다. 갑자기 주어진 자유로운 오후는 결코 자유롭지만은 않았다. 게다가 얇아진 월급봉투가 뒤따랐다. 조업단축과 잔업 최소화는 샐러리맨들의 경제적 자유까지 위협하기 시작한 것이다. 몸은 불편한 자유이고, 주머니는 비어 있다.

TV 인터뷰에 응하는 이들의 부인들은 아무도 웃지 않았다. 부인들은 부인들 나름대로 익숙지 않은 생활을 시작해야 했다. 밤이 깊숙해서야 시작됐던 그나마 짧은 부부간의 만남과 대화, 이제는 어둠이 깔리기 전부터 시작됐다. 전에는 길어야 30분 정도 뒹굴다가 잠이 든 남편, 그러나 이제는 몇 시간씩이나 이 방 저 방 뒹구는 남편을 목격해야만 하는 부인들이었다. 시키는 일도 자연히 많아지고, 손을 대야 하는 일도 많아진 부인들이다. 거기에다 서글프게 야윈 월급봉투다. 부인들은 무표정하게 대답했다.

"남편은 늦게 들어와도 괜찮습니다. 거기엔 이미 익숙해져 있거든요. 게다가 월급만 많아진다면!"

일본의 신문지상을 떠들썩하게 만들었던 과로사. 과중한 업무와 그에 따른 스트레스로 죽음에 이른 일본의 샐러리맨들. 일본의 경제기적을 가능케 하고, 일본의 가정생활을 지탱케 해준 밑바닥에는 벅찬 업무와 그에 따른 스트레스와 싸우는 이들 샐러리맨들이 있었다. '과로사'는 어찌보면 일본 사회와 일본 가정이 공동으로 빚은 비극이다. 놀다가 죽은 예는 있지만, 과중한 회사일 때문에 사망한 샐러리맨이 없는 미국. 최소한 미·

일간에 있어서 '과로사'는 지극히 일본적인 사고였다. 노동시간을 단축하라는 미국 정부의 요구는 이런 면에서도 근거가 있는 주장이기는 했다.

불야성을 이루는 오피스 빌딩과 '과로사'라는 일본 경제의 두 얼굴. 이는 일본인들의 근면성이 있기 때문에 가능했다. 그리고 항간에는 이것을 일본인들의 충성심이 강한 증거라고도 얘기한다. 과거에 그들은 일본 제국주의에 충성했고, 천황에게 충성을 다 바쳤으며, 지금은 회사에 충성을 다한다. 과연 그들은 충성을 잘한다. 밑바닥까지 충성적이고, 그래서 근면한 것인가?

피비린내 나는 16세기 일본의 전국시대는 우리에게도 귀에 익은 오다 노부나가(織田信長), 도요토미 히데요시, 도쿠가와 이에야스 등이 전장을 넘나들던 시기였다. 이 당시 사람들의 입에 빈번히 올랐던 말이 하나 있다. "말안장을 바꿔탄다"는 말이 그것이다. 이 말은 자기가 소속되어 있던 영주나 부대를 배반, 이탈해서 더 강하고 더 유능하다고 판단되는 자에게 붙는다는 뜻이다. 한마디로 배반과 반역의 역사를 지칭하는 말이다.

16세기 일본의 전국시대를 목격한 서양인도 이런 말을 한다.

"일본인들의 나쁜 점은 주군(主君)에 대한 충성심이 모자라다는 것이다. 주군의 적과 결탁해서 기회를 틈타 주군을 배신하고 스스로 주군이 된다. 그러나 또다시 반전해서 같은 편이 되었는가 싶으면, 새로운 상황에서는 다시 모반을 꾀하는 꼴이 반복된다. 그렇다고 이 때문에 그들은 명예를 잃지 않는다."

우리들은 일본인이 간사하다거나 기회주의적이라는 비난을 한다. 이 비난은 근거없는 것이 아니다. 서구열강이 서세동점하던 긴박한 19세기의 동아시아. 일본은 조선·중국과 함께 삼국동맹을 맺어서 서양세력에 대항하자는 주장을 한 적도 있었다. 그래서 그들은 동양인과 서양인의 대결이라는 말을 자주 입에 올렸다.

　그러면서도 그들은 동양 각국을 야금야금 침략해 들어갔다. 태평양 전쟁 때는 '아시아의 해방'이라는 슬로건을 내걸었다. 그러나 동남아시아를 군사적으로 점령한 그들이었다. 겉으로 말하는 것과 속으로 탐하는 것이 도무지 맞지 않는 배반과 반역을 되풀이한 그들이다. 필요와 상황에 따라 자기 이익만을 좇아 처신한 일본인들의 세태는 16세기 말에도 비난받았듯이 20세기에 들어서도 비난받을 수밖에 없었다.

　변화무쌍한 배반과 반역 때문에 '명예를 잃지 않는' 일본인이라고는 했다. 그러나 그건 자기들끼리나 통하는 얘기다. 세계는 그렇지 않다. 일본인들은 자기를 비난하는 서양인이나 한국인을 나무라기 전에 먼저 자신들이 다른 나라 사람들에게 어떻게 비치고 있는가를 자성해야 될 것이다. 이처럼 일본인은 결코 밑바닥까지 충성심이 강한 민족이 아니다. 오히려 배반과 반역을 거듭한 불충의 민족이다.

　열심히 일한다는 일본어에는 '잇쇼켄메이(一生懸命)'와 '잇쇼켄메이(一所懸命)' 두 가지가 있다. 익히 알려진 말이다. '일생현명'는 어떤 일에 생명을 걸면서 자기 삶을 다바칠 정도로 열심히 한다는 뜻이요, '일소현명'은 생명을 걸고 한 곳에 헌신한다는 뜻이다. 여기서 말하는 한 곳이란 예전에는 봉건영주나 자기 주인을 의미하는 것으로, '일소현명(一所懸命)'은 그들에게 충성으로 헌신한다는 뜻을 담고 있다. 결국 이 말은 배반과 반역을 거듭한 불충의 역사를 반성하면서 탄생된 것이기도 하다.

　그러나 일본인은 배반과 반역의 역사만 거듭한 것이 아니다. 못된 버릇을 지니면서도 다른 한편에서는 주군이나 주인을 위해서 자기의 생명을 내던지는 충직한 일본인의 역사가 있다. 이들은 열심히 자기에게 주어진 임무를 다했다. 근면한 일본인들의 모습이다. 그렇다고 이들은 윗사람의 한마디 명령만으로 충성스런 자가 된 것도 아니요, 윗사람은 자기에게 충성하라는 한마디 명령만으로 충성심을 끌어냈던 것도 아니다. 이들의 충성심에는 죽느냐 사느냐 하는 절박한 역사가 숨어 있다.

일본의 무사들은 한 번 누군가에게 예속되면 제몸을 자기 마음대로 할 수가 없었다. 죽는 것과 사는 것, 배주리고 배부른 것이 모두 영주의 손에 달려있기 때문이다. 따라서 한 번 비겁하다고 소문이 나버리면 누구도 상대해 주지 않았다. 상처는 무사들의 훈장이다. 그러나 이 상처에도 등급이 있다. 만일 칼이나 창에 맞은 자국이 얼굴에 있으면 용맹한 자라 칭하여 후한 녹을 받게 된다. 반대로 그 자국이 귀 뒤에 있으면 도망가다가 상처를 입은 증거가 되어 비겁한 자라고 배척을 받는다.

무사들이 먹고 사는 것은 오직 자기 주군에게서 나올 뿐이었다. 때문에 주군에게 배척을 받은 자는 먹고 살 길이 없었다. 따라서 상처가 어디에 생기느냐 하는 것은 그들에게 생사의 갈림길이 된다. 어차피 먹을 길이 막혀서 죽을 바에는 적의 진중에 달려가서 싸우다 죽는 것이 훨씬 이익인 셈이다. 이들이 생명을 가벼이 여기고 죽음을 두려워하지 않는 충성심은 여기서 비롯된다.

결국 이들의 충성심은 처음부터 주군을 위하거나 타고난 성질이 그래서가 아니라, 실은 자신을 위해서 그럴 수밖에 없었던 것이다. 장수의 재질이 범속한데도 강한 군대를 거느리고, 병사들의 태반이 연약함에도 한결같이 적과 맞서서 죽음을 다투게 되는 것은 다 그 때문이었다.

일본인들이 처해 있던 이런 현실은 조선인에 의해서도 일찍이 간파되었다. 임진왜란 때 포로로 끌려갔던 강항이 일본에 있으면서 선조에게 보낸 편지에는 이런 내용이 있다.

"항복한 왜인을 죽인 것은 너무도 큰 실책이었습니다.……그들은 겨우 강보를 면하게 되면 바로 세도있는 무사의 집에서 먹고 살게 됩니다. 이 때문에 평생에 부모와 형제를 만나보지도 못하고 향당과 이웃마을에 들어가보지도 못한 채, 사방으로 전쟁에 종사하여 출동하게 되면 열흘도 걸리고 한 달도 걸리곤 하여, 비록 처자가 있다 할지라도 그 얼굴을 보기가 힘듭니다. 그러므로 오직 왜장이나 농민만이 처자가 있고, 그 나머지는 태반이 처자가 없어 조금도 자기 고향이나 부모, 처자의 정에 애착이 없고, 오직 입고 먹는 것에만 따를 뿐입니다."

'돌격!'이라는 호령에 맞춰 죽음을 무릅쓰고 성을 기어오르는 충성스런 일본의 병졸들, 1905년 포탄이 쏟아지는 중국의 여순항에서 러시아군을 향해 육탄으로 공격하다 쓰러지는 일본군들의 처절한 죽음은 이런 사무라이 문화가 만들어냈던 것이다. 현지 지휘관의 판단으로 두 손을 드는 유럽의 군대와, 국가의 명령이 떨어질 때까지는 두 손을 들 수 없는 일본의 군대. 이 차이는 일본적 사무라이 문화가 뿌린 씨앗이 달랐기 때문이다.

메이지 유신 전의 일본인들에게는 260여 개의 지역에 따라 생명을 바쳐야 하는 주인도 달랐다. 그러나 1868년의 메이지 유신은 모든 일본인들의 주인을 천황과 일본 정부로 단일화시켜냈다. 영주에게 봉사하던 봉건정치가 몰락하고 천황정치가 부활한 그때부터 일본인들은 단연코 천황국가에 봉사하기 시작한 것이다.

어느 서양인이 일본 학생들에게 이 세상에서 가장 원하는 것이 무엇인가 질문을 던진 적이 있다. 이때 대부분의 학생들은 "천황 폐하를 위해서 죽는 것입니다"고 대답했다고 한다. 영주를 위해 어쩔 수 없이 생명을 내던졌던 충성스런 일본인은 이제 다시 어쩔 수 없이 생명을 내던져야 할 새로운 주인 천황을 만나게 된 것이다.

이 당시 일본을 지배하던 통치계급들은 거의 대부분이 봉건시대 사무라이의 직계에 해당된다. 이들이 마련한 국민교육은 무사도(武士道)를 목표로 내걸었다. 그들은 이 교육을 통해서 봉건시대의 주인에 대한 보은(報恩)주의를 기억시키고자 했다. 은혜를 갚아야 할 대상이 영주에서 천황으로 탈바꿈한 것이다. 그리고 패전에 이를 때까지 천황은 줄곧 그 자리에 있었다.

1925년에 남긴 어느 서양인의 일본인 관찰은 지금의 일본인을 생각하는 데 많은 도움을 준다.

"대부분의 일본인이 같은 사고방식을 지니고 있다는 사실은 특히 흥미롭다. 물리적으로도 일본인의 생김새는 거의 비슷하다. 또한 문화나 신분의 차이 등을 계산에 넣어도 모든 일본인은 정신적으로 동일한 사고방식을 지니고 있음을 알 수 있다. 즉 일본 민족은 완벽하게 하나의 국가에 도달하고 있다.……개인은 자기 것을 생각하지 않으며, 자기 멋대로 생각하지도 않는다. 단체나 집단을 먼저 생각하며, 정신적으로도 이에 합당한 자기의 행동방침을 정해서 주저하거나 머뭇거림없이 이에 따른다."

헌신적으로 충성하는 집단적인 일본인, 이는 사무라이 출신의 통치계급이 의도했던 교육이었다. 그리고 이 교육은 들어먹혔다. 헌신적으로 충성하는 집단적인 일본인은 이렇게 일찍 만들어졌던 것이다.

모두가 천황을 위해서 충성을 바치는 일본인으로서! 끊임없는 전쟁의 연속에서 어머니를 부르며 죽어간 병사도 있을 테지만, '천황폐하 만세!'를 외치며 중국 대륙과 태평양에서 죽어간 수많은 병사들은 진정한 충성이 뭔지도 모른 채 침략전쟁의 하수인으로 이슬처럼 사라져갔다.

먹고 살기 위해서 충성을 바쳐야 했던 예전의 일본인들은 자기가 일본인임을 인정받기 위해서 충성을 다하며 죽어야 했다. 그렇지 않으면 비국민(非國民 : 일본 사람이 아니다는 뜻)이라는 오명과 낙인과 따돌림 속에 고통을 겪어야 했다.

그들은 예전과 마찬가지로 또다시 어쩔 수 없이 충성을 다해야 하는 상황 속에 내던져졌던 것이다. 그리고 패전, 미국의 점령이다. 일본을 점령한 미국은 지금과는 전혀 딴판인 개인주의적인 아메리카 문화를 일본에 심는 듯했다. 반집단적인 개인주의가 싹트는 듯했다. 일본인들도 영주도 아니며 천황도 아닌 전혀 새로운 얼굴의 주인을 만나야 했다. 기업이라는 괴물이다.

6년 여에 걸친 미국의 일본 점령. 이 세월은 새로운 문화를 만들어내기에는 너무 짧았다. 개인주의의 싹은 그렇게까지 견고할 수 있는 것이 아니었다. 게다가 개인주의를 혐오하는 집단주의의 아성은 사라지지 않았다. 일본 사회의 상층부에 있는 인사들의 머리는 변함없이 헌신적으로 충성하는 집단적인 일본인을 선호했다. 참담한 폐허 위에 건설해야 될 일본, 괴멸적인 생산수단의 파괴로부터의 탈출, 기본적인 의식주 문제로부터의 자유 등 전후 일본의 지도자들은 사무실과 공장에서 일사분란하게 움직여 줄 일본인들을 갈망했다.

그래서 그들은 일본에는 미국식 교육이 아닌 일본적인 교육이 필요하다고 주장하고 나섰다. 교과서에는 전투적인 병사들의 이야기와 전쟁찬미와 전차, 함대, 전투기의 이야기가 대폭 줄어들었다. 그러나 자기 것을 생각하기 전에 단체나 집단을 먼저 생각하도록 만드는 예전 교육은 끝내 사라지지 않았다.

총성이 들리지 않는 전쟁터인 기업. '야근!' '잔업!' '제품개발!' '기업경쟁력 강화!'라는 지시가 '돌격!'이라는 전쟁터의 호령처럼 무섭게 떨어진다. 모든 기업이 그렇다. 일본 경제의 신화였던 낮은 이직률, 수많은 장기근속자. 그럴 수밖에 없을 것같다. 모두가 비슷한 얼굴을 한 회사들. 이 가운데서 일본의 샐러리맨들은 자유롭게 선택할 수 있는 특별한 회사를 알 길이 없었다.

자기 직장에서 탈락하면 마치 창이나 칼자국이 귀 뒤에 생긴 용감하지 못한 무사가 될 뿐이다. 기업으로부터 배척받으면 영주로부터 버림받은 무사처럼 참담한 몰락이 기다릴 뿐이다. 샐러리맨들은 생사의 갈림길에 서 있었던 것이다. 기업에의 헌신적인 충성, 이른바 현대판 사무라이의 탄생이다. 그리고 장렬한(?) 현대판 사무라이의 '과로사'다.

'과로사'는 국제적으로 일본의 수치이다. 부유한 나라에서 죽도록 일해야 하는 일벌들의 최후이니 자랑할 것이 못된다. 그러나 우리가 상상하는 한 일본의 기업문화에서 '과로사'는 얼굴에 칼자국을 남긴 명예로운 기업전사들의 기념비가 아닐는지?

일본인들의 충성심에는 오랫동안 죽느냐 사느냐 하는 절박한 역사가 숨어 있었고, 그들은 그렇게 충성스런 일본인으로 만들어져 온 것이다.

'강한 군대'에 대한 일본인의 강박관념

일본인들은 위생관념이 강하다고 한다. 우리도 귀에 박히도록 교육받았던 식사 전에 손을 씻는거나, 밖에서 돌아왔을 때 손발을 씻는거나 하는 것은 기본이다. 일본의 어린애들은 취학하기 이전의 보육원이나 유치원에서부터 철저한 위생교육을 받으며 성장한다. 콩알만한 어린애들이 식사시간이나 간식시간이 다가오면 하나같이 수돗가로 달려간다. 선생들은 이를 지켜보며 한 사람 한 사람 모두에게 지도해 준다. 모든 친구가 손을 씻고 있으니 저 혼자만 빠지는 것도 이상하다.

밖에서 놀다가 안으로 들어갈 때도 마찬가지다. 하루도 거르지 않고 반복되는 위생교육이다. 자기 몸은 우선 자기가 지키도록 만들고 있는 셈이다. 거의 모든 공원에 수도가 정비되어 있는 것도 이와 무관하지 않다. 물을 아끼기 위해서 수도를 줄이는 경우는 있다. 그러나 고장이 난 수도는 보기 힘들다. 모든 수도에서는 당연히 물이 나와야 되는 것이다. 청결을 유지할 수 있도록 세심하게 배려한 결과다.

일본의 행정당국도 팔짱만 끼고 앉아 있지는 않다. 일반 예방접종은 물론이고, 전염성 유행병이 나돌게 되면 신속하게 예방접종을 실시한다. 한국의 보건당국도 예외는 아니다. 초등학교 시절 누구나 경험한 고문같은 예방주사 시간이면 어디론가 도망치고 싶었던 기억이 있다. 그러나 철저함의 정도는 한국과 일본이 조금 다르다.

　일반 예방접종 때나 전염병이 나돌면 일본의 보건당국은 전국민에게 개별통지를 한다. 한 사람도 빠짐없도록 하기 위함이다. 개별통지가 필요없는 경우에도 일반공고를 통해서 많은 사람이 알 수 있도록 조치를 취한다. 사라져버린 질병으로만 생각했던 결핵이 나돌게 되자, 모든 주민에게 통지를 하면서 예방접종을 받도록 조치한 일본의 보건당국이었다.

　취학전 어린애들의 예방접종도 몇 차례에 걸친 세심한 진찰을 거치면서 예방주사를 놔도 좋은지 어떤지를 판단한다. 예방주사를 맞기에 적절한 건강상태가 아닌 아이들도 있을 수 있기 때문이다. 일개 지방 보건소에서 실시하는 예방접종 때에도 서너 차례의 진단절차를 거친 다음에야 주사를 놓게 된다. 당연히 이를 위해서는 서너 명의 의사들이 배치된다. 통지나 공고에서부터 접종절차에 이르기까지 전과정에 허술한 것이 없다.

　우리의 경우는 어떤가? 일단 한국의 주부들은 자기 아이에게 예방접종이 필요한지를 스스로 확인하게 되면 스스로 알아서 병원이나 보건소를 찾아야 한다. 학교는 예외지만, 미취학 아동에게 전염병에 대한 예방접종이 필요하게 돼도 개별통지는 없다. 스스로 알아서 전염병 정보를 듣고 스스로 접종을 해야 한다. 가사에 바쁜 주부나 직장에 다니는 여성의 경우, 혹 정보라도 듣지 못하면 접종해야 될 시기를 놓치고 만다.

　저렴한 예방접종을 받기 위해 보건소를 찾게 된 경우에도 우리 주부들은 길게 늘어선 어린애 행렬에 맞닥뜨린다. 접종을 위해서 온 아이들이다. 그러나 어느 줄이 어떤 줄인지 분간할 수 없을 정도로 뒤섞여 있다. 황급히 들어선 주부라면 아무 줄에나 서서 무슨 접종인지도 확인하지 못한 채 주사를 맞고 돌아오기 십상이다.

의사들의 예비진단도 없다. 몇 명의 간호사만 눈에 띌 뿐이고, 의사는 어디에도 없다. 어린애의 건강상태와 관계없이 무조건 접종주사를 맞아야 한다. 탈이 나면 재수가 없는 탓이다. 충분한 예비진단을 무시한 때문이다. 예방접종이 꼭 필요한 것이라면 세심하고 철저하게 해야 될 것이 아닌가? 그렇지 않다면 예방접종을 그렇게까지 중요하다고 생각하지 않는다는 말인가? 보건당국의 업무는 무엇인가? 보건소의 행정업무 감독인가, 국민의 건강증진인가?

예방접종이라도 한국과 일본은 큰 차이가 있다. 일본은 왜 그렇게 세심하고 철저한가? 여기에도 숨은 내막이 있다.

1938년 1월 11일, 당시 일본의 내각 안에는 예전에 없던 새로운 부서가 신설된다. 국민건강을 전담하게 될 후생성(厚生省)이 그것이다. 이보다 5년 전인 1933년, 그때까지는 10만 명에 180명 정도로 떨어졌던 결핵사망률이 증가세로 돌아서면서 1935년에는 190.8명에 이르게 됐다. 사망자 수는 13만 2천 명에 이르렀고, 환자 수도 120만 명에 달하게 되었다. 특히 15세에서 30세 사이에 있는 젊은층의 사망률은 평균치의 네 배를 넘었다.

일본의 군부는 젊은 인구의 감소와 국민체력의 저하를 심각하게 받아들였다. 당시 군부는 제국주의간의 치열한 패권쟁탈전에 대비해 국가총력 구축을 서둘고 있었다. 군부는 그들이 접한 통계를 묵시할 수 없었던 것이다.

1936년 6월, 당시 내각의 육군대신은 이에 대한 신속한 대책을 주장하게 되고, 수상도 내각조사국에 실제 조사를 명령하게 된다. 육군성도 '위생성(衛生省)'이라는 내각부서 설치안을 작성하면서 구체적인 대응안을 준비하기에 이른다. 국민체력 강화를 목적으로 한 일련의 논의는 결국 위생행정 전문관청 설치로 모아지면서, 1938년 1월에 후생성을 신설하게 되는 것이다.

후생성의 주요 과제는 단순히 국민체력 강화가 아니었다. 당시 일본의 통치자들에게는 일종의 철학이 있었다. '건병건민(健兵健民)'이 그것이다. 즉 강한 군대를 만들기 위해서는 건강한 국민이 필요하다는 제국주의적인 철학이다. 이 때문에 일본의 의료는 군사문제에 예속되고, 의료 목적은 더욱 강력한 병력과 노동력을 위해서 일본인의 체력의 질과 양을 향상시키는 데 쏠리게 된다. 1938년에 후생성이 신설된 것은 그 결과이기도 했으며, 1937년부터 착수한 보건소 설치나 무의촌 의료기관의 설치도 '건병건민' 정책의 일환이었다.

이런 정책의 이면에는 장애를 가진 자와 질병에 걸린 자에 대한 잔인한 차별과 소외가 있었다. 이들 장애자들은 강인한 병력과 노동력을 필요로 하는 제국주의 국가에게 달갑지 않은 짐과 부담이 되기 때문이다. 그들이 자식을 낳지 못하도록 단종법(斷種法)을 제정하고자 했던 잔학한 발상도 오로지 여기서 비롯된다.

후생성은 신설된 이래 태평양전쟁이 패전에 이를 때까지 내각부서가 일부 변경되고 통폐합되는 가운데서도 아무런 변경없이 고유 업무를 줄곧 수행하게 된다. 후생성의 비중을 아무도 무시하지 못했던 것이다. 역대 후생성 장관의 얼굴도 화려한 편이다.

초대 장관에는 메이지 유신의 3걸인 기도 타카요시의 손자이며 천황 측근자로서는 최고 실력자였던 기도 코우이치(木戶幸一)가 취임한다. 1940년 4대 장관에는 패전 후 일본 정계의 제1인자로 군림했던 요시다 시게루(吉田茂)가, 패전 후인 12대 장관에는 수상의 지위에 오르는 아시다

히토시(芦田均)가, 1960년대에도 훗날 수상이 되는 스즈키 젠코(鈴木善幸)가 각각 취임한다. 후생성은 역대 장관의 얼굴처럼 결코 화려하다고는 할 수 없는 부서이지만, 그 업무는 막대한 것이었다.

메이지 시대 초기부터 일본은 독일의학을 모범으로 삼았다. 1877년 도쿄대학 의학부에서 의학교육을 담당한 교수들도 전부 독일인이었다. 그만큼 독일 의학에 심취한 그들에게는 독일 의학의 정신도 전수될 수밖에 없었다. 독일에서는 이미 1800년대 중반부터 공중위생의 중요성이 강조되었다. 그 신념은 이렇게 표현되고 있다.

"대제국의 운명이 건강한 국민과 건강한 군대에 의해서 결정된 것은 역사가 증명했다."

마치 일본의 '건병건민' 정책의 중요성을 보는 듯하다. 세계에서 최초로 위생학 교실을 만든 것도 독일의 뮌헨 대학이었다. 여기서도 그들은 도시의 상하수도를 정비할 것, 시민의 영양을 질적·양적으로 충분히 할 것, 주거환경을 개선할 것, 정치적·사회적 상태도 국민의 건강과 사망률에 깊은 영향을 미친다는 사실 등을 강조하게 된다.

일본의 통치자들은 독일 의학의 공중위생 철학을 주목할 수밖에 없었다. 여기에 '건병건민' 정책이 구체적으로 첨가되는 것이다. '건병건민'을 위해서 그들은 필요한 모든 조치를 취했다. 전문관청과 보건소의 설치, 철저한 위생방역과 전국민을 대상으로 하는 세심한 예방접종, 주거환경 개선을 위한 청소문제 등 그들은 국민보건과 관련된 제반 사항에 국가의 이름으로 관여한 것이다. 사안이 사안인만큼 그들은 이를 소홀히 할 수 없는 것으로 판단했던 것이다.

지금의 일본도 마찬가지다. '건병건민'을 위해서 철저한 위생정책이 얼마나 중요한지를 경험한 나라이다. 그리고 실제로 그 정책을 집행한 나라이기도 하다. 현대 일본의 체계적인 위생교육 실시와 그에 따른 부대시설의 완비는 여기서 비롯된 것이다.

개별통지와 일반공고에서부터 철저하고 세밀한 예방접종도 그들의 공중위생 철학이 지금도 살아있음을 보여주는 대목이다. 위생관념이 강한 일본인은 우연히 태어난 것이 아니었다.

제 **3**부

죄악의 과거사,
떠들어라, 우리는 계속 간다

메이지 유신으로 새로 출발한 일본. 일본의 통치자들은 부국강병을 둘러싸고 열심히 토론했다. 그러나 그들은 부국강병을 할 것인지 말 것인지를 논의하지 않았다. 그들이 열을 올린 것은 어떻게 부국강병을 실현할 것인가에 쏠려 있었다. 오랜 기간에 걸친 열린 정보를 통해서 그들은 아시아로 몰려드는 서구열강의 위력과 실체를 파악한 뒤였기 때문이다. 그래서 그들이 내린 유일한 결단은 일본이 살아남기 위한 신속한 부국강병의 실현이었다. 그리고 일본은 탈식민지라는 소기의 정치적 목적을 달성하고 있었다.

서양 무기는 Yes, 서양인은 No

1543년 일본을 최초로 밟은 서양인은 멘도스 핀토라는 포르투갈 출신의 여행가였다. 때는 일본열도가 피의 홍수와 시체의 산으로 뒤덮이던 전국(戰國)시대였다. 규슈(九州) 지방의 남단 타네가시마(種子島)에 표류한 그는 그곳 섬사람들에 의해 따뜻하게 맞아들여진다. 그때까지만 하더라도 일본인들은 이방의 나그네를 배척하지 않았다. 그곳 영주에게 안내된 멘도스 핀토는 융숭한 대접을 받으며 정보를 교환하게 되고, 반 년이 채 되기 전에 일본을 떠나게 된다.

일본이라는 나라가 서양인들에게 알려지게 된 것은 그의 입을 통해서였다. 종교적 사명감에 가득 찬 천주교 사제 프란시스코 사비엘이 이역만리 일본땅을 밟게 되는 것은 그로부터 얼마 뒤인 1549년이다. 비슷한 시기에 일본은 여행가와 종교인이라는 두 명의 서양인을 만난 것이다. 이들 서양인은 한결같이 중요한 발자취를 일본땅에 남기게 된다. 그러나 전혀 다른 운명으로!

멘도스 핀토가 남긴 《동양편력기》에 의하면, 그는 타네가시마 영주의 예우와 환대에 대한 보답으로 귀한 물건을 하나 선사한다. 총 한 자루가 그것이다. 일본인들은 생전 처음 대하는 기이한 물건이었다.

뽀얀 연기와 함께 울려퍼지는 굉음, 천둥소리말고는 들어본 적이 없는 엄청난 큰소리였다. 일본인은 혼비백산하며 도망쳤다. 사냥길에 멘데스 핀토를 수행한 일본인들은 달아나다가 쓰러지는 산짐승을 보며 기이하고 신기한 물건에 잔뜩 호기심을 품게 된다. 영주가 그 총포를 원한 것은 물론이다. 한 정의 총포는 그렇게 해서 일본인의 손에 넘겨지게 되었다.

공장이란 것이 있을 수 없는 시대였다. 당시 금속을 가공하는 최고의 공장이라면 대장간이다. 타네가시마 영주는 대장간 주인에게 명령을 내린다. 어떻게 해서든 똑같은 총을 만들어내라고. 물론 두 손을 들면 사형이다. 비운의 대장간 주인은 그러나 실패하지 않는다. 멘데스 핀토가 일본을 떠난 지 5개월 반 뒤, 일본의 대장간에서 만들어낸 총포는 6백 정 이상으로 늘어난다. 그는 이렇게 술회하고 있다.

"단 한 정의 철포도 없었음은 물론이고 철포라는 병기조차 모르고 있었던 일본의 실정에 비추어볼 때, 새로운 무기에 대한 일본인의 정열은 상당한 것이었다."

그러나 더 놀라운 사실은 그 후에 목격된다. 대단한 여행가였던 멘도스 핀토가 다시 일본땅을 밟게 되는 것은 그로부터 13년이 지난 1556년이다. 이때가 되면 교토에만도 3만 정의 총포가, 일본 전국에는 약 30만 정의 총포가 흘러넘쳤다. 살상무기가 범람한 것이다. 산간벽지에 있는 한 촌이라 할지라도 총포가 없는 곳이 없을 정도로 널리 보급되었다.

이런 현실에 직면한 멘도스 핀토는 일본인들이 본능적으로 무기나 군사문제를 좋아하기 때문이라고 쓰고 있다. 총포를 선물받은 타네가시마 영주가 화약제조법도 배웠음은 물론이다.

일본이 살상무기를 통해서 서양인과 최초로 만났다는 사실은 얄궂다고 할 수밖에 없다. 당시 일본의 전통적인 병법은 활과 창과 기마였다.

신식 병기인 조총의 위력에 일찍 눈을 뜬 오다 노부나가(織田信長)는 일찌감치 옛 병법을 폐기해 버린다. 그는 총포부대를 집중적으로 육성하면서 신병법을 개발하고 이를 통해서 당대의 패자(覇者)가 된다. 총포 제작 기술을 적극적으로 활용한 덕분이다. 그래도 이건 일본 내의 일이다. 이 저주받은 살상무기는 엄하게도 조선땅을 유린하게 되는 것이다.

조선과 서양관계사에서 볼 때, 서양인은 총이라는 살상무기를 일본에 전해줌으로써 조선에 대해 적지 않은 악역을 담당한 셈이다. 그리고 서양인은 또 다른 악역도 자청하고 나섰다. 천주교 전도를 목적으로 일본에 파견된 어느 사제가 임진왜란이 발생하던 1592년에 이런 문서를 남기고 있다.

"우리 주님은 예기치도 않은 방식으로 일본 전도를 도우시는 일이 많이 계시다. 조선에서 이미 일어나고 있는 정복과, 도요토미 히데요시가 중국에서 행하고자 시도하는 일로 인해 몇 명인가의 천주교 영주들은 부유하고 강력해지고 있다. 이 때문에 이들 영주들은 우리가 필요로 하는 유지비 대부분을 지불해줄 수 있다고 생각한다. 특히 아구스틴(小西行長의 천주교 본명)은 아리마(有馬)와 오무라(大村)—이들도 천주교 영주였다—의 원조를 받아서 조선을 정복할 수 있었다. 이 덕에 아구스틴은 도요토미 히데요시로부터 많은 신뢰를 받고 있다. 이런 아구스틴이라면 그러한 일이 가능하다고 생각된다."

이 천주교 사제는 종교적 임무 달성이라는 명분과 교환하면서 일본의 조선 침략이라는 죄악을 정당화시키려 했다. 살상무기를 전해준 서양인 여행가, 그리고 일본 땅을 밟은 최초의 종교인 프란시스코 사비엘의 후예들은 주님의 뜻이란 이름으로 침략을 옹호한 것이다.

이와 비슷한 일은 중국에 대해서도 일어난다. 천주교의 맹주국인 에스파냐는 거대한 남미 대륙을 완전히 장악하고 아시아로 옮겨왔다. 천주교 전도를 위해 일본땅을 밟은 것도 그들이었다. 에스파냐가 필리핀을 정복한 후인 1588년, 필리핀 총독 레가스피는 마닐라에 있는 종교 지도자들과 만났다.

필리핀 총독은 이들과 모종의 회담을 연다. 그리고 이 회담에서 합의된 사항은 머지않아 에스파냐 왕 필립 2세에게 서신으로 보고되기에 이른다. 보고내용은 다음과 같다.

빠른 시일 내에 에스파냐 원정군 1만 2천명을 마닐라에 파견하고 이에 필리핀 원주민과 일본 낭인을 가담시켜서 중국 전토를 정복하라는 것이었다. 천주교 지도자들이 이런 건의를 했던 이유는 한 가지다. 중국에 천주교를 포교하기 위해서다. 종교 지도자들은 중국 침략을 통해서 '성스런' 그리스도 전도를 할 수 있도록 배려해달라고 간청한 것이다. 그리스도 전도란 미명 하의 침략 사주다.

이 문제에 관한 한 일본에 있던 사제나 필리핀에 있던 사제들은 정상적인 종교인들이 아니다. 그들이 뿌린 타락한 씨앗의 열매인가? 천주교는 조선도 중국도 아닌 바로 일본에서 참담한 비극을 맛보게 된다.

강자만이 살아남았던 전국시대. 당시의 영주들은 자신의 입지를 강화하기 위해 서양인과의 교역을 환영한다. 이를 통해서 손에 넣었던 경제적 이익이 컸기 때문이다. 특히 일본의 남서부 지방에 할거하고 있던 영주들이 천주교 선교사들을 환대하거나 서양상인들과 활발한 교역을 행했다. 이 지역 일부 영주들은 불교에서 천주교로 개종하면서까지 서양인들에게 접근했다.

반면에 불교도 영주들은 천주교도들과 타협없이 대결했다. 이때에도 서양인과 서양 세력은 일본을 침략할 위협적인 존재로 인식되었던 것이다.

일본의 영주들은 서양인들이 일본에서 모종의 악한 일을 획책하고 있는 것은 아닌가, 만일 일본에 천주교를 용납하면 나중에 서양 선교사들이 일본인 천주교도와 함께 일본 영주들에게 반기를 드는 것은 아닌가 하는 강한 의심을 품었다.

왜냐하면 일본의 영주들에게는 도무지 납득할 수 없는 일이 하나 있었기 때문이다. 뭣 때문에 서양의 국왕들이 엄청나게 많은 비용을 들여가면서까지 일본 전도를 위해 애쓰고 있는지 이해할 수가 없었다. 그래서 이들 일본인들은 서양인들이 일본 영토를 탈취해서 그 비용을 되찾고자 획책하고 있다고 생각할 수밖에 없었다.

특히 불교도 영주들은 천주교 선교사를 공격할 때 이런 말을 입에 올렸으며, 다른 많은 영주들도 이 문제를 명백하게 빈번히 언급할 정도였다.

이역의 나라에 주님의 말씀을 선포하기 위해 불타는 사명감을 지닌 선교사들도 있었다. 그러나 그중에는 종교적인 미덕과 전혀 무관한 못된 욕망을 품은 자들도 있었다. 선교라는 미명 하에 침략을 정당화하고 옹호하려는 태도도 전쟁의 신 마르스의 뜻일지는 몰라도 사랑과 용서의 신 주님의 뜻으로는 보이지 않는다. 조선과 중국도 그럴 것이며, 일본도 용납치 않을 것이다. 그러나 그런 선교사들이 있었다. 그들 스스로가 뿌린 타락한 씨앗은 이제 그들이 거둘 때가 다가온 것이다.

서양과의 단절을 야기시켰던 최초의 계기는 도요토미 히데요시가 권력을 장악하고 있던 시기에 발생한다. 시코쿠(四國) 지방에 표류된 에스파냐 국적의 산 필립호 항해사 오란디아가 일본 관료의 심문을 받는 과정에서 행한 발언이 결정적인 빌미를 제공했다. 오란디아는 일본 관료로부터 에스파냐가 광대한 영토를 정복하게 된 계략이 어떤 것인지 질문을 받는다. 오란디아의 대답이다.

"에스파냐 국왕은 수많은 선교사를 모든 나라에 파견해서 성스런 종교를 전도케 한다. 그리고 이교를 믿는 자들을 상당수 개종시킨 다음에, 군대를 출동시켜 개종한 자들과 힘을 합쳐 그 나라의 국왕을 토멸시켜서 영토를 빼앗는다."

그는 자기 나라 에스파냐가 얼마나 위대한 나라인지를 떠들어댔다. 오란디아는 이 말을 통해서 자기에게 손을 댔다가는 각오하라는 협박을 했는지도 모른다. 이것은 마닐라의 선교사들도, 일본의 선교사들도 은밀히 내뱉었던 말이다.

심문내용을 보고받은 도요토미 히데요시는 긴장한다. 그때까지만 해도 일본 내에는 서양 선교사들과 개종한 천주교도들이 상당수 있었기 때문이다. 천주교와 서양인을 추방하라는 최초의 명령은 이렇게 해서 떨어진다. 완전한 쇄국이 단행되는 것은 일본인 천주교도들에 의해 주도된 1637년 도쿠가와 시대 시마바라(島原) 반란을 거친 다음이다. 이 사건을 경험하면서 일본의 정치권력은 천주교 전도가 일본에 대한 영토 야욕에 있음을 절감한다.

물론 이 반란은 가혹한 세금 때문에 발생한 저항운동에 지나지 않았다. 그러나 막부는 완전한 초토화로 이 저항에 응답한다. 천주교의 씨를 아주 말려버리기 위해서였다. 여기서 살아남은 자들은 숨어살면서 신앙을 지켜야 했다. 그리고 2백여 년이 훨씬 지난 메이지 유신 뒤에야 그들은 겨우 얼굴을 내밀 수 있었다.

이 시마바라 반란을 전후해서 천주교를 버리지 않는 일본인에게는 가차없는 탄압이 있었다. 그것도 대량학살이다. 가마니에 말아넣은 채 불속에 집어던지는 참혹한 형벌이 그들을 기다렸다. 화려한 성공을 거둔 살상무기의 한편에서 성스런 종교는 참담한 패배를 겪어야 했다.

그날 이후 천주교는 일본의 불구대천지원수로서 배척을 당한다. 오직 네덜란드 상관(商館)에 근무하는 일부 서양인만이 나가사키(長崎)의 작은 섬 데지마(出島)에서 폐쇄된 자유를 누릴 수 있었다. 서양인은 일체 일본 입국을 금지당하는 존재가 되어버렸다. 만약 이를 어기게 되는 경우에는 첩자라는 혐의와 함께 죽음을 각오해야 했다. 그리고 실제로 1708년에 그런 사건이 발생한다.

일본의 천주교 금지령를 해제시키려고 단신으로 일본 입국을 시도했던 이탈리아 선교사 시도치. 그는 첩자라는 혐의로 체포되어 에도(江戶)로 압송된다. 이런 문제는 일개 지방 영주가 아니라 도쿠가와 막부가 직접 다뤄야 할 만큼 중대한 사안이었다. 수많은 심문과정을 통해서 시도치의 일본 입국은 일본 침략과는 아무런 관계가 없다는 사실이 밝혀진다. 그는 순수한 종교적 사명감을 가지고 일본을 찾았던 것이다.

그런데도 그를 돌려보낼 수 없는 도쿠가와 막부였다. 만일 그가 살아서 돌아가게 되면 또 다른 선교사들이 안심하고 다시 일본 입국을 시도할 것이기 때문이다. 막부는 그런 사태를 두려워했다.

결국 천주교의 참된 사도였던 시도치는 조국 이탈리아로 송환되지 않고 이역의 감옥에 갇혀 최후를 마쳐야 했다. 시도치는, 160여 년 전 구주의 남단 타네가시마에 표류하여 그곳 섬사람들과 영주의 따뜻한 환대를 받고 떠났던 여행가 멘도스 핀토와는 전혀 상이한 운명을 맛보아야 했던 것이다.

정복할 수 없는 나라, 일본

1192년 이후로 일본은 무사들이 통치하던 나라였다. 그들이 살상무기를 선택했을 때도 무사들이 통치하던 시절이었다. 그리고 일본은 패전에 이를 때까지 무사들이 통치하는 나라였다.

게다가 일본은 15세기에서 16세기에 걸친 1백여 년 동안 피비린내 나는 전국시대를 경험한 나라였다. 모반과 모략과 온갖 책략이 몸에 익은 그들이었다. 전쟁으로 단련된 몸이었고, 일본이란 나라 전체가 하나의 커다란 병영(兵營)이었다. 무사들이 통치하던 나라인지라 일본인들도 엄격한 규율과 제도에 훈련되어 있던 판이었다.

세계도 평화롭지만은 않았다. 멘데스 핀토가 일본에 표류한 1500년대에도 이베리아 반도의 양대 강국 에스파냐와 포르투갈은 침략전쟁을 통해서 남미 대륙을 수중에 넣고 있었고, 1600년대에 들어서면 아시아도 평화롭지 못했다. 필리핀은 이미 그 전에 정복당한 뒤였다.

서양인들의 머리 속에 이민족에 대한 침략과 정복은 당연한 것이었다. 황금에 눈이 어둡고, 돈이라는 신기루를 좇아 이역만리 먼 땅을 마다하지 않는 그들이었다. 그런 서양인들이 밟은 일본땅이었다.

과연 그들이 품은 일본에 대한 소감은 어떤 것이었을까? 전국시대 말기인 1583년, 어느 선교사가 남긴 문서이다.

"일본은 외국인이 지배할 수 없는 나라이다. 외국인의 지배를 견뎌 낼 만큼 일본인은 무기력하고 무지하지 않다. 따라서 에스파냐 국왕은 일본에 대한 어떤 지배권이나 관할권도 갖지 못할 것이며, 앞으로도 가질 수 없을 것이다."

당시 에스파냐는 세계적으로 막강한 나라였다. 그 나라 국왕이 당대 최고의 권력을 행사했음은 물론이다. 요즘으로 치면 미국과 같은 슈퍼 강대국의 통치자였다. 그런 국왕을 향해서조차 천주교 사제는 '일본은 외국인이 지배할 수 없는 나라'라고 증언하고 있다.

여러 가지 이유가 있다. 그는 일본인의 성격을 먼저 들었다. 그러나 그것 때문만이 아니다. 그는 일본 국토의 견고함도 그 이유로 들었다. 일본이 거친 항해를 지난 다음이 아니면 도달할 수 없는 아주 멀리 떨어져 있는 나라이기 때문이다. 그래서 사제는 다시 말했다.

"정복할 수 없는 일본 땅은 어떤 권력도 확보할 수 없다. 때문에 사태가 발생한 다음에 이를 구제하는 것은 심히 곤란하든가 불가능하다."

이 문서는 보고서의 형태로 상부에 전달된 것이다. 정치와 종교가 밀접한 관계에 있던 당시로서는 에스파냐 국왕에게도 당연히 전달되었을 것으로 보인다. 이 충고가 어느 정도 유효했는지는 모른다. 그러나 개척하는 곳마다 군대를 이끌고 가던 에스파냐건만, 유독 일본에서만은 무력을 앞세운 공격을 하지 않았다. 거꾸로 그들은 일본에서 추방당하는 신세에 있었다. 지배할 수 없는 나라, 정복할 수 없는 나라, 서양인으로부터 일본이 받은 최초의 평가였다. 그러나 이런 평가는 그 후에도 오래도록 계속된다.

18세기부터 19세기에 걸친 시대는 서구열강이 본격적으로 아시아로 밀려들던 시대였다. 인도네시아도, 인도도, 이제는 중국마저도 안전하지 못한 침략과 정복의 식민지 시대였다. 이미 1740년에는 네덜란드 지배하에 있던 인도네시아 자카르타에서 1만 명의 중국인이 학살당하는 사건이 발생했다. 오만방자한 서양인들의 만행이었다.

규모의 차이는 있지만 서양인들은 아시아의 어디서나 만행을 저질렀다. 아시아는 저항력을 상실했다.

서양인들이 이렇듯 세력을 뻗칠 수 있던 것은 오직 뛰어난 근대병기의 발명 덕분이었다. 묵중한 갑옷과 투구를 걸친 기다란 창으로 무장한 기사들이 아니기 때문이다. 일본에서 활동하던 서양인들은 바로 이런 나라를 조국으로 하던 자들이었다. 그러나 일본은 이런 불행을 면할 수 있었다. 일본은 네덜란드인들을 아주 엄격하게 다루었기 때문이다.

네덜란드인은 무장을 하고 있던 인도네시아에서는 온갖 횡포를 다 부릴 수 있었다. 그러나 나가사키의 데지마에서만은 노예나 죄수와 같은 태도를 취할 수밖에 없었다.

1804년에 러시아 사절을 나가사키까지 호송한 크루젠슈데른이라는 선장이 있다. 그의 눈에도 일본인에 대한 네덜란드인의 행위는 말로 표현할 수 없는 굴욕적이고 혐오스러운 것으로 비쳤다. 그는 이렇게 기록하고 있을 정도였다.

"유럽의 문명 국민은 자유를 향한 열망에 의해 정치적 독립을 쟁취했고, 여러 가지 위업에 의해 명성을 얻어왔다. 그런데 이들 네덜란드인들은 경제적 이익 때문에 스스로를 비하하고, 한 무리의 노예와 같은 일본인들의 혐오스런 명령에 온순하게 복종하고 있다. 이 얼마나 유감스런 일인가!"

이 선장은 일본을 떠났다. 그러나 정작 일본에서 활동하던 대부분의 서양인들은 일본인들의 엄격한 통제 때문에 이런 태도를 취할 수밖에 없었다. 이들 서양인들의 눈에 비친 일본은 호락호락하지 않았기 때문이다.

1830년대 나가사키에 있던 한 서양인의 감상문에는 이렇게 씌어 있다.

"일본인들을 정복하는 것은 불가능하다고 단언해도 좋다. 왜냐하면 일본인은 스스로의 생명을 끊을지언정 결코 항복하지 않기 때문이다. 그뿐만이 아니다. 오히려 일본인은 자신의 힘이 약하다고 느낀 때조차도 자신에게 맡겨진 임무를 방치하는 일이 결코 없다. 일본인에게는 자신의 임무를 달성하지 못한 데 대한 변명이나 이를 정당화시킬 수 있는 이유를 애초부터 가지고 있지 못하다."

결사항전하는 일본인들! 그래서 이 서양인의 눈에 일본은 '정복하는 것이 불가능한 나라'로 비친 것이다. 이 서양인은 군사력에서 일본이 결코 강하지 못하다는 사실을 알고는 있었다. 그러나 그는 일본인에 대해 적잖은 두려움을 느끼고 있었다. 그들이 결사항전하기 때문만은 아니었다. 이유는 또 있었다. 그는 계속해서 이렇게 쓰고 있다.

"일본인들이 유럽의 적과 대항해야 되는 경우에 그들은 의심할 나위없이 패배할 것이다. 그러나 그들은 싸움이 절정에 이르면 1대 1로 싸운다. 그렇게 되면 우리들은 생명을 내걸고 덤벼드는 검객과 싸워야 하는 곤경에 처할 것이다."

이 서양인의 머리 속에는 처절한 육박전이 너무나 두려웠던 모양이다. 사실 누구나 살아남기 힘든 육박전은 생각만 해도 소름끼치는 광경이다.

이 당시 중국인들은 이미 아편 상습복용자가 되어버렸기 때문에, 이들을 위해서도 아편 수입은 빠뜨릴 수 없었다. 따라서 중국인은 유럽인과의 교역을 피할 수 없었고, 이 때문에 중국은 더 이상 완전한 독립국가로 간주되지 않았다. 유럽에 의존해야 했기 때문이다. 이것이 당시 서양인들의 시각이었다.

그러나 중국 못지않게 주목받고 있던 일본은 중국만큼 강력하고 광대하지는 못하지만, 위치나 기후 및 부유함에 있어서 오히려 중국보다 빼어났기 때문에 서양인들의 칭송을 받았다. 일본은 정복하는 것이 불가능에 가까운 나라였다. 그래서 이 서양인은 당시 다른 서양인들도 일본을 어떻게 생각하고 있는지를 이렇게 쓰고 있다.

"서양의 국민들은 무력지배를 통해서 어디서든지 자신들의 권력을 행사한다. 또한 서양인들은 아주 멀리 떨어져 있는 나라들도 유럽의 권력 앞에 복종시키는 것을 통례로 삼고 있다. 그런 서양인들에게 일본은 '눈엣가시같은 존재'가 되고 있다."

한 서양인에게 일본은 '정복하는 것이 불가능한 나라'였다. 그리고 이런 일본은 다른 많은 서양인들에게도 '눈엣가시같은 존재'였다. 한마디로 자기들 뜻대로 할 수 없는 성가신 일본이었다.

결사항전이나 육박전만이 두려운 것이 아니었다. 1800년대 초엽 시볼트라는 서양인도 유럽과 일본 사이에 전쟁이 발발했을 경우를 상상했다. 이 서양인은 일본의 전술이 위협적인 것으로 보였다. 일본에도 적잖은 제자를 거느리고 있던 그는 서양인들에게 이런 충고를 한다.

"배를 침몰시켜서 항구를 봉쇄해버리는 것과 교묘하게 생각해낸 화선(火船)에 대해서는 전쟁이 발발한 경우에 특별히 주의하지 않으면 안된다."

일본을 탐하던 나라는 많았다. 그래서 어떤 서양인은 일본을 '열쇠를 잃어버린 보물상자'라고 명명했다. 이 상자를 열기 위해 구미열강들이 문을 두드렸다. 좀처럼 열리지 않던 이 문을 열기 위해 대포로 무장한 함대들이 일본에 접근했다. 이른바 일본열도를 혼란에 빠뜨린 1853년이었다. 그들은 오직 '일본 개국'이라는 한 가지 목적을 달성하기 위해 만리창파를 넘어서 일본에 들어섰다.

　그러나 그런 서양인이 남긴 감상은 의외의 것이었다. 어느 러시아인의 소감이다.

　"일본도 외국인에게 문호를 개방해야 되는 운명에 있다. 그러나 간단히 되지 않을 것이다. 전쟁에 호소해서 강제로 개국시키는 사태가 발생할지도 모른다. 그러나 이 문제에 관한 한, 일본은 중국보다도 훨씬 우월하다. 만약 일본이 유럽의 군사기술을 도입해서 항만을 굳건히 지키게 된다면 일본은 어떠한 공격에도 버텨낼 것이다. 일본을 멸망시킬 수 있는 것은 내부 반란밖에 없다."

　이 러시아인의 소감은 어느 정도 맞아떨어졌다. 일본을 멸망시킨 것은 아니었지만, 일본을 변화시킨 것은 사실 내부 반란이었기 때문이다. 내전을 통해서 이루어진 메이지 유신이 그것이다. 일본이 쉽게 함락될 것으로 보지 않은 그는 아마 짜증이 난 것 같았다. 정 안되면 전격적으로 상륙해서 전쟁의 빌미를 만들든가, 아니면 아편을 들여가 상대방이 이를 엄격히 저지하면 그걸 핑계로 전쟁을 개시하면 된다고 생각했기 때문이다.

　그는 영국을 모방할 필요가 있다고 썼다. 세계적인 강국으로 부상한 러시아였건만, 그런 러시아인의 눈에도 일본은 어떠한 공격에도 버텨낼 나라로 비친 것이다. 물론 한번 밀어붙이면 금방 무너질 일본이기는 했다. 그러나 그러기 위해서는 온갖 계략이 필요했다.

　서양인들의 눈으로 봤을 때 일본은 군사적으로 강국이 아니었다. 제대로 된 단 한 문의 대포도 단 한 척의 함대도 없는 일본이었다. 그런 일본을 '정복할 수 없는 나라'로 비치게 만든 것은 비군사적인 요소들이었다. 그들에게는 강한 국민성, 견고한 국토, 결사항전, 육박전, 일본적 전술 등이 있었다. 이런 요소들이 일본을 '지배할 수 없는 나라' '정복할 수 없는 나라' '정복하는 것이 불가능한 나라'로 비치게 만들었다.

그러면 우리 선조들은 어떻게 봤을까? 일본의 힘을 실감했던 조선인으로 강항(姜沆)이라는 선비가 있다. 그의 일본 소감은 몇 년간에 걸친 현장 목격을 통해서 형성되었다. 게다가 그가 일본에 머무르게 된 것은 임진왜란 때문이었다. 그는 포로로 거기에 억류되어 있었다.

일본에 유학을 전파할 정도로 식견높은 학자이기도 했던 그는 적지에 있으면서 적의 현실을 탐문했다. 그리고 선조에게 그 결과를 몇 차례에 걸쳐 편지로 띄웠다. 당연히 그의 관심은 조선과 일본간의 힘의 관계였다.

강항이 주장하는 논지는 한마디로 '북경남중(北輕南重)'론이다. 북쪽의 중국 오랑캐보다는 남쪽의 일본이 더 위험하다는 논리이다. 강항은 먼저 조선의 국방방침에 중대한 결함이 있다고 지적한다.

당시 조선은 남쪽과 북쪽에 군사를 배치하고 있었다. 그러나 서북 방면에는 높은 관직에 있는 문관과 무관을 두면서, 영호남 방면에는 낮은 지위에 있는 변장(邊將)을 두고 있을 뿐이었다. 영호남보다는 서북 방면에 큰 비중을 둔 것이다. 강항이 지적한 것은 이 '북중남경'이라는 조선 조정의 국방정책이었다. 근거는 무엇이었을까?

현지에서 강항이 목격하고 확인한 것은 생사를 걸고 덤벼드는 겁없는 일본 병졸들이었다. 비겁하거나 용맹하지 못한 자는 먹고 살 길이 막히는 그들이었다. 그래서 그들에게는 어차피 죽을 바에야 싸우다 죽는 것이 훨씬 이익이었다. 강항이 보기에는 이런 자들이 1만 명 정도만 되어도 당해내기 힘들 판인데, 하물며 수십만 명이 된다면 더 이상 말할 나위가 없었다. 그의 판단으로 1백만의 중국 오랑캐도 수만의 왜병을 대적치 못한다는 점이었다. 그래서 그는 조선의 국방정책을 근본적으로 지적하고 나선다.

"조정에서 남(南)을 가벼이 알고 북(北)을 중히 여기는 그 까닭을 알지 못하겠습니다. ……이제 이후로는 남쪽을 가벼이 여기고 북쪽을 중히 여기는 폐습을 철저히 개혁하여 인심을 단결케 하며, 변방을 튼튼히 하고, 변장을 선택하여 성과 호를 구축하고, 선박을 손보며, 봉화를 잘 관리하고 군졸을 훈련하고 기계를 수선하는 것 등을 한결같이 한다면 이보다 다행함이 없겠습니다."

창칼로 무장했던 예전과 달리 이미 총포로 무장한 왜인인지라, "지금의 왜노는 옛날의 왜노가 아니다"라고 강조하는 강항의 '북경남중'론은 시의적절한 제안이었다. 선조에게 올린 이 제안은 유약하고 겁많은 한 학자의 소심함에서 온 것이 아니었다.

조선통신사 강홍중도 일본의 위력을 경계했다. 그가 내린 평가는 일본의 군병이 '무적의 강병'이라는 점이었다. 근거는 강항과 비슷하다. 일본의 군병들은 생명을 가벼이 여기며 죽음을 두려워하지 않고 용맹을 서로 흠모하기 때문이다. 게다가 그들은 항상 전투에 임하는 태세를 유지하고 있었다. 온 나라가 하나의 병영으로 비친 것이다.

또 하나 강홍중의 눈에 들어온 것은 그들의 방비가 상당히 치밀하다는 점이다. 그래서 그는 일본이 지금까지 외적의 침략을 당하지 않은 이유를 거기서 찾고 있었다.

"성을 쌓은 돌은 모두 큰 돌이었다. 앞면을 깎아세운 듯하여 귀신의 조화로 된 것 같았다. ……성 밑은 모두 호를 파서 물을 대어 추측할 수 없는 못을 만들어 선박을 통행하게 하였다. 이를 보건대 그 방비의 치밀함을 알 수 있다. 예로부터 외적이 감히 와서 일본을 빼앗지 못한 것이 이런 까닭인가?"

강홍중의 눈에도 일본은 쉽게 정복할 수 없는 나라로 비쳤던 것이다.

1880년대 조선인의 눈에 비친 일본도 마찬가지였다. 박대양은 갑신정변으로 야기된 한·일간의 현안문제를 해결하기 위해 일본에 파견된다. 이미 부국강병을 위해 전 국력을 거기에 쏟아붓던 일본이었다. 그러나 박대양은 다른 점에서 일본의 견고함을 발견했다. 박대양의 말이다.

"이곳은 하늘이 만든 험하고 견고한 땅이라고 하겠다. 만약 신식화륜선이 아니라면 반드시 외우(外憂)는 없겠다. 이것이 하나의 성(姓)을 가진 임금이 오랫동안 전해내려 올 수 있는 까닭이다."

박대양은 천황가의 역사가 단절됨이 없이 오랫동안 명맥을 유지할 수 있었던 이유도 정복하기 힘든 일본의 지형에서 발견한다.

조선인의 눈에 비친 일본은 호락호락 정복할 수 있는 나라가 아니었다. 서양인이나 조선인은 이 점에 관해서 의견일치를 이루고 있었다. 이유는 다양했지만 그들이 도달한 공통적인 소감은 '정복할 수 없는 나라' 일본이었다.

사실 일본은 단 한 번도 외국에게 점령당한 적이 없었다. 그래서 일본인들은 미국에 의해서 그 역사가 깨지게 되는 것을 한탄했다. 1945년 8월 항복을 결정해야 되는 시점에서도 그들은 단 한번도 점령당한 적이 없는 일본의 역사를 입에 올렸다.

그러면 '정복할 수 없는 나라'로 비쳤던 일본을 점령하게 된 미국은 어땠을까? 미국에게도 고뇌는 있었다. 그들이 경험한 일본군은 한마디로 지독하디 지독한 독종들이었다. 툭하면 할복자살을 하며, 항복하기를 거부하는 일본군들이었다. 1830년대 한 서양인이 남긴 지적처럼 '스스로의 생명을 끊을지언정 결코 항복하지 않는' 일본군을 미국은 상대하고 있었던 것이다.

미군이 오키나와에 상륙한 것은 1945년 4월. 이로부터 2개월이 지나 6월에 오키나와를 지키던 수비대가 전멸한다. 전투에서 죽든가, 아니면 전원 할복자살이다. 민간인들까지 투신자살이다. 참담한 현장을 목격해야 되는 미군들이었다.

이런 일을 허다하게 접한 미군들이기는 했다. 미 해군이 가장 두려워했던 자살특공대 카미카제(神風)에서부터 시작해서 각처에서 힘이 다하면 항복하기를 거부하고 죽어가는 일본군들이었다. 그러나 오키나와에 상륙한 미군에게 이제는 바로 코 앞이 일본 본토였다. 우세한 화력과 전황 속에 미군에게 남은 일은 오직 공격할 수 있는 대로 모든 공격을 퍼붓는 일뿐이었다. 저항은 있지만 두려울 정도는 아니었다.

이 무렵 일본 본토에서는 결사항전을 외치며 '본토결전'을 준비하고 있었다. 동원할 수 있는 모든 물자가 동원되었다. 그 가운데는 고대 일본의 원주민들이나 들고다녔음직한 죽창과 석궁(石弓: 돌화살)도 섞여 있었다. 말이 되는 싸움이 아니었다.

그러나 일본인들은 말했다. 단 한 사람 남김없이 죽을 때까지 항복할 수 없다고. 그러나 일본은 패전하였다. 두 발의 원자폭탄 투하에 가공할 파괴력을 목격할 수밖에 없었다. 그 참상은 일본의 통치자들에게 곧바로 보고되고, 그 가공할 파괴력을 확인받는다. 계속될 원폭 투하는 일본이 재기할 여지마저 상실하는 완전한 괴멸을 의미했다. 그래서 그들은 '다시 일어설 것'을 다짐하며 무조건 항복을 결정한 것이다.

미국의 원폭 투하에는 이유가 있었다. 이탈리아에서나 독일에서도 마지막 전투는 항상 소규모였다. 저항세력도 패잔병에 지나지 않았다. 물론 피를 흘려야 하는 싸움이기는 했다. 그러나 일본의 사정은 달랐다. 일본인들의 표현을 빌면 '일억총옥쇄(一億總玉碎)'다. 전 일본인의 죽음을 각오한 싸움이 준비되었던 것이다. 그래서 천황과 군지도부는 깊은 산중의 거대한 지하동굴로 옮겨가고, 일본 전국에서는 게릴라전을 기다리고 있었다.

한마디로 미군으로서는 서양인이 아니면 모두가 적군인 일본 땅에 상륙해야 할 판이었다. 미군에게 남은 마지막 전투는 지금까지 벌인 전투 이상으로 참혹한 싸움이 될 것이었다. 일본 본토에 상륙을 개시하는 날부터 일본인의 씨가 마르는 그 날까지 전쟁은 끝나지 않을 것이다.

미국의 해군장관도 일찍이 이런 사태를 염려하고 있었다. 태평양의 격전지였던 유황도가 함락된 것은 1945년 3월. 유황도는 일본군들의 항전 때문에 처절한 싸움이 전개된 곳이다. 존 웨인이 주인공으로 등장하고 미 해병대의 활약상을 그린 한 편의 할리우드 영화도 이곳이 무대였다. 영화의 주인공 존 웨인도 일본군의 저격에 쓰러지는 스토리 전개가 필요할 정도로 처절한 유황도 전투였다.

유황도가 함락된 직후 미 해군장관이 이곳을 시찰한다. 그리고 지독했던 일본군의 항전에 경악한다. 그의 입에서는 한마디 우려의 소리가 흘러나왔다.

"이런 전쟁이 일본 본토에서도 끊임없이 이어진다면 어떻게 할 것인가. 무슨 수를 써서라도 일본의 두 손을 들게 해야 한다."

패전 후에 요코하마에 진주했던 제8군 사령관 아이켈버거 장군. 그도 일찍부터 마찬가지 염려를 했다.

"완강하고 패배를 모르는 일본군과 본토 결전을 벌인다면, 미군의 사상자도 10만 정도로는 끝나지 않을 것이다."

10만 명 이상의 희생자를 각오해야 되는 마지막 전쟁. 그야말로 정복하기 힘든 일본이었다. 신속한 종전을 위하여, 그래서 최초의 원자폭탄이 히로시마에, 계속해서 두 번째 원자폭탄이 나가사키를 강타한다. 그러나 일본 정부는 원자폭탄의 정체를 숨기고자 의도했는지, 그냥 '최근에 새로 발명된 신형 폭탄'이 사용됐다고만 발표했다.

원폭 투하가 없었더라도 일본은 항복할 수밖에 없었다고 한다. 사실 일본은 전쟁수행 능력을 거의 상실하고 있었다. 그래도 알 수 없는 일이다. 열악한 환경에 있는 베트남과의 싸움에서도 고전을 면치 못한 미군이다. 그리고 결국은 베트남에서 철수를 해야 했던 미국이다.

무대는 다르지만 밀림이 아닌 일본의 산악에서 미군도 수월한 전투는 불가능했을 것이다. 그들이 예상하던 10만 명 이상의 미군 희생자는 그래서 나온 숫자이리라.

그러나 항복으로 모든 것이 끝난 게 아니었다. 문제는 또 남아 있었다. 전국시대 때 어느 선교사도 말했듯이 일본은 '정복하기도 힘든' 나라이지만 '지배하기도 힘든' 나라이다. 이탈리아의 무솔리니는 이탈리아 민중의 손에 의해 처단되었고, 히틀러가 자결한 독일도 미·소·영·불 연합국의 직접적인 분할통치를 받는다.

호전적인 일본인처럼 전투적이기로는 로마병정의 후예인 이탈리아인이나 게르마니아의 후예인 독일인도 마찬가지다. 로마 병정의 전투성과 용맹성도 유명할 뿐더러, 용감무쌍한 게르마니아의 전사들도 유명하다. 그러나 어느 쪽에 대해서나 '지배하기 힘든' 민족이라는 칭호는 없는 것 같다. 이 점에서 일본은 이탈리아나 독일과 다르다.

미국도 이 문제를 중시했다. 점령과 지배를 동시에 성공시키는 것, 일본에서만은 이것이 쉽지가 않았다. 그들을 자극해서도 안된다. 점령통치가 어려워지기 때문이다. 그래서 점령군 총사령관 맥아더는 말했을까?

"나는 일본을 점령하러 온 것이 아니다".

맥아더는 성공한 통치자로 남기를 바랐다. 그래서 그는 천황을 이용하는 길을 선택했다. 전범일 수밖에 없는 천황이다. 그러나 맥아더는 그의 생명을 구제함으로써 일본 지배를 원활히 수행하고자 결심했다. '지배하기 힘든' 나라 일본을 지배하기 위해서 미국은 그렇게 결단을 내린 것이다. 그리고 1945년 10월 16일, 맥아더 총사령관은 세계를 향해 이런 방송을 했다.

"약 7백만 명의 군인들이 무기를 버리는 데 즈음해서 전쟁사상 전례가 없이 단 한 발의 발포도 필요하지 않았다. 그리고 연합군 병사들은 한 방울의 피도 흘림없이 무사히 끝마친 것이다."

일본 점령은 겨우겨우 성공한 것이다.

오래 전에 서양인의 눈에 비친 '지배할 수 없는 나라' '정복할 수 없는 나라' '정복하는 것이 불가능한 나라' 일본은 다 이긴 전쟁에서도 마지막까지 미국을 고뇌하게 만들었다. 우리가 상대하는 일본은 몇백 년 전에도 그런 나라였고, 최근 60여 년 전에도 그런 나라였던 것이다.

나라는 닫아도 정보망은 연다

격동하는 19세기에서 20세기, 서구열강은 이잡듯이 지구의 곳곳을 누비며 세력을 팽창했다. 태평양에 떠 있는 손바닥만한 섬 하나라도 그들이 밟지 않은 땅은 없었다. 그리고 넓다고 하는 이 지구상에 외국의 간섭을 받지 않고 독립국가의 체모를 유지한 나라는 일본밖에 없었다. 어느 나라나 식민지 국가로 전락하거나 반식민지 국가의 운명을 벗어나지 못했다. 주권이 자기 수중에 있는 나라라도 내정간섭을 포함해서 서구열강의 입김에서 자유로운 나라는 거의 없었다. 먼 옛날의 일이 아니다. 불과 100여 년 전의 일이다.

그리고 지금도 오만한 강대국과 그 국민들은 타국의 주권을 침해하거나 주권국가의 국민을 우습게 여기는 경우가 종종 있다. 일본은 이런 불쾌한 일에서 그래도 자유로웠다. 이유는 하나밖에 없었다. 일본이 우습게 보이지 않을 만큼 강했기 때문이다. 일본도 아시아의 일개 봉건국가에 지나지 않았다. 그러나 그들은 신속한 방향전환이 가능했고, 재빠른 국가건설에도 성공했다. 그래서 자기 나라에게 악수를 청하는 강대국은 만들었을지언정, 넘보는 나라는 용납하지 않았다.

그 원동력은 무엇인가? 2백여 년 이상에 걸친 쇄국의 나라 일본. 사면이 바다인 일본은 모든 해안이 전방이다. 중요한 지역에는 해안초소가 설치되고, 그렇지 못한 지역의 주민도 초병이어야 했다. 물샐틈없이 나라 문을 걸어잠근 것이다. 나중에는 접근하는 외국 선박에 대해 무조건 발포하라는 명령까지 내리면서 문호를 폐쇄한다.

그래도 이건 기본이다. 자기 의지와 관계없이 외국에 표류하게 된 일본인에게도 조국의 문은 열리지 않았다. 일본 관료들의 생각은 간단하다. '너는 일본을 떠났던 것이 아닌가?' '아무데나 네가 좋아하는 곳으로 가도록 하라!' 이것이 표류 일본인에게 선고된 말이었다. 귀국해도 고통스런 형벌이 기다릴 뿐이었다. 죽더라도 고향에 돌아가 죽겠다는 자를 제외하면, 나머지는 물설고 낯선 이역땅에 뼈를 묻어야 했다.

이미 1700년대 말엽에 러시아에는 일본어에 능통한 러시아인들이 있었는데, 이들은 러시아 땅에 표류되어 돌아갈 수 없는 일본인들로부터 언어교육을 받을 수 있었기 때문이다.

물론 사정은 조금씩 완화되기는 했다. 완전히 닫힌 나라, 그러나 그들은 자그마한 숨통을 열어두고 있었다. 나가사키의 데지마. 네덜란드 상인을 중심으로 한 서양인들의 거주지다. 가톨릭 전도 혐의가 있는 천주교 국가인 에스파냐인과 포르투갈인을 제외하고 서양 상인들은 이곳을 찾을 수 있었다.

그러나 이곳마저도 완전히 자유로운 곳은 아니었다. 이곳은 철저한 감시를 위해 인공적으로 만들어진 작은 섬이었다. 육지하고 이어지는 곳은 엄격하게 통제되는 하나의 다리밖에 없었다. 허가없이는 아무도 이곳을 출입할 수 없었다. 데지마는 완전히 고립되어 있었던 것이다. 따라서 거기에 머물던 서양인들도 스스로를 '죄수'라 불렀고, 데지마를 '감옥'이라 칭할 정도였다.

일본에 있는 외국공사관으로서는, 개국 후에 최초로 설치된 미국 공사관도 사정은 마찬가지였으니, 그 이전은 말할 나위도 없다. 미국 공사관의 어느 외교관은 이렇게 불평했다.

"우리가 사용할 주택으로 옥천사(玉泉寺)가 제공되었다. ……그들의 조치는 우리를 데지마의 네덜란드 상관과 동일하게 취급하고자 하는 목적에서 나온 것이다. 사찰은 우리들의 감옥이며, 일본 관리들은 간수이다. 이들 관리들은 주민과의 접촉을 차단하기 위해 우리들의 세세한 움직임까지 눈을 밝히며 감시한다."

정기적으로 에도를 방문하는 외국인에게도 감시가 뒤따랐다. 이들을 안내하는 일본인 수행자는 외국인들을 철저히 감시하겠다는 맹세를 해야 했다.

일본은 완전히 폐쇄된 나라에다 완벽하게 관리되는 사회였다. 일본이 관리사회라는 사실은 지금도 유명하다. 국민건강 문제에서부터 경제제도에 이르기까지 거대한 관료조직의 통제가 있다. 온갖 규제와 관리와 제재조치도 여기서 비롯된다. 무역장벽을 만들고 있다고 미국이 짜증내는 번거롭고 복잡한 규제조항도 여기서 태어났다. 일본의 교과서 파동이나 역사왜곡도 결국 근원은 여기에 있다.

일본의 통치자들은 예나 지금이나 철저한 관리를 통해서 국가를 통제하고자 한다. 이를 위해서는 정교하고 치밀한 계산과 능력이 요구되지만, 여하튼 그들은 전통적으로 모든 권한을 독점해야만 안심하는 체질이다.

그러나 만사를 관리하고 통제한다는 사실이 모든 문제에 눈감고 귀막았다는 것을 의미하지는 않는다. 1810년대의 어느 날, 한 일본 관리가 서양인에게 뱉은 말이다.

"일본의 대(對)네덜란드 무역은 일본에 아무런 이익도 가져다주지 않는다. 이 무역이 중요한 것은 네덜란드인으로부터 모종의 약품을 얻을 수 있는 것과, 또 하나는 유럽의 정치정세를 알 수 있기 때문이다. 나머지는 쓸데없는 것이다."

완전히 폐쇄되고 완벽하게 관리되는 와중에도 일본은 '모종의 약품'과 '유럽의 정치정세'를 알기 위해 끊임없이 신경을 곤두세웠다. 국방문제에 깊은 관심을 지녔던 그들은 특히 국제정세에 관한 정보가 절실했다.

에도를 정기 방문한 서양인이 장군으로부터 받은 질문도 그런 것이었다. 1826년에 에도에 체재하던 한 서양인은 이런 요구를 받았다.

"일본과 변함없이 교역을 하고자 한다면, 포르투갈인이 일본에 대해 품고 있을지 모를 의도나 계획을 알려줄 것. 포르투갈인이 어떤 토지 혹은 어떤 나라를 점거하고 그 나라를 기독교로 개종시켰는지 그 여부를 알려줄 것."

일본의 통치자는 자국의 안보를 위해 계속적인 관심을 유지하고 있었다. 그래서 그는 서양의 정보가 필요했던 것이다.

개국 직전인 1850년대 초반에도 그들은 국제정세에 관한 정보를 입수하기 위해 주어진 모든 기회를 활용했다. 쇄국 일본과 통상조약을 맺고자 일본을 방문한 러시아 사절은 온갖 세계정세를 설명하면서 개국의 필요성을 역설한다. 러시아 대표와 마주앉은 일본의 고위관리들은 상대방의 말에 가만히 귀를 기울였다.

그의 말을 들으면서 일본인들의 입에서는 유럽 국가에 대한 칭찬이 흘러나왔고, 때로는 러시아인의 논리에 설득되는 것처럼 보이기도 했다. 러시아인들은 자기네 의견이 먹히는 것으로 판단했고, 일본 방문 목적이 달성될 것처럼 보였다.

그러나 러시아인들은 곧바로 실망할 수밖에 없었다. 일본의 고위관리들은 지금까지 나눈 얘기는 전혀 상관없다는 듯이, 조금씩 화제를 돌려서 전쟁에 관한 질문을 해왔기 때문이다. 일본에게 필요한 것은 유럽 국가가 세계정복을 위해 어떤 전쟁을 벌이고 있는가 하는 정보였기 때문이다. 그것은 러시아인들에게는 전혀 달갑지 않은 질문이었다.

일부 개명한 일본의 영주들도 해외정보에 관심을 갖기는 마찬가지였다. 모든 권한을 독점하고자 하는 막부 권력은 영주와 외국인과의 접촉을 일체 금했지만, 일부 영주들은 위험을 무릅쓰고 은밀하게 접근을 시도했다.

에도에서 어느 서양인은, 자기를 만나기 위해 찾아온 유력한 지역의 두 영주와 만났다. 신분이 높은 이들 일본인들은 서양인을 비호하는 자들이기도 했다. 이들 영주들이 허락되지 않는 이 만남을 감행한 것은 한결같이 선진 정보를 얻기 위해서였다. 30년 이상이나 네덜란드인과 교류를 가져왔던 어떤 영주는 다시 그들과 친하게 지내기 위해서 아예 일선에서 은퇴할 정도였다. 영주의 신분으로는 그들과 친분관계를 맺는 것이 불가능했기 때문이다.

이 영주는 야간을 이용하여 비밀리에 서양인을 찾아가기도 했다. 정치가나 관료들을 포함해서 민간인들도 해외정보에 대해 깊은 관심을 가졌다. 오로지 선진 해외정보를 얻기 위해서였다. 1800년대 초반에 서양인들을 놀라게 한 것은 바로 그들의 열정이었다. 어느 서양인의 증언이다.

"일본인은 면학열이 대단하여 피곤함을 모른다. 그들이 네덜란드인이나 중국인 밑에서 공부하기 위해 일본 각지에서 나가사키로 유학오는 것은 희귀한 일이 아니다. 최근 수많은 자들이 나가사키에 나타났고, 많은 일본인 의사들은 그들의 재능과 진보가 어느 만큼 놀랄만한 것인지를 보여주었다."

당시 일본의 의사들은 가장 선진적인 지식인들이었다. 이들은 단순히 의사만의 전문가는 아니었다. 서양의 모든 학문기술을 한없이 흡수했다. 때로 정치적인 필화사건을 일으키기도 했다. 서양과의 접촉을 무조건 금지하는 것은 바람직하지 않다는 글을 발표했기 때문이다. 이들에게는 서양의 선진학문과 기술에 대한 확신이 있었고, 그만큼 그들은 해외정보를 충분히 획득함과 동시에 그 효용성을 이해했다.

서양인의 눈에 비친 그들의 수준은 어느 정도였을까? 1830년대에 남겨진 어느 서양인의 기록이다.

"일본인이 세계에서 최강국이 되고자 분발하고 있는 것은 별로 놀랄 만한 일이 아니다. 일본인들 가운데서 비교적 개화된 자는 아주 총명하며, 자신들과 반대되는 부분에 대해서도 충분히 이해하고 있다. 또한 그들은 세계적인 기계와 기록들을 통해서 세계의 실정에 대한 아주 훌륭한 지식을 얻는 방법을 체득하고 있다."

나가사키의 데지마는 자유가 없는 자그마한 숨통이었지만, 일본은 이곳을 통해서 서양의 의학, 자연과학, 지도작성법, 시계제작술 등을 끊임없이 배웠다. 그리고 여기서 획득된 서양지식은 도쿄, 오사카는 물론이고 멀리는 동북지방까지 퍼져나갔다.

일본인들의 외부세계에 대한 호기심은 탐욕적이라 할 만큼 왕성한 것이었으며, 제한된 통로를 경유해서 들어오는 지식을 매개로 외부세계에 대한 나름대로의 정보를 하나하나 축적했던 것이다.

이미 1695년에는 니시카와 조켄(西川如見)이 중국을 중심으로 하는 아시아 제국 및 서양제국의 위치, 풍토, 인구, 산물, 교통, 풍속 등을 기술한 《화이통상고(華夷通商考)》라는 책을 출판하고 있었다.

또 아라이 하쿠세키(新井白石)가 유럽의 사정과 세계지리 등에 대해 상세히 기술함으로써 쇄국체제 하의 일본인들에게 국제적인 시야를 확대하는 데 중요한 공헌을 하는《서양기문(西洋紀聞)》을 배포한 것은 1700년대 초반이었다. 또한 일본인들은 1790년대와 1840년대에도 외국에 표류했다가 귀환한 일본인들을 통해서 러시아나 미국 등에 관한 중요한 정보를 획득했다.

1860년대 초반에 도쿠가와 막부가 앞장서서 막부의 관리들을 해외로 파견한 것은 결코 돌발적인 결정이 아니었다. 결국 일본인들은 서양의 과학기술과 함께 해외정세에도 유념함으로써 부국강병의 물질적 · 정신적 토대를 형성해갔던 것이다.

그러나 일본인의 해외정보 획득은 서양에 한정된 것이 아니었다. 조선에 관해서도 예외가 아니다. 1700년대 초반에 오사카는 흘러넘치는 서적으로 활기에 차 있었다. 한 조선통신사는 이를 보고 '실로 천하장관이다'라고 감탄할 정도였다. 이들 서적 가운데는 일본인들이 가장 존경했던 이황의《퇴계집》을 비롯해서 조선인이 쓴 온갖 서적들이 포함되어 있었다.

게다가 일본인들은, 조선통신사들이 놀랄 정도로 조선에 대해서 상세히 알고 있었다. 임진왜란이 지난 지 1백여 년, 이미 이때부터 동래의 왜관과 조선측 통역관들을 통해서 조선에 관한 온갖 정보를 모으고 있었다.

어느 정도였을까? 임진왜란의 원한을 기억하는 조선통신사가 남긴 글이다.

"가장 마음을 아프게 했던 것은 김성일의《해사록》, 유성룡의《징비록(懲毖錄)》, 강항의《간양록(看羊錄)》등과 같은 책에는 양국의 기밀이 다수 기재되어 있는데도 지금 그 대부분이 오사카에서 출판되고 있다는 사실이다. 이는 적을 탐색해 놓고 이를 적에게 알려주는 것과 무엇이 다르겠는가? 국가의 기강이 엄하지 못하고 통역관들의 개인적인 거래가 이와 같으니, 간담을 서늘하게 만든다."

긴장할 수밖에 없는 조선통신사였다.

1600년대 초반 도쿠가와 막부를 창설한 도쿠가와 이에야스가 표류되어 온 영국인 선원 애덤스를 일본에 귀화시키면서까지 그의 재능을 활용했던 것은 유명한 이야기다. 어찌보면 닫힌 나라의 열린 정보는 이렇게 일찍부터 시작된 것이기도 하다. 그래서 도널드 킨이라는 미국학자는 이렇게 말한다.

"쇄국체제 하에서도 몇 명의 일본인은 가능한 한 외부세계를 알고자 엄청난 노력을 기울이면서 유럽을 발견하고 있었다. 이런 자들이 쓴 저작이나 전기를 읽어보면, 근대 일본이 과거의 어둠 속에서 갑작스레 뛰쳐나온 것이 그렇게까지 신비한 일이 아님을 알게 된다."

메이지 유신으로 새로 출발한 일본. 일본의 통치자들은 부국강병을 둘러싸고 열심히 토론했다. 그러나 그들은 부국강병을 할 것인지 말 것인지를 논의하지 않았다. 그들이 열을 올린 것은 어떻게 부국강병을 실현할 것인가에 쏠려 있었다. 오랜 기간에 걸친 열린 정보를 통해서 그들은 아시아로 몰려드는 서구열강의 위력과 실체를 파악한 뒤였기 때문이다.

그래서 그들이 내린 유일한 결단은 일본이 살아남기 위한 신속한 부국강병의 실현이었다. 그리고 일본은 탈식민지라는 소기의 정치적 목적을 달성하고 있었다.

일본이 부국강병의 성과를 하나씩 거두기 시작한 1880년대 초반. 그때 조선 조정에서는 고종과 고위 관료들 사이에서 부국강병이 어떤 것인지에 대해 대화를 나누기 시작했다. 부국강병의 길을 걸어야 될 것인가 아닌가라는 논의는 이 다음에나 있을 얘기다. 결론은 회의적인 방향으로 흐르고 있었다. 그리고 자주적인 부국강병의 길에 채 들어서기도 전에 조선의 길은 일본에 의해 가로막히고 만다.

사무라이의 일장춘몽, '세계정복의 꿈'

1592년의 임진왜란에 이어 일본이 조선을 무력침략한 1876년의 강화도 사건, 1874년 대만에 대한 무력행사와 계속해서 이어진 중국침략. 그러나 일본의 침략 야욕은 훨씬 그 이전부터 무르익고 있었다.

1725년에 러시아의 표트르 대제는 세계 제패를 위한 전략을 후손들에게 남겼다. 그의 유언을 잊지 않은 러시아 황제들은 충실히, 그러나 불행하게 표트르가 깔아놓은 철로 위로만 달려간다.

일본에는 표트르와 같은 유언을 남긴 천황은 없다. 그러나 세계정복을 그린 일본인이 있다. 표트르가 유언을 남긴 지 1백여 년이 되어가는 1820년대 초반, 한 명의 일본인에 의해 최초의 세계침략론을 담은 책이 출판되었다. 사토 노부히로(佐藤信淵). 그는 1823년에 《우내혼동비책(宇內混同秘策)》이란 책을 저술한다. 일제의 식민통치를 체험했던 한국인이라면 언젠가 귀에 박히도록 들어야 했던 얘기를 이 책에서 발견하게 될 것이다. 그의 책은 이렇게 시작된다.

"황국(천황이 다스리는 나라라는 뜻) 일본은 이 세상에서 최초로 만들어진 나라로서, 세계 만국의 근본이 되는 나라이다. 따라서 이 근본이되는 나라를 제대로 다스리기 위해서는 전세계를 일본의 한 지방으로 삼고, 만국의 모든 수장들을 일본의 신하로 만들어야 한다."

그리고 덧붙여 이렇게 강조한다.

"세계의 만민을 편안하게 만드는 일은 원래부터 황국의 주인된 자의 임무이다."

태평양전쟁 당시 일본 제국주의자들은 '팔굉일우(八紘一宇)'라는 말을 자주 썼다. '세계를 한 집안같이 만든다'는 의미다. 당연히 그 집안의 주인은 일본의 천황이 된다. 물론 그들이 대상으로 삼던 것은 전아시아였다. 전아시아를 하나로 만들어 일본이 맹주가 되어야 한다는 대동아공영권의 이론적 근거다. 이 사상은 1940년대가 아니라 이미 1820년대부터 주창된 것이다.

여기서 끝났다면《우내혼동비책》이라는 책의 범죄성은 그나마 가볍다. 사토는 한발 더 나아가 어떻게 하면 전세계를 지배할 수 있는지, 그 계략을 가르치고 나섰다. 그가 먼저 가르친 것은 세계 정복을 위해 요구되는 국내 개조였다. 사토는 황당무계한 세계정복 계략만을 떠들지 않았다. 그는 이를 실현하기 위해서는 먼저 국내 개조가 필요하다고 역설한 것이다.

최근에도 일본을 떠들썩하게 했던 일본 개조계획들이 있다. 오자와 이치로(小澤一郞)는《일본개조계획》을 출판하면서까지 일본 개조의 필요성을 강조하고 나섰었다. 도쿄 도지사에 출마하기도 했던 오마에 켄이치(大前硏一)도 '헤이세이 유신(平成維新)의 모임'이라는 전국 조직을 만들면서 다방면에 걸친 일본 개조계획을 내세웠다.

그 어느 것이나 광범하고 구체적인 개조계획들이다. 아마도 최초의 일본 개조계획이라고 생각되는 사토 노부히로의 개조계획도 당시로서는 놀랄 만한 내용을 갖춘 것이었다. 그는 먼저 신분제도를 문제삼는다.

당시는 사농공상 신분체제였다. 사민(四民)으로 이루어진 이 신분제도를 문제삼은 자는 거의 없었다. 당연한 상식이었기 때문이다. 그러나 사토는 이 신분제도로는 불충분하다고 주장한다. 일본의 산업분야는 복잡하고 다양한데 어떻게 단 네 개의 신분을 가지고 이를 전부 소화해낼 수 있겠느냐는 생각이다.

그가 보는 일본의 산업은 여덟 분야였다. 농민, 과수업자, 광부, 금속가공자, 상인, 잡부, 선원, 어부이다. 군인은 없지만 잡부는 곧바로 육군이고, 선원과 어부는 곧바로 해군이었다. 그래서 그는 모든 일본인들이 전 산업을 전담할 수 있도록 여덟 개의 신분으로 개편하자고 주장한다.

사민(四民)체제에서 팔민(八民)체제로의 전환이다. 세계정복을 위해서 그는 아무도 상상치 못했던 상식을 깨면서까지 팔민제도를 생각해내기에 이른다. 한마디로 세계정복을 위해서라면 못할 것이 없다는 식이다. 물론 신분이 고정된 사농공상 체제를 문제삼았다 해서 새로운 팔민에게 자유가 주어진 것은 아니었다. 사토는 직업 선택의 자유를 엄금해야 한다고 주장했기 때문이다. 그의 머리 속에는 팔민 모두가 전투요원이고 보급요원인 것이다. 따라서 직업 선택의 자유는 전투태세의 혼란을 의미했다.

사토가 주장하는 행정제도 개편은 더욱 가관이다. 제일 먼저 그는 천하를 다스리기 위해서는 그에 걸맞는 수도가 필요하다고 주장한다. 그래서 나온 주장이 수도 이전계획이다. 토지는 협소하고 사람은 많으며, 곡식은 적게 산출되는 교토는 틀렸다는 것이다. 그래서 토지가 광활하고 만물이 풍성한 지금의 도쿄인 에도로 수도를 옮겨야 한다고 말한다. 교토는 그냥 서경(西京)으로 하고, 에도는 동경(東京)이 되는 것이다. 문제는 이 다음이다.

사토는 일본 전국을 14개 행정구역으로 개편하자고 주장하고 나섰다. 당시 일본은 260여 개의 번(藩)으로 이루어져 있었다. 이것을 14개의 광역적인 부(府)나 성(省)으로 바꿔야 한다고 주장한 것이다.

왜 그랬을까? 사토가 구상하고 있던 공략지역은 만주, 사할린, 조선, 중국, 동남아시아, 인도 등지였다. 이 14개 지역은 다름아닌 이들 공략지역을 전담하는 군사기지였던 것이다.

예를 들면 동북지방에 있는 2개 지역은 일본열도의 북쪽에 위치하고 있는 사할린과 흑룡강으로 진격하기 위한 전초기지다. 일본의 북서쪽에 있는 2개 지역은 일본열도의 북서쪽에 위치하고 있는 만주를 공격하는 기지로서, 동북의 2개 지역과 협력하면서 교란작전을 전개한다. 쓰시마 섬과 가까운 2개 지역은 동해 방면에서 함경도 · 경상도 · 강원도를 공략하고, 규슈(九州)지방의 하카다(博多) 지역은 조선의 남해 방면으로 접근하여 충청도를 덮친다. 남부지방에 있는 1개 지역은 대만과 중국의 해안지방을 공격하고, 남부지방의 나머지 지역들도 동남아시아와 인도, 인도양에 있는 섬을 공격, 탈취한다는 구상이다.

모두의 상식이었던 사농공상 사민제도에서 팔민제도로의 전환, 260여 개의 번체제에서 14개 부(府)나 성(省)체제로의 개편. 전 일본인을 전투요원이나 보급요원화하고, 일본 전지역을 군사기지화한다는 것이 사토의 일본 개조계획 구상이었다. 그는 구체적인 신분제도와 행정제도 개편을 제시하면서까지 진지하게 세계정복을 구상하고 있었다.

그는 자신의 세계정복 구상이 현실적으로 진짜 가능하다고 믿었을까? 그의 세계정복론은 세계지리의 지식까지 동원하는 어느 정도 구체적인 것이었다. 그는 일본이 외국을 공격하는 것은 용이한 반면, 외국이 일본을 침략하는 것은 어렵다고 주장한다. 일본과 가장 가까운 중국마저도 온 국력을 다 쏟는다 해도 일본을 점령하는 것은 불가능하다고 보기 때문이다. 원나라의 쿠빌라이가 전력을 기울여 일본을 침략해도 무너지지 않았던 것을 예로 들면서 그 까닭을 설명한다.

이와는 반대로 일본이 중국을 침략한다면 5년에서 7년 사이에 중국은 와해될 것이라고 주장한다. 왜냐하면 일본은 출병하더라도 군비가 적게 드는 대신에, 중국이 이에 대항하려면 막대한 경비가 필요하기 때문에 재정적으로 견디지 못할 것이고, 중국인들도 그 부담을 이겨내지 못할 것이기 때문이다. 그래서 그는 확신있게 주장한다.

"일본이 세계를 정복하기 위해서는 우선 중국을 병탄하는 것부터 시작해야 된다".

그리고 그의 침략론은 본격적으로 전개된다.

"다른 나라를 경략하는 법은 약하고 탈취하기 쉬운 곳부터 시작하는 것이 도리다. 지금 세계 만국 가운데서 일본이 공략해서 뺏기 쉬운 곳은 중국의 만주만한 데가 없다."

그가 그린 만주 공략법은 삼국지를 연상시킨다. 중국의 서쪽지방을 소요에 빠뜨려서 중국이 이에 대비할 때 동쪽의 만주를 치고, 동쪽을 소요에 빠뜨려서 중국이 동쪽에 대비할 때 서쪽을 친다는 것이다. 물론 정예의 소수부대로 중국을 소요에 빠뜨린다는 계략이다. 이를 반복하다 보면 어느 쪽이 허술해서 공략하기 쉬운지를 알게 될 것이다. 게다가 중국은 이 교란작전에 우왕좌왕할 것이고, 그러는 사이에 군사력은 피폐해지고 재정은 바닥이 날 거라는 계산이다.

그는, 중국 본토와 조선은 만주를 정복하고 난 다음에 손을 대야 한다고 가르친다. 그리고 계속해서 다른 지역을 공략하기 위한 책략을 상세히 언급한다.

사토는 군사적 점령과 동시에 교묘한 통치가 필요함도 역설한다. 만주와 흑룡강을 손에 넣게 되면, 그들에게 큰 은덕을 베풀어서 회유하고 귀화시켜야 한다는 주장이 그것이다.

이것만이 아니다. 전세계를 일본의 한 지방으로 삼고, 만국의 모든 수장들을 일본의 신하로 만들기 위해서는 일본이 점령한 각지에 신사(神社)를 조성해서 일본의 신을 받들도록 하고, 학교 교육을 확충해서 일본의 정신을 익히도록 해야 한다고 가르쳤다. 한마디로 영토를 빼앗고, 혼까지 바꿔놓아야 한다는 계략이다. 많이 듣던 이야기다.

· 한반도를 침략한 일본 제국주의자들은 조선어를 폐지시키고 이름도 일본식으로 바꾸게 하고 각지에 신사를 만들어서 참배를 강요했다. 조선의 민족혼을 뿌리부터 말살시키기 위해서였다. 세계의 어떤 침략자도 하지 않았던 폭거를 그들은 생각해낸 것이다. 사토는 이렇게도 흉악한 지혜를 1백여 년 이전에 자기 후손들에게 남겨주고 있던 셈이다.

일본 최초의 세계정복론은 이렇게 해서 끝나간다. 사토가《우내혼동비책》을 저술한 지 30여 년이 지나는 1857년, 그는《수통비록(垂統秘錄)》이란 책도 저술했다. 그의 세계정복론은《수통비록》을 통해서 세부사항이 더 구체화된다. 즉 그는 30년 이상에 걸쳐 탐욕스런 세계정복론을 완성해 갔던 것이다.

그가 그린 야욕은 한 권의 책으로 묻혀버린 것이 아니었다. 1920년대에 수상을 역임하기도 했던 다나카 기이치(田中義一)의 〈상주문(上奏文)〉이란 게 있다. 천황에게 올리는 글이다. 이 〈상주문〉에는 다음과 같은 주목할 만한 주장이 담겨져 있다.

"지나(중국)를 정복하려면 우선 만주와 몽고를 정복하지 않으면 안됩니다. 세계를 정복하고자 하면 반드시 지나를 정복하지 않으면 안됩니다."

그리고 계속해서 내몽고 · 외몽고로의 이주, 철도건설, 만주와 몽고

특산품의 전매, 대기선회사 설립, 탁식성 설치 등, 21개 항목에 걸쳐서 만주와 몽고에 대한 정복·경영 구체안이 제시되어 있다.

일본 제국주의의 침략계획으로 세계에 널리 알려진 이 글은 위조로 판명되었지만, 그들은 실제로 그 길을 걸어가게 된다. 위조된 문서일지는 몰라도 거짓만은 아니었다. 기본골격과 사상은 거의 사토의 세계정복계획 복사판이다. 게다가 훗날 일본 제국주의가 선전한 '대동아공영권'도 사토가 그린 세계정복 계획을 방불케 하는 것이다.

사토 노부히로는 이들 침략자들의 선구를 이루는 자로서, 최근 나온 일본 개조계획론자들의 대선배이기도 한 셈이다. 러시아의 황제들은 세계 정복을 가르친 표트르 대제의 유언을 충실히 그러나 불행하게 따라갔다. 사토 노부히로의 후손들도 불행하게도 그의 야욕을 서서히 따라가고 있었다. 참담한 패망에 이를 때까지!

그리고 지금, 일본의 다수 정치인들은 두 번 다시 전쟁을 하지 않겠다는 '부전결의(不戰決議)' 채택을 거부하고 나섰다. 국제공헌이란 명분 하에 '평화헌법'을 개정해서 독자적인 무장을 하자고 주장하고 나섰다. 이미 세계 2, 3위의 독자적인 충분한 무장을 하고 있으면서도.

미국과 소련이 중심축으로 대치하던 이른바 냉전시대. 초강대국의 그늘에 숨어서 모든 나라가 자기 목소리를 죽였다. 고지를 점하기 위한 싸움에서 세계의 모든 나라가 미·소의 이데올로기를 중심으로 동원되었고, 입에 올릴 수 있는 얘기는 반공과 혁명이었다. 그러나 승부가 갈라지면서 냉전이 끝난 1990년대 이후, 잊혀진 각 민족의 목소리가 들려오기 시작했다.

어떤 다민족국가에서는 각자가 자기 종교를 찾아나섰고, 그래서 혼란과 내란과 민족 청소라는 대량학살의 총성이 울렸다. 그러나 어떤 국가에서는 잊혀지지 않는 영웅들을 기억해내기 시작했다. 몽골에서는 칭기즈칸을, 러시아에서는 표트르 대제를, 그리고 프랑스에서는 예전부터 나폴레옹을 입에 올렸다. 독일에서도 히틀러의 얘기가 꿈틀거리고, 영국에서는 '해가 지지 않는' 대영제국의 부활을 입에 올렸다.

모두가 세계제패의 꿈이다. 이들 국민들의 잠재의식 속에는 영웅들이 꿈꿨던 세계정복의 꿈이 살아숨쉬고 있는 것이다. 또 한 번의 영광을 위하여.

사토 노부히로의 꿈과 일본의 꿈! 사토가 남긴 200여년 전 그 옛날의 꿈은 정녕 꿈으로만 남아 있을 것인가?

러시아의 남진에 맞선 일본의 북진

관광지로 유명한 일본의 홋카이도(北海道). 옛날에는 에조 (蝦夷)라고 불렀던 땅이다. 드넓은 초원과 광활한 대지로 유명한 홋카이 도는 삿포로 맥주와 홋카이도 우유, 치즈 등 낙농지역으로도 널리 알려져 있다. 화산지대를 끼고 있는 홋카이도는 온천은 물론이요, 한 달에 며칠 보일까말까하는 신비한 호수로도 이름 높다. 거기에다 일본의 원주민이 라고 불리는 아이누족의 고유한 생활풍습이 보존되기도 해서 이곳을 찾 는 관광행렬은 끝이 없다. 한국의 관광회사도 이런 상품성을 겨냥해 패키 지 여행코스를 마련하고 있다.

그러나 잊어버린 홋카이도의 과거는 어디에서도 찾을 수 없다. 관광 지 홋카이도의 과거는 과연 어떤 것일까?

도쿠가와 시대의 일본은 외국에 대한 노골적인 무력진출을 시도한 적이 없다. 아니, 정확히 얘기한다면 그렇게 얘기된다. 많은 사람들이 가 지고 있는 일본사 상식이 그러하다. 일본의 침략문제를 언급한 연구도 주 로 한일합방과 중국침략, 태평양전쟁을 비판하는 데 중점을 두고 있다. 일 본의 양심적인 지식인도 이 부분에 대해서는 별다른 견해가 없는 듯하다.

그러나 만약에 국가 체제를 갖추지 않은 아메리카 인디언 세계를 유린한 에스파냐의 약탈행동을 침략이라고 부를 수 있다면, 일본사에 대한 이같은 상식은 옳은 것이 아니다. 왜냐하면 일본은 이미 18세기 말엽에 명백히 자국의 영토가 아니었던 홋카이도 점거에 본격적으로 나섰기 때문이다.

우선 확실한 것은 1700년에 씌어진 니시카와(西川如見)의 《일본수토고(日本水土考)》에 실린 일본지리에는 홋카이도는 물론이고 오키나와(沖繩)도 빠져 있다는 점이다. 1785년에 씌어진 하야시 시헤이(林子平)의 《삼국통람도설(三國通覽圖說)》에도 홋카이도나 오키나와가 빠져있기는 마찬가지다. 당대에 이름을 날렸던 저명한 학자들의 책에 실린 사실이 이 정도이니, 당시 일본인들이 홋카이도를 어떻게 생각하고 있었는지는 미루어 짐작할 수 있다.

홋카이도는 일본의 영토가 아니었다. 그런 홋카이도의 운명이 북방열도와 함께 서서히 바뀌기 시작한다. 1700년대 말엽, 일본에서 초미의 과제로 부각된 것은 북방열도에 출현한 러시아라는 존재였다. 시베리아를 건넌 러시아인들은 1700년대 초반에 이미 캄차카 반도에 도달했다. 그 길로 베링 해협을 건넌 러시아인들은 1700대 말에 알래스카를 손에 넣는 한편, 남쪽으로 내려와 홋카이도와 이어지는 쿠릴 열도에 모습을 드러낸다. 이른바 러시아의 동진(東進)과 남진(南進)이다.

러시아의 남하를 심각하게 받아들였던 일본인 가운데는 쿠도 헤이스케(工藤平助)라는 자가 있다. 일본 북부지방에 살던 그는 과히 멀지 않은 곳에서 일어나고 있던 러시아의 출현을 풍문을 통해서 알게 된다. 그는 러시아에 대비해야 될 필요성을 절감하였고, 1783년에 그 대응책을 〈적하이풍설고(赤蝦夷風說考)〉라는 의견서로 정리해서 막부에 제출하였다. 일본의 북방문제를 언급한 최초의 글이다. 쿠도는 그 글에서 이렇게 경고한다.

"일본의 국익을 위한 정책이라면 시야를 국내에만 국한시켜서는 안 된다. 국내에만 한정돼서는 만족스러울 수가 없기 때문이다. ……일본의 국력을 신장시키기 위해서는 에조치(蝦夷地: 지금의 홋카이도) 문제를 심각하게 생각하지 않으면 안된다. 지금 상태대로 내버려둔다면 캄차카 반도에 있는 러시아인들이 홋카이도를 차지하게 될 것이다. 그렇게 되면 홋카이도가 러시아의 지시에 따르도록 변해버릴 것이고, 더 이상 일본의 지배를 받지 않게 될 것이다. 그렇게 된 후라면 아무리 후회해도 돌이킬 수 없게 될 것이다."

홋카이도에 대한 러시아의 접근을 쿠도는 위기상황으로 받아들이고 있었다. 그의 경고는 전략적인 관점에서 이루어진 것이었다. 일본열도 안에 앉아서 일본의 국익을 도모한다는 것은 어리석다는 지적이었다. 더 늦기 전에 홋카이도에 손을 써라. 그래서 그는 공격적인 국가경영을 권고하고 나온다. 쿠도의 홋카이도 중시론은 그후에 나온 홋카이도와 관련된 모든 논의의 선구를 이루는 것으로서 커다란 영향을 남기게 된다.

쿠도의 이 글보다 2년 늦게 나온 하야시의 《삼국통람도설》이란 책이 있다. 쿠도와 마찬가지로 일본 북부지방 출신인 하야시는 당시로서는 머나먼 나가사키까지 세 번씩이나 유학을 가는 등 서양학문에 열심이었다.

그는 나가사키에 있으면서 유럽 열강의 식민정책 실정을 들었다. 약한 나라가 속속 강국의 식민지가 되고 있으니 그냥 듣고 넘어갈 일은 아니었다. 일본도 강국은 아니었기 때문이다. 그러나 일본에서 멀리 떨어진 곳에서 일어나고 있는 일인만큼 발등의 불처럼 화들짝 놀랄 일은 아니었다.

그런 그에게 어느 날 놀라운 정보가 들어온다. 러시아의 남하정책에 대항하기 위해서는 일본이 홋카이도를 지배할 수 있는 정책을 급히 마련해야 한다는 헝가리 출신 베뇨부스키의 편지를 접한 것이다. 유럽 열강의 식민정책이 일본열도에 바짝 다가선 것이었다. 게다가 홋카이도는 자기가 사는 북부지방의 바로 위였다. 불똥은 발등이 아니라 머리 위에 떨어진 것이다.

이렇게 해서 홋카이도 진출을 중점적으로 다룬 《삼국통람도설》은 20여 년이라는 세월이 걸리면서 1785년에 완성된다.

하야시는 그 책에서 '일본과 홋카이도는 이빨과 입술의 관계에 있는 나라'라고 먼저 두 지역의 긴밀한 정도를 강조한다. 홋카이도라는 입술이 없으면 이빨에 해당하는 일본은 추울 수밖에 없다는 위기의식이다. 그래서 하야시도 쿠도처럼 이렇게 경고한다.

"지금 빼앗지 않으면 나중에 반드시 러시아가 빼앗을 것이다. 러시아가 이미 이를 빼앗은 뒤면 아무리 발버둥쳐도 늦게 될 것이다."

하야시의 생각도 지극히 전략적이다. '일본과 홋카이도는 이빨과 입술의 관계에 있는 나라'라고 정의 내리듯이, 누가 먼저 빼앗느냐가 중요하다는 경고다. 하야시가 1년 뒤인 1786년에 《해국병담(海國兵談)》이란 책을 썼던 것도 그 때문이다. 그는 《해국병담》의 머리말에서 이 책의 저술 목적이 일본을 넘보는 러시아에 대비해서 방어술을 소상히 밝히는 데 있다고 쓰고 있다.

러시아의 남하 동향에 자극을 받고 씌어진 홋카이도 논책은 막부권력의 상층부에 전달되며, 결국에는 일본의 국책 차원에서 홋카이도 조사 명령이 하달된다. 막부의 관리가 파견되고 실사에 들어간 것은 물론이다. 정치권력이 움직이기 시작한 것이다.

그러나 이 건은 한때의 해프닝으로 끝나고 만다. 장군에 버금가는 당대의 권력자로서 이 계획을 추진하던 타누마(田沼意次)가 실각됐기 때문이다. 그렇다고 홋카이도에 대한 관심까지 함께 사라진 것은 아니었다. 이러한 일련의 과정을 거치면서도 홋카이도에 대한 관심은 고조될 뿐이었다. 그나마 지금까지의 논의는 홋카이도의 가치를 강조하고 적극적으로 주의를 환기하는 정도였다.

이로부터 십여 년이 지나는 1798년에 홋카이도를 포함해서 북방지역을 영토적으로 병합해야 한다는 새로운 주장이 제기되기에 이른다. 혼다 토시아키(本多利明)의 등장이다. 《서역이야기(西域物語)》란 책에서 펼친 그의 주장은 이렇다. 먼저 그는 국내의 기근과 기아문제를 거론하면서 피폐한 농민을 구하고 생계유지를 위해서는 '개혁'이 필요하다고 역설한다.

그가 주장한 '개혁'은 어떤 것이었을까? 그는 "유럽의 강성한 나라들은 본국은 작지만 속국이 많이 있는 나라를 대국이라 부른다"고 그럴듯한 근거까지 밝히면서 '개발사업'을 일으켜야 하는 필요성을 제기한다. 그는 이를 더욱 적나라하게 표현해서 "타국을 침입해서라도 본국의 증식을 꾀하는 것이 국가가 할 일이다"라고 단언한다.

식민지에 대한 일본의 욕망은 결코 1900년대에 움튼 것이 아니다. 놀랍게도 이미 1700년대 말엽에 침략만이 일본 발전의 기틀이 될 수 있음을 강조하고 나선 것이다. 홋카이도와 북방영토는 이 때문에 필요한 것이었다.

계속해서 그는 '일본이 세계에서 제일 뛰어난 나라가 되는 방책'을 논하는데, 그 내용이란 것이 '캄차카 반도로 수도를 옮기고, 사할린에 대성곽을 건립'하는 것이었다. 왜 하필이면 춥디 추운 캄차카 반도와 사할린이었을까? 그의 지리지식 속에는 캄차카 반도와 사할린이 당시 세계적 강국이었던 영국과 프랑스의 수도인 런던과 파리와 동일한 위도에 있기 때문이었다. 설익은 정보가 섣부른 흉내를 유혹한 꼴이다.

어쨌든 그는 '동양의 섬나라 대일본, 서양에 섬나라 영국이라는 세계에서 양대 대부호국'이라고 요란한 캐치프레이즈를 내걸고 나선다.

북방을 향한 혼다의 영토팽창 주장은 《서역이야기》한 편에만 머무르지 않는다. 그는 《서역이야기》외에도 1789년에서 1801년에 걸쳐 《경세비책(經世秘策)》이라는 책을 완성하여 출판했다. 그는 이 책에서 일본이 부국(富國)이 되는 네 가지 방책을 논하고 있다. 이를 위해 그가 주요한 급선무로 들었던 것은 일본 주변에 있는 섬들을 개척해서 좋은 땅으로 만드는 '속도(屬島)의 개업(開業)'이었다. 한 마디로 식민지 개척이다. 특히 그는 다른 세 가지 방책과는 달리 이 문제에 대해서는 별도의 장을 마련해서 소상히 다룰 정도로 식민지 개척에 남다른 관심을 보이고 있었다.

그는 〈경제방언(經濟放言)〉이라는 의견서도 제출하고 있는데, 여기서도 한결같이 일본 주변의 섬에 식민활동을 펼쳐야 한다고 주장하고 있다. 그의 영토팽창론은 확고한 것이었다. 이렇게 줄기차게 영토확장을 주장한 것은 혼다란 자가 처음일 것이다.

이처럼 일본인들은 1700년대 말엽에 러시아의 남하라는 국제정세의 흐름을 예민하게 포착했다. 그리고 이에 대항하기 위한 수단으로 홋카이도를 포함한 북방지역으로의 영토적 진출을 공통적으로 제기하고 나선 것이다. 그러나 홋카이도를 포함한 일본의 북방지역은 결코 주인없는 처녀지도 아니었고 미개척지도 아니었다. 그곳에는 엄연히 에조인(蝦夷人)이라는 토착민이 있었고, 그곳은 조상 전래의 일터를 지키면서 생활을 영위하던 에조인들의 주인있는 영토였다. 그럼에도 불구하고 러시아와 일본은 그 지역에 대한 선제 점거를 둘러싸고 이른 시기부터 경합했다.

홋카이도는 당시 일본의 국책 차원에서 실지조사가 이루어지지만, 정작 중요한 홋카이도 '개발'문제는 중지되어버린 적이 있다. 그렇다고 일본의 정치권력이 이 지역에 대한 관심을 잃어버린 것은 아니었다. 왜냐하면 러시아의 쉼없는 남하에 일본도 휴식없는 북진으로 대응하고 있었기 때문이다.

도쿠가와 막부는 1799년에 에토로프 섬에 '대일본 에토로프 부(府)'라는 팻말을 박고, 1801년에는 우르프 섬에 '천장지구 대일본 속도(天長地久 大日本 屬島)'라는 팻말을 각각 세운다. 깃발을 먼저 꽂고 자기 땅이라고 선언하고 나선 것이다. 이른바 선제공격이다. '러시아가 먼저 장악하게 되면 아무리 발버둥쳐도 늦게 될 것'이라는 경고를 잊지 않고 있던 셈이다.

그러나 결코 깃발만 꽂지 않았다. 북방정책을 더욱 체계적이고 공고히 하기 위해 행정개편을 서둘렀다. 그때까지만 해도 홋카이도는 동북지방에 있는 일개 번(藩)의 관할지역이었다. 그러나 홋카이도의 전략적 중요성을 인식하게 된 막부 권력은 1807년에 들어서 홋카이도 전지역을 막부의 직할령으로 편입시키는 조치를 단행한다. 일개 번의 관할 능력만으로는 안심할 수가 없었던 것이다. 일본의 정치권력은 북방 영토를 끊임없이 주목하고 있었다.

당시가 대탐험의 시대이기는 했지만, 북방영토에 대한 일본의 관심은 예기치 않은 지리상의 '발견'을 부산물로 남긴다. 서양인들은 오대양 육대주를 구석구석 돌아다녔다. 그런 서양인에게도 확인할 수 없었던 유일한 미답지가 남아 있었다. '최후의 비경(秘境)'이라고 얘기되던 사할린이 그곳이다. 대륙과 바로 떨어져 있는 사할린 해협은 물살도 세고, 게다가 수심도 얕아서 잘못하다가는 좌초의 위험이 있었다. 숙련된 고도의 항해기술을 가지고도 서양의 탐험가들은 포기할 수밖에 없었다. 그래서 사할린은 마지막으로 남은 신비한 지역이었다.

이 때문에 1800년대 초엽까지만 하더라도 사할린이 대륙과 연결되어 있는 반도인지 독립된 섬인지 온갖 억측이 난무했다. 혹은 사할린이라는 섬이 있고, 카라후토(樺太 : 사할린의 다른 이름)라는 섬도 있다는 설이 나돌았다. 홋카이도 전지역을 직할지로 개편한 도쿠가와 막부는 인접하는 청나라와의 국경 확인을 서둘러야 할 상황에 직면했으나, 사할린 남쪽의 지도는 갖춰져 있는 반면 사할린 북쪽은 미지의 세계로 남아 있었다.

이런 상황을 타개하기 위해 도쿠가와 막부는 측량에 능숙한 마미야 린조우(間宮林藏)를 급거 사할린으로 파견하게 된다. 그리고 생명을 건 단독탐험에 나선 그는 실지답사를 통하여 1808년에 사할린이 대륙과 떨어져 있는 독립된 섬이라는 사실을 밝혀낸다.

물론 그의 성공은 그곳 원주민들의 철저한 협조 때문에 가능했다. 이미 그곳 원주민들은 사할린이 대륙과 붙어 있는 반도가 아니라 섬이란 사실을 알고 있었다. 따라서 엄밀한 의미에서는 '발견'이 아니라 확인일 뿐이었다. 단지 원주민에게는 지도가 없을 뿐이었다.

그가 남긴 해안선 지도는 아주 상세한 것이어서, 현대 측량학으로 그려진 사할린 지도에 손색이 없을 정도다. 훗날 서양인들은 그의 이름을 따서 이 해협을 마미야 해협(間宮海峽)이라고 부르게 된다. 우리들에게는 타타르 해협으로 알려져 있는 해협이 바로 그것이다.

북방영토에 대한 일본인들의 관심은 그 이후에도 지속된다. 1825년에는 아이자와 야스시(會澤安)가 홋카이도에 대한 적극방어를 주창하고 나섰다. 러시아의 위협이 여전히 사라지지 않고 있다고 보았기 때문이다. 따라서 홋카이도를 보는 그의 시각도 지극히 전략적이었다.

"홋카이도는 소유해도 이익이 없고 버려도 손해가 안되는 것으로 비칠지 모른다. 그러나 이쪽이 버리면 저쪽이 점거하는 것은 필연적인 일이다. 훗날 러시아가 홋카이도에 뿌리를 내려 근거지로 삼고 마츠마에번(松前藩: 일본 동북지방의 제일 북쪽에 있던 지역으로, 지리적으로는 홋카이도와 제일 가까운 곳에 위치한다) 쪽으로 압박해 들어온다면 동북지방에는 반드시 소란이 발생할 것이다. 그들이 오고갈 때마다 연해지방을 시끄럽게 만들면 온 나라에 소란이 생길 것이다. 때문에 이쪽이 버려도 저쪽이 점거하지 않고 단지 주인없는 땅으로 남는다면 그렇게까지 큰 손해는 없으나, 만약에 러시아가 이 땅을 영유하게 되면 그들에게는 큰 이익이 있고 우리에게는 큰 손해가 된다. 이것이 전력을 경주해서 홋카이도를 지키지 않으면 안되는 까닭이다."

북방영토를 둘러싼 러일간의 경합은 평화리에 전개되었던 것이 아니다. 1806년과 1807년에는 남사할린과 에토로프 섬에서 러시아인에 의한 일본인 부락 습격, 약탈, 방화, 납치사건과 같은 유혈충돌이 발생한다. 사태에 직면한 일본의 막부도 동북지방의 각 번에 증원부대 파견을 명하고, 약 3천여 명의 병력을 북방영토의 요소요소에 배치하는 등 적극적인 대항으로 맞선다. 그리고 1811년에는 일본도 급기야 북방지역 해역탐사를 위해 쿠나시리 섬(國後島) 남단에 기항했던 러시아 함대 함장을 육지로 유인하여 생포하는 등 초기의 러일간 경합은 일시적으로 실력대결의 양상을 띠기도 한다.

이처럼 일본은 북방대국 러시아의 남하라는 문제를 심각하고 정확하게 파악했고, 그에 따른 대응책도 신속히 모색하고 있었다. 민간 경세가들이나 무사계급들의 북방영토에 대한 일련의 제언, 그 제언에 대한 정치권력의 검토와 수용, 1700년대 말부터 명치유신에 이르는 긴 세월 동안 일본은 북방영토를 무대로 전개되는 급박한 국제정세 변화에 대해 시의를 놓치지 않는 대응으로 러시아와 치열한 경합을 전개한 것이다. 북방영토에 대한 선제점거 경합에서 강국 러시아를 맞아 일보도 후퇴하지 않았다.

최종결과는 무엇인가? 메이지 유신으로부터 8년이 지난 1875년, 러시아와 일본간에는 '사할린·치시마 교환조약'이 체결되었다. 이 조약은 "사할린에 양국민이 섞여 살기 때문에 야기되어 온 분분한 논의의 뿌리를 끊고 현재 양국간에 형성된 우의를 견고하게 하기 위해"로 시작된다. 그리고 양국간에는 러시아가 사할린을, 일본은 북방 쿠릴 열도를 각각 영유한다는 권리교환을 약속한다.

1700년대 말부터 떠오른 북방영토에 대한 일본의 관심은 결국 북방 쿠릴 열도의 획득이란 최종형태로 결실을 맺는다. 당시는 아시아·아프리카 대부분의 국가가 유럽 열강에 의해 자국 영토를 송두리째 탈취당하던 시대였다. 그런 시대에 일본은 자국 영토도 아니었던 북방 영토를 일부분도 손상없이 손에 넣었던 것이다.

팽창하는 나라 일본, 그들의 첫발은 이렇게 내딛기 시작한 것이다.

바다로! 바다로!

10여년 전 일본에서 베스트 셀러를 기록했던 이시하라 신타로 (石原慎太郎)의 《NO라고 말할 수 있는 일본》이란 책이 있다. 이 책의 속 편으로 펴낸《그래도 NO라고 말할 수 있는 일본》도 적잖은 화제를 부르 며 상당한 판매부수를 기록했다. 수많은 일본인들의 공감을 불러일으켰 다는 의미다. 바로 그 책 안에 이런 내용이 있다.

"전후에 일관된 자위대의 홋카이도 방위구상은 '적의 침공 상륙을 맞 아 전략적으로 후퇴하면서 반격을 가하며 미국의 구원을 기다린다'는 내 용이 작전 골자를 이루고 있다. 이는 명백히 본토결전체제이다. ……신종 방위병기를 주축으로 한 해상격파 방위체제로 한다면 애초부터 상대에게 해상에서의 반복 공격을 허락하지 않을 정도의 타격을 가할 수 있다."

'본토결전전략'에서 '해상격파전략'으로 국방체제 전환론이다. 따라 서 거기에 따른 군비증강은 불가피할 것이다. 강력한 재무장 선언이나 진 배없다. 그리고 조금 있으면 일본열도 안에서 숨죽이던 첨단병기들을 함 대에 장착한 채 1백 해리 혹은 2백 해리 앞으로 전진배치하려 들 것이다. 그들이 나갈 수 있는 곳은 바다밖에 없기 때문이다. 이 길은 언젠가 그들 이 걸어간 길이었다. 오래 전에 일본인들이 바다로 나가야 한다고 그렇게 가르치고, 그렇게 걸어갔던 것처럼.

북쪽에서는 러시아가, 남쪽에서는 해양강국 영국이 출몰하던 1825년. 미토(水戸)라는 명문 지방에서 한 무사가 《신론(新論)》이라는 책을 집필했다. 《NO라고 말할 수 있는 일본》처럼 수많은 무사들에게 상당한 영향을 끼친 책이다.

그는 일본을 둘러싼 당시의 긴박한 정세흐름이 심상치 않다고 봤다. 그래서 "외국 오랑캐가 날마다 전쟁을 벌여 침략을 일삼고 있으며, 각국이 돌아가면서 일본의 변경을 넘보고 있다"고 경고하는 그는 방심하다가는 일본도 열강에게 농락당할 것이라고 우려를 표명한다.

적어도 예전 일본은 평화로웠다. 여진족이나 몽고와 같은 외적이 쳐들어와도 그들을 가로막는 천연 요새인 험한 바다가 있었기 때문이다. 전투에는 패했어도, 전쟁에서 패한 적이 없던 것도 오직 그 덕분이었다.

그러나 이 험한 바다는 더 이상 천연요새가 되어주지 못했다. 서양의 발달된 항해술 때문이었다. 그래서 그는 이렇게 단정한다. '예전에는 소위 천연요새였던 바다가 지금에 와서는 도적의 통로'가 되었다. 항해술의 발달도 발달이거니와, 몽고가 공격해 왔을 때나 임진왜란 때 일본이 패배했던 것은 지상전투에서가 아니고 대부분 해상전투에서였다는 사실도 알고 있는 그였다. 때문에 그는 '항해술을 갈고 닦는 것과 큰 배를 건조하는 것은 해양국가 일본이 가장 힘써야 할 과제'라며 해양방어의 중요성을 강조하게 된다.

이미 18세기 말에도 해양방어의 중요성을 누차 역설한 일본인은 존재한다. 1786년에 《해국병담(海國兵談)》을 쓴 하야시이다. 그는 청나라가 서양과 친교를 맺어서 뛰어난 기술을 도입한다는 정보를 얻었다. 하야시에게도 몽고가 일본을 공격했던 옛일이 떠올랐다. 하야시는 생각한다.

"만약에 중국이 선진기술을 익히게 되면 일본을 침략할 마음을 품는 자가 반드시 등장할 것이다. 게다가 양국간의 해로(海路)는 가깝기 때문에 일본은 그에 대비하지 않으면 안될 것이다."

이에 그가 도달한 결론은 하나였다.

"해국의 군비는 바다에 있다. 바다의 병법은 수전(水戰)에 있다. 수전의 요체는 대포에 있다. 이는 해국에 있어 자연스런 군사제도이다."

이 때문에 하야시는 해국(海國) 일본의 병서가 오직 지상전을 논할 수밖에 없는 산국(山國) 중국의 병서를 원전 그대로 수용한 점을 비판하고 나서기도 한다.

해양을 방어하라! 이들의 주장은 일본의 남방지역에서 발생한 변화에 의해 현실감을 갖기 시작한다. 1840년에 발생한 아편전쟁. 이 전쟁은 영국에 대한 중국의 굴복이라는 형태로 귀결됨으로써 충격을 불러일으켰다. 서구열강에 대한 아시아의 방파제 중국이 무너진 것이다. 이러한 정세변화는 재빨리 파악된다. 일본도 더 이상 예전과 같이 안전할 수는 없는 것으로 비춰진 것이다.

일본인들이 오키나와를 주목하게 된 것은 이 때문이다. 당시 일본의 선진 지식을 대표하던 타카노 초에이(高野長英)는 이같은 정세변화가 일본에 끼친 영향을 다음과 같이 쓰고 있다.

"최근에 영국이 아편금제를 범하면서 전쟁을 일으키고 중국을 침략했다. 영국이 일시적인 작은 이익을 획득하고 배상금을 받아내며 다섯 개의 시장을 양도받게 되자, 그 기운을 틈타서 무역지대를 넓히고자 프랑스, 미국, 덴마크 등과 같은 서양제국도 우리 일본에 밀려들고 있다. 그리고 오키나와에 대해서는 영국과 프랑스 두 나라가 첩자를 몰래 들여보내고 있다. 특히 프랑스는 전함 수 척을 먼 곳에서 파견하여 강압적으로 통교와 무역을 구하고 있으며, 종국에는 일본을 병탄하고자 온갖 책략을 다 부리고 있다."

다급한 상황으로 비친 것이다. 그러나 서구열강에 대한 대비문제에서 일본의 국론은 통일되어 있지 않았다. 항간에는 낙관적인 전망도 유력했다. 그러나 타카노는 이런 낙관론을 경계하면서 오키나와 대책의 필요성을 제기하고 나섰다.

"만약 서양 군대가 오키나와를 점령하게 되면 일본에 대한 커다란 재앙이 여기서부터 비롯될 것이다. 그 위험은 말로 다 표현할 수 없다. 비유적으로 말한다면 맹독을 지닌 덩굴풀이 만연되어 잔악한 역병이 퍼져가는 것과 같다. 그 뿌리가 정착되면 잎과 줄기에도 맹독이 왕성하게 만연하게 되고, 결국에는 그 주변에도 재해가 미치게 되며, 역병의 독이 일단 번지게 되면 집집마다 전염되어 그 해악은 옆 나라에도 미치게 된다. ……우리는 오키나와를 일본의 목젖으로 생각하기 때문에 이를 심히 염려하는 것이다. ……풀을 없애기 위해서는 그 뿌리를 끊어야만 된다. 역병을 제하기 위해서는 그 처음부터 치료하지 않으면 안된다. 서양인이 아직 뿌리를 내리지 않고 있고, 현지인도 아직 서양의 독에 물들지 않은 지금 이것을 제거하는 방법은 그렇게 어렵지 않을 것이다."

지금은 한국의 많은 관광객도 즐겨 찾는 낙원의 섬 오키나와. 관광지로서는 홋카이도만큼이나 유명한 이 땅의 과거도 파란 속에서 출발한다. 홋카이도가 일본의 '입술'이라면 오키나와는 일본의 '목젖'으로 전략적 가치가 주어졌던 것이다.

그러나 홋카이도와 오키나와는 과거에만 '입술'이었고 '목젖'이 아니었다. 지금도 이 두 지역에 방대한 병력과 화력이 집중되어 있다는 사실은 변함없이 이곳이 일본의 '입술'이며 '목젖'임을 의미하는 것이다. 관광지의 현재와 요충지의 과거는 아직도 이어지고 있다.

타카노가 오키나와의 중요성을 역설하고 있던 비슷한 시기에 또 한 명의 저명한 일본인이 해양방어의 중요성에 공감하고 나섰다. 사쿠마 조우잔(佐久間象山)이다. 사쿠마에게도 남방지역의 급격한 정세변동이 예사일이 아니었다. 그는 아편전쟁이 발발한 다음해인 1841년 편지에서 이렇게 썼다. 아직 아편전쟁이 결판나기 전이었다.

"중국이 유럽의 오랑캐들에게 유린당하는 사태가 발생할 우려도 있다. ……만일 중국이 굴복한다면 일본은 바다 하나를 사이에 두고 있을 뿐이기 때문에 위험천만하다."

바다가 위험한 것이다. 그래서 그는 계속해서 이렇게 이어간다.

"영국의 배는 언젠가는 일본에 해를 가할 것이다. 설령 영국이 일본을 침략할 의도가 없다 해도…… 일본인인 이상 국력을 강화하고 해안의 방어체제를 견고하게 하는 데 전력을 경주해야 할 것이다."

사쿠마는 오랫동안 해양방어 연구에 몰두한다. 그 결과 뛰어난 구상을 얻는 데 성공했다고 자부하는 그의 해양방어론은 사실 남다른 데가 있었다. 여태껏 아무도 입에 올린 적이 없던 것이기 때문이다. 그러나 막부의 허락없이 함부로 군사문제를 떠들었다는 이유로 옥살이를 한 그는 만일 위정자들이 이를 깨닫는 때가 오면 자기 의견은 반드시 실행될 것이라고 자부했다. 그가 생각한 일본의 해양방어론은 이렇게 시작된다.

"중국의 해양방어론은 예부터 해양방어에 관한 이론은 있지만 해전에 관한 이론이 없다. 그들은 성벽을 튼튼하게 축조하고 육지를 정비하며 해안으로 다가오는 적을 뭍으로 올라오지 못하게 하는 것을 전통적인 해양방어법으로 삼아왔다."

비판적 시각이다. 그가 강조하는 전략은 이런 비판 위에 서 있다.

"나는 군함을 만들고 대포를 실어 해상에서 적을 맞아 공격, 해전에서 승패를 결정하는 데 있다고 본다."

따라서 그는 해양방어의 요점은 대포와 군함에 있으며, 특히 대포는 가장 중요하다고 부언한다. 사쿠마는 이 점을 재차 언급하면서 서양과 같은 군함을 만들고 해양전술을 충분히 훈련하는 것이 무엇보다 중요하다고 일관되게 강조한다. 그가 이 글을 쓴 것은 1850년대였다. '해상에서 적을 맞아 공격, 해전에서 승패를 결정'하자는 것이다.

1850년대에 이르면 일본의 해양방어 논의는 이전의 방어적이며 소극적인 전략에서 공격적이며 적극적인 전략으로 전환된다. 일본의 정치 권력도 이러한 논의를 수용해서 해양방어 문제에 본격적인 관심을 기울이게 된다. 1853년 6월, 일본의 개국을 요구하는 미국함대의 내항 이후, 일본의 막부 권력은 지속적인 쇄국정책의 불가함을 판단하고 서구세력의 위협에 대항할 수 있는 근대 서구식 해군의 창설을 결심한다.

그들의 움직임은 신속했다. 3개월 후인 1853년 9월에는 네덜란드로부터 군함·총포·병서 등을 주문한다. 1855년 7월에는 근대 과학과 해군지식에 관한 인재 양성을 목적으로 네덜란드인을 교관으로 하는 나가사키 해군훈련소를 개설하고 교습생들을 파견한다. 해양방어 강화를 위한 그들의 대처는 신속하고 적극적이었다. 특히 나가사키 해군훈련소의 교습생 교육은 일본인이 외국인으로부터 집단훈련을 받은 최초의 예로 기록된다.

나아가 일본의 정치권력은 나가사키에 교습생을 파견한 지 불과 2년밖에 경과하지 않는 1857년에 에도(江戶)에도 군함교수소(軍艦敎授所)를 만들고 대규모 훈련을 개시하려는 계획을 수립한다. 여기서 지도할 교관은 외국인이 아니고, 나가사키에서 교육을 받은 일본인 교습생으로 대체할 예정이었다.

이처럼 일본은 1850년대에 벌써 선진기술을 보유할 수 있는 기회를 확보했을 뿐만 아니라, 이를 사장시킴 없이 적극적으로 활용하는 데 성공했다.

당시 세계의 제해권을 장악하고 있던 영국 함대는 대부분 목조선이었다. 영국이 철제 전함을 처음으로 거느리게 되는 것은 1860년에 이르러서였다. 당시의 해군기술력이 후발국가와 선발국가 사이에 엄청난 차이가 나지 않았음을 의미한다. 뿐만 아니라 이 시점에 이르면 목조 전함은 이미 효용성이 하락하고 있었다. 따라서 일본은 목조 전함 제조에 불필요한 재정을 낭비함이 없이 곧바로 철제로 된 함선 제조에 착수할 수 있었다. 서구열강에게는 목조 전함을 폐기처분하고 신형 함대를 건조하기 위한 추가재정이 부담이었다. 그런데 거꾸로 일본에게는 이 점이 유리하게 작용할 수밖에 없었다.

1830년대까지만 하더라도 일본인의 대포에 대한 지식은 보잘것없었고, 따라서 일본의 대포는 아주 불완전한 상태에 머물러 있었다. 이 당시 일본의 대포는 인명을 살상할 수 있는 폭발력은 있지만, 요새를 제압할 수 있는 성능은 없었다. 해군력 또한 해양방위에 적합한 선박이라기보다는 오히려 위용을 과시할 장식물로서의 선박이 대부분이었다. 엄밀한 의미에서 일본인은 해군력을 지니지 못했던 것이다.

군사면에 있어서 이러한 일본은 후발국가라는 장점과 그에 따른 특혜를 충분히 누릴 수 있었던 것이다. 1862년 이전에 태평양을 단독으로 횡단한 기록이 다름아닌 일본의 수입 군함 칸링마루(咸臨丸)에 의해 수립됐다는 사실은 일본의 해양방어에 대한 관심과 거기에 기울여왔던 노력이 성과를 거두기에 이르렀음을 의미한다.

'적을 뭍으로 올라오지 못하게 하는' 수세적인 해양방어에서 '해상에서 적을 맞아 공격, 해전에서 승패를 결정'한다는 공격적 해양방어로의 전환. 이 공격적 해양방어론은 일본의 국가정책으로 정착하게 된다.

그로부터 반세기가 경과하는 1905년, 일본은 세계 최강이라는 위용을 날리던 러시아의 발틱함대를 해상격파하는 전과를 올린다. 그리고 1920년대에 이르면, 단 한 척의 전함도 보유하지 못했던 일본은 세계 5대 해양강국의 하나로 부상하는 것이다. 일본이 아시아에서의 제해권을 둘러싸고 영·미 양국과 각축전을 전개하기에 이르는 것은 바로 그 즈음의 일이다.

바다로, 바다로! 해군력에 자신을 갖게 된 일본은 세계제패라는 야욕를 향해 걸어나가기 시작한다. 그러나 그들 앞에는 '거인' 미국이 서 있었다.

끝없는 욕망의 종말, '미국 점령'

〈욕망이라는 이름의 전차〉. 한때 한국의 연극계를 강타했던 히트작이다. 멈추지 않는 욕망 때문에 비극을 초래하는 한 여성의 이야기다. 욕망의 끝은 어디인가? 그의 끝은 있을 리가 없다. 그건 멈출 줄 모르기 때문이다.

'욕망이라는 이름의 일본'이 있다고 하자. 그의 운명도 비극적일 수밖에 없다. 문제는 일본이 욕망에 가득 찬 나라인가 하는 점이다. 1830년대니까 오랜 전의 일이다. 나가사키에서 생활한 적이 있던 한 서양인은 당시를 이렇게 그리고 있다.

"운좋은 시대를 만나면 일본인의 욕망은 끝이 없게 된다. 그들은 이 욕망을 달성하기 위해서 쉴 틈도 없이 노력을 기울인다. 그들은 더 높은 곳으로 올라가기 위해 끊임없이 노력한다. 그리고 죽을 때까지 멈춤이 없다. 혹은 자만심에 빠져 자기파멸에 이를 때까지 멈추지 않는다. 그들이 요구하는 것은 끊임없이 늘어나서 멈출 줄을 모르고, 아무리 가더라도 이제는 충분하다는 것을 알지 못한다."

자기파멸에 이를 때까지 멈추지 않는 일본인. 이 서양인은 마치 당시로부터 110년 후에 발생할 태평양전쟁을 예언이나 한 것처럼 보인다.

자기를 둘러싼 모든 주변국가가 가해자로밖에 보이지 않았던 일본, 그래서 그 나라는 끊임없는 경계와 선제공격밖에 생각하지 않았다. 그러나 이 경계와 선제공격은 끝이 없을 수밖에 없었다. 항상 두려움과 피해의식에 사로잡혀 있었기 때문이다. 마치 전국시대의 장수들처럼 멈추지 않는 모략과 책략과 전쟁만이 자기를 보호해 준다고 믿었던 것이다.

그래서 그들의 욕망은 전략적이다. 홋카이도나 오키나와를 보는 일본인의 시각도 지극히 전략적이었다. 홋카이도는 일본의 '입술'로, 오키나와는 일본의 '목젖'으로 비친 것도 그 때문이다. 먼저 탈취하지 않으면 상대방이 빼앗게 될 것이고, 그런 뒤라면 일본은 위태롭게 된다고 믿었다.

홋카이도 방면으로의 북진과 오키나와 방면으로의 남진은 그렇게 해서 시작된다. 그리고 계속해서 태평양 방면에서는 오가사하라(小笠原)를 수중에 넣고, 대륙 방면에서는 한반도를 강점한다. 즉 일본은 일본열도를 중심으로 동서남북 사방에 홋카이도, 오키나와, 오가사하라, 한반도라는 4대 기지를 만들어 놓는다. 일본을 호위하는 4대 군사거점이 여기서 완성되는 것이다.

그러나 이건 전주곡이었다. 그들은 일본열도를 중심원으로 이 4대 군사거점에서 일보일보 팽창해 나간다. 홋카이도에서 사할린으로, 오키나와에서 대만으로, 오가사하라에서 괌으로, 한반도에서 만주로! 그리고 또다시 그들은 일보일보 팽창을 획책한다. 사할린에서 시베리아로, 대만에서 동남아시아로, 만주에서 중국 대륙과 몽골로, 괌에서 하와이와 미대륙으로!

1830년대 한 서양인의 예언적 관찰처럼, 일본인들은 요구하는 것이 끊임없이 늘어나서 멈출 줄을 모르고, 아무리 가더라도 이제는 충분하다는 것을 알지 못했다. 게다가 그들은 놀랍게도 미국마저도 정복 대상의 하나로 입에 올렸다. 설마하니 그랬으랴 싶을 것이다. 쉽게 상상이 가지 않기 때문이다. 미국과 일본의 전쟁사에서 우리가 알고 있는 것은 진주만 기습과 태평양 전선에서의 피비린내 나는 공방전, 그리고 풍선기구를 이용한 미대륙 공격 정도다.

그러나 일본인들은 일찍부터 미대륙 정복의 필요성을 주장하고 나섰다. 미국 영토에 대한 점거 필요성이 최초로 거론된 것은 1857년이었다. 도쿠가와 막부의 고위관리를 지내기도 했던 하시모토 사나이(橋本左內). 그는 다른 일본인들과 마찬가지로 일본으로 압박해 들어오는 서구열강에 대해 위기의식을 품고 있었다. 그러나 일본의 현저한 열세를 통감하고 있는 그였다. 그래서 그도 전략적으로 사고한다. 최초의 미국 정복론은 여기서 얼굴을 내밀게 된다.

"지금 일본은 아무리 발버둥쳐도 독립자존이 불가능하다. 독립을 유지하기 위해서는 몽골, 만주 근방, 조선을 합병하고, 나아가 미대륙 혹은 인도 지역에 식민지를 거느리고 있지 않으면 도저히 실현할 수 없다."

이미 1700년대 말엽에 혼다 토시아키란 자가 침략만이 일본 발전의 기틀이 될 수 있다고 강조하고 나섰고, 1823년에는 사토 노부히로가 세계 정복의 야욕을 불살랐다. 마치 끊어낼 수 없는 신체의 일부처럼 그들의 침략 야욕은 1850년대에도 꿈틀거리고 있었다.

그러나 전략적으로 사고하는 그들이다. 그래서 하시모토도 오랫동안 고민을 한다. 그리고 결론은 침략 단행이 아니라 당분간의 동맹체결이었다. 하시모토는 계속해서 말한다.

"그러나 현상황 하에서는 그 실행도 곤란하다. 그 이유는 인도는 이미 서구열강에 의해 속령화되어 있고, 몽고 근방도 러시아가 손을 대고 있기 때문이다. 게다가 지금의 일본은 힘이 부족해서 서양제국의 강병을 상대로 한다 해도 도무지 승산이 없다. 따라서 그보다는 빠른 시일 내에 적당한 나라와 동맹의 관계를 맺어두는 편이 좋을 것이다."

미대륙의 식민지화는 얼굴만 내밀었을 뿐 후퇴하고 있다. 시기가 아닌 것이다. 지금 당장 필요하다고 본 것은 식민지가 아니라 동맹이었다. 그러나 시기가 되면 미대륙에 식민지를 거느려야 한다고 믿는 그였다.

일본의 국책에서 미국의 존재가 큰 비중을 차지하기 시작한 것은 러일전쟁에서 일본이 승리하고 난 뒤인 1907년 부터이다. 러일전쟁이 종결된 다음해인 1906년 4월, 일본의 통치자들은 최초의 포괄적인 국방방침을 결정한다.

"일본 제국(帝國)의 국방은 러시아, 미국, 프랑스를 목표로 동아시아에서 공세를 취할 수 있는 병비를 갖춘다."

미국을 처음으로 가상적국시한 것이다. 메이지 말기에 입안된 이 최초의 국방방침은 다이쇼(大正) 시대를 거쳐 1945년 패전 전의 쇼와 시대까지 계승되면서 일본의 운명을 결정짓게 된다. 이 국방방침은 그 후 몇 차례에 걸쳐 개정을 보게 된다. 그러나 미국은 계속해서 주요한 가상적국으로 분류된다.

첫 개정이 이루어진 것은 제1차 세계대전이 끝나는 1918년 6월이었다. 여기서 세운 그들의 대미 작전계획은 이렇다. '적의 해군을 일본 본토 근해 연안으로 끌어들여서 집중공격을 가한다.' 제1차 세계대전을 통해서 대영제국을 대신하며 새로운 강자로 떠오른 미국이었고, 공격적인 작전이 아직은 불가능한 일본이었다. 그래서 그들은 먼저 방어적 유인작전을 설정한다. 미함대가 유황도 서방 해역과 필리핀 동방 해역으로 출현할 것을 예상하고 오키나와를 일본의 근거지로 삼기로 한 것은 그 때문이다.

이어서 1923년 2월에는 2차로 국방방침이 개정된다.

"개전 벽두에 우선 일본 동해에 있는 미국의 해상병력을 소탕하고, 육군과 협동해서 그 근거지를 공략, 서태평양을 제압한다. 이를 통해서 일본제국의 통상무역을 확보함과 동시에 적 함대의 작전을 곤란하게 만든 연후에 적의 본국함대 출동을 기다려 이를 철저하게 격멸한다."

이에 따라 미국과의 전쟁이 발발할 경우, 일본의 육·해군은 필리핀을 본격적으로 공략하게 되며, 해군은 미국·러시아·중국을 대상으로 하면서 특히 미국을 목표로 군비를 정비하게 된다. 불과 5년 사이에 일본의 대미작전은 방어적인 유인작전에서 공격적인 격멸작전으로 전환된다.

나아가 1936년 8월에 일본은 수상, 외무대신, 내무대신, 육군대신, 해군대신 등 오상(五相)회의를 열고 일본의 근본적인 국시가 되는 정책을 결정하게 된다. '국책의 기준'이라는 이름의 정책이다. 여기에서도 미국은 여전히 가상적국이다. '육군 군비는 소련 극동군이 사용할 수 있는 병력에 대항하는 것을 목표'로, '해군 군비는 미국 해군에 대항해서 서태평양의 제해권을 확보하는 데 필요한 병력을 정비 충실'히 한다.

일본은 강약을 달리하면서도 미국을 시종 가상적국으로 분류했다. 일본의 통치자들은 언제 도래할지 모를 미국과의 일전을 각오하고 있었던 것이다.

미국에 대한 일본인의 도전의식은 제1차 세계대전을 통해서 미국의 뛰어난 국력이 과시된 직후에도 이미 나타났다. 세 번씩이나 수상을 역임했던 코노에 후미마로(近衛文麿). 그는 청년시절인 1918년에 한 편의 시사논문을 발표한 적이 있다. 그에게는 영국과 미국을 중심으로 해서 이루어진 국제정치상의 현상유지가 도무지 불만이었다. 그래서 그는 이렇게 비판한다.

"우리들은 일본인 본위로 생각하지 않으면 안된다. ……일본인 본위로 생각한다는 것은 일본인의 정당한 생존권을 확인하고, 이 권리에 대해서 부당하고 부정한 압박을 가하는 자가 있는 경우에는 그들과 끝까지 싸울 각오를 가져야 한다는 것을 뜻한다. ……우리들은 인도(人道)를 위해서 때로는 평화를 버리지 않으면 안된다. ……영국인과 미국인이 말하는 평화는 자기들의 형편에만 맞춘 현상유지일 따름이다."

미국에 대한 대결의식과 군사적 충돌에 대비한 국방방침. 일본으로서는 정신적으로도 물질적으로도 미·일전쟁이라는 시나리오를 거부하지 않았다. 특히 일본의 군부는 항상 미국이라는 군사강국을 의식했다. 따라서 일본은 미국의 존재와 반응을 염두에 둔 전략구상을 하지 않을 수 없었다. 그리고 실제로 일본은 만주사변이 발발하던 1931년 9월을 전후해서 구체적인 대미전략을 구상했다.

중국에 주둔하고 있던 일본 관동군 주임참모 이시하라 칸지(石原莞爾) 중령. 그는 1929년 7월에 〈국운을 바꾸기 위한 근본국책 만주 몽고문제 해결안〉이라는 문서를 작성한다. 그는 거기서 "국내의 불안을 없애기 위해서는 대외진출을 하는 것이 필요하다"라고 노골적인 침략제안을 했다. 1929년 7월이면 만주침략 2년 전, 관동군 참모들 사이에서는 이미 일본의 국운을 타개하기 위한 수단으로 만주와 몽골을 희생양으로 삼는 대외침략이 논의되었다.

자국의 국난 타개를 위해 무고한 타국을 희생양으로 삼는 일본의 만주 및 몽골 침략은 중국의 저항은 물론이고 나아가서는 서구열강의 간섭을 초래할 수밖에 없었다. 그리고 이건 그들이 예상하던 사태였다. 그래서 이시하라는 다음해인 1930년 5월에 작성한 〈군사적으로 본 일·미전쟁〉이라는 문서에서 "일·미전쟁은 필지의 운명, 20세기 최대 중요사이며, 세계역사의 대관절이다"라고 예견했다.

미국과의 전쟁, 그러나 아직까지는 미래를 전망하는 수준이었다. 구체적인 시나리오는 이 다음에 나온다. 1931년 4월, 이시하라는 〈현 시점에 있어서의 우리나라 국방〉이라는 글을 발표했다.

"현재 일본의 국방은 근본국책인 만주 및 몽고문제 해결을 방해하는 적들의 실력행위를 격파하는 데 있다. 이 때문에 발생할 지극히 공산이 큰 전쟁은 미국과의 전쟁이다. 그리고 러시아, 중국, 영국과의 전쟁도 동시에 발생할 위험이 없지 않다. 이런 대전쟁은 얼핏보면 현재의 일본에게는 심히 곤란한 것처럼 보일지 모른다. 그러나 군사적인 요충지를 점하고 있는 일본의 지위를 냉정히 살펴보면 결코 그렇지도 않다. 오히려 이 전쟁은 현재 일본이 봉착해 있는 국내 사정을 타개할 수 있는 유일한 길이다."

만주침략 불과 5개월 전인 1931년 4월, 일본의 국방정책은 '만주 몽고문제 해결을 방해하는 적들의 실력행위를 격파'하는 데 있다고 주장한다. 특히 무엇보다도 그들은 태평양전쟁이 발발되기 10여 년 전에 미국과의 전쟁을 지극히 공산이 크다고 예상했다. 중대한 일일 수밖에 없다.

그들은 이에 대비해서 어떤 계획을 짜고 있었을까? 일본의 국가정책으로서는 최초의 미국점령 계획안이 여기서 등장한다. 이미 미국을 상대로 한 일본의 국방정책은 1918년의 방어적 유인작전에서 1923년의 공격적인 격멸작전으로 전환되었다.

미국과의 전쟁을 예상한 이시하라. 그가 그린 전쟁계획도 공격적이었다. 미국과의 전쟁에 대비한 그의 구상은 서태평양의 제해권을 확보하는 것이었다. 첫째, 필리핀과 괌도를 일본 영토로 편입시킬 것. 둘째, 가능하다면 하와이를 일본의 영토로 만들거나 혹은 하와이에 있는 미국의 방비체제를 철거시킬 것.

이시하라는 미국 영토 점령을 주장하고 나선 것이다. 피할 수 없는 싸움, 어차피 일대 결전이 필요한 싸움이라면 적진까지 치고들어가자는 계산이었다. 전국시대의 장수들처럼.

물론 여기까지는 일개 군인인 이시하라의 개인적인 구상에 지나지 않는다. 이 정도는 이미 1857년에도 하시모토에 의해 구상되었다. 그러나 중요한 차이가 있다. 관동군 참모부는 이시하라의 계획안에 대해 두 개의 의견서(1931년 7, 8월 경 작성)를 제출했다. 참모부에서는 이시하라가 구상하는 여타의 전쟁계획에 대해서는 반대하거나 혹은 재검토를 요구하고 나섰다. 그러나 하와이 점령계획안에 대해서는 이의를 제기하지 않은 것이다. 이시하라의 미점령 구상은 거부당하지 않은 것이다.

미국 본토에 대한 일본의 군사작전은 일찍이 일본인이 아니라 미국인에 의해서 예견되던 시나리오였다. 호머 리라는 미국인은 1911년에 《일미필전론(日美必戰論)》(원제는 《무지의 용기》)이라는 책을 간행했다. 그는 여기서 미국과 일본의 충돌은 피할 수 없을 것이라고 주장한다. 그가 예상한 시나리오는 이렇다.

일본은 필리핀이나 하와이를 공격할 것이다. 그리고 로키산맥은 넘지 못하더라도 샌프란시스코나 로스앤젤리스 방면에 일본의 대군단이 기습공격할 것이다. 그래서 호머 리는 이런 사태를 예측하면서 경고한다. 그리고 그의 경고는 그로부터 40년이 지난 1941년에 실제로 이루어지려 했다. 아마도 호머 리는 '욕망이라는 이름의 일본'을 간파하고 있던 모양이다.

1941년 12월 7일 일본의 진주만 기습, 그리고 그 입안자 하라다 마코토(源田實). 그는 훗날 당시의 비화를 토로한 적이 있다. 하라다 마코토의 당초 계획은 이렇다.

일본이 진주만을 공격하기로 결정하면 돌아오는 길에 별동대로 하여금 미드웨이를 공격해서 태평양에 있는 미국 해군을 마비시킨다. 그리고 함께 출동한 수송선단으로 캘리포니아에 육군을 상륙시켜 서부해안을 점령하게 한다. 당시 서부해안에는 보잉사를 포함한 미국의 군수산업이 많이 있었다. 육군은 그 길로 동진(東進)해서 로키 산맥에 진을 치고 적을 맞아 공격한다. 한편 서부해안, 특히 캘리포니아에는 일본계 미국인이나 멕시코, 중국, 인디언 등 유색인 미국인이 많이 있다. 이들을 궐기하게 만들어서 독립시키고, 그들을 훈련시켜 미국과 싸우게 한다. 또한 노획한 미국 군용기를 그들에게 주어 동부를 폭격한다.

이것이 이른바 하라다 계획이었다. 그들은 이 계획을 진지하게 검토했다. 이미 1931년에도 하와이 점령계획은 지지를 받고 있던 터였다. 그러나 하라다 계획은 동의를 얻지 못하게 된다. 육군의 목표가 동남아시아에 있는 자원 확보에 있었기 때문이다. 미국과의 싸움에 모든 힘을 쏟아버릴 수 없었던 것이다.

그런데 이런 발상은 군인만 품고 있던 것이 아니었다. 외교관이었던 쿠와하라(桑原鶴)란 자도 그 가운데 한 사람이었다. 태평양전쟁이 한창이었던 1942년, 그는 외무차관 앞으로 한 통의 의견서를 제출했다. 그의 주장은 이러했다.

"만약 미국에 대한 작전계획을 정당하게 이해하고 일본이 미국의 의도를 분쇄해서 자웅을 가리려고 생각했다면, 진주만 기습에 이어 하와이 상륙작전을 감행했어야 했다."

후회에 가득 찬 비판이다. 이미 미국은 하와이를 중심으로 서서히 힘을 회복하고 있었고, 일시적으로 우위를 점했던 일본은 짧은 승리 끝에 참패를 향해 내리막길을 치닫기 시작했다. 미국 점령을 향한 야욕은 이렇게 해서 막이 내린다. 파멸에 이를 때까지 멈추지 않는 일본. 그래서 일본은 끊임없는 팽창의 길만을 선택했다.

그러나 일본인들 가운데도 일본의 폭주를 경고한 자가 있었다. 만주사변 직전, 일본의 군부와 많은 일본인들은 만주와 몽골을 일본 국방의 제1선으로 해야 한다고 주장했고, 또 그렇게 믿었다. 이에 이시바시 탄잔(石橋湛山)이라는 언론인은 이렇게 비판했다.

"이는 마치 영국이 자국의 국방을 완수하기 위해서 건너편에 있는 유럽 대륙에 영토를 가져야 한다고 주장하는 것과 같다."

유럽 대륙에 단 하나의 식민지가 없이도 독립국가를 유지하고 있던 영국에 빗댄 말이다.

그러나 일본은 점령에 점령을 거듭하는 침략정책에 의해서만 자국의 안보를 약속받으려 했다. 그리고 그들을 기다린 것은 참담한 패망뿐이었다. '욕망이라는 이름의 일본'이 주저앉은 최후의 모습이었다.

1946년, 한 중국인은 일본의 말로를 이렇게 노래했다.

3백 년을 노력해서

학풍은 주자를 따랐지만

나가사키에 네덜란드 학문이 흥한 뒤에는

전국에 불안 동요가 시작됐다

존왕양이는 자대(自大)했으며

개국 진취는 뒤질세라 앞다투어 나갔다

먼저 군대를 일으켜서 오키나와를 멸하고

두 번째 군대를 파병해서 조선을 망하게 했으며

세 번째 출병해서 러시아에 승리하고

네 번패 군대를 움직여서 중국을 침략했다

이웃나라와 사귀면서 옛 사람의 가르침을 그르쳤고

학풍은 옛날의 그것과 끊어지고 말았다

숱한 악업이 거듭된 뒤에

피할 수 없는 환난이 기다리고 있었다

천년의 역사가 깃든 나가사키 항구였으나

원자폭탄에 의해 모든 것은 연기가 되고 말았다

나라의 원칙에는 도(道)가 중요하며

나라의 부강이 패권에 있지 않음은 명백하거늘

안타깝게도 왕인(王仁)이 교화했건만

후세에 망인(忘仁)에 의해 자멸하고 말았다

동쪽을 쳐다보며 탄식에 젖는다

슬프도다. 바다에 떠 있는 일본열도여!

세계를 분할하라!

미국을 점령해야 한다고 나섰던 일본. 그들은 또 하나 엄청난 일을 꾸몄다. 세계를 분할해서 점령하자! 일본열도를 중심축으로 한 끝없는 팽창, 그리고 미대륙까지 겨냥했던 '욕망이라는 이름의 일본.' 그들이 품었던 또 다른 야욕이었다.

그렇다고 그들이 아무런 대책없이 황당무계한 세계분할만 입에 올린 것은 아니다. 항상 전략적으로 사고하는 그들이었다. 따라서 그에 따른 계산이나 준비도 주도면밀했다. 때로는 독식을 꿈꾸며 단독정복으로 나섰고, 때로는 동맹을 통한 분할점령으로 나섰다.

타케다 신겐(武田信玄), 우에스기 켄신(上杉謙信), 오다 노부나가(織田信長), 도요토미 히데요시, 도쿠가와 이에야스. 전략에 능한 전국시대의 '영웅' 이야기를 듣고 보며 자란 일본인들. 거의 대부분이 과거의 전쟁소설책을 너덜너덜하도록 즐겨 읽었던 일본인들.

그들이 모략과 계략과 책략에 능한 것은 그 때문이다. 유독 믿을 '신(信)'자를 즐겨 쓰고 편안할 '강(康)'를 애용한 그들이었지만, 이름과는 달리 죽을 때까지 기만과 기습작전과 무혈충돌로 삶을 지새운 '영웅'들이다. 정세와 상황판단에 따라 버릴 때는 가차없이 버리고, 손을 내밀 때는 주저없이 악수하는 그들. 모두가 전략적 사고에 능한 때문이다.

동맹을 통한 분할정복, 이것도 예외는 아니었다. 이미 1857년에 일본의 독립을 위해서는 동맹이 필요하다고 판단한 일본이다. 그냥 동맹이 필요하다고만 한 것이 아니라 아주 구체적이다.

"최근의 해외정세를 보면 세계는 머지않아 5대륙이 하나로 손을 잡아 동맹국으로 되고, 맹주를 뽑아서 사방의 전란을 수습하는 방향으로 나갈 것이라고 생각된다. 맹주가 될 나라로는 먼저 영국이나 러시아 제국 가운데 어느 한 나라가 될 것이다. 영국은 움직임이 신속하고 거칠며 탐욕적이고, 러시아 제국은 같은 강국이라도 중후한 침착함이 있고 엄정하기 때문에 결국에는 러시아로 인망이 모여들 것이라고 생각된다."

그래서 주장하고 나섰다.

"일본은 부디 러시아와 동맹을 맺었으면 한다. 그것은 러시아가 신의있는 나라이고, 국경을 사이에 두고 인접해 있는 나라로서 입술과 이빨과 같이 이해관계가 밀접한 나라이기 때문이다."

최근까지만 해도 아웅다웅 다퉜고, 지금도 오손도손 친하지 못한 일본과 러시아. 그러나 일본에서 나온 최초의 동맹 파트너는 다름아닌 러시아였다. 전략적 판단의 결과였던 것이다. 일본인들이 영토분할을 입에 올렸을 때도 파트너는 또다시 러시아였다. 이때도 전략적이었다. 메이지 초기에 일본의 한 정치가는 이런 제안을 했다.

"세계에서 가장 두려운 나라는 러시아다. 이 나라는 일본의 대륙진출에 가장 커다란 장애가 될 것이다. 일본이 대륙으로의 진출을 원한다면 러시아와 동맹을 맺어야 한다. 그렇게 하면 중국 영토는 일본과 러시아가 양분할 수 있다."

동맹을 통한 중국 대륙의 양분, 이른바 영토분할이다. 그러나 이때까지만 해도 이들 동맹론은 하나같이 일본의 방향을 제시한 정치가의 구상에 지나지 않았다. 외교 채널을 통해서 구체적인 세계분할 야욕을 드러내기 시작하는 것은 1930년대 후반에 들어서부터다. 이때 파트너는 미국이었다. 물론 전략적으로 사고한 결과였다.

1933년의 어느 봄날, 주미 일본대사 사이토 히로시(齊藤博)가 루즈벨트 대통령을 만났다. 모종의 안건을 놓고 회담을 하기 위해서였다. 이 해에 일본은 만주사변의 책임을 추궁받은 끝에 국제연맹 탈퇴라는 강수를 놓았다. 중국 대륙에서의 일본 관동군 행동도 국제여론을 자극하고 있던 터였다. 외교적으로 고립을 자초한 일본은 돌파구를 찾아나섰다. 국제사회로부터의 비난과 외교적 고립, 1933년의 어느 봄날은 일본이 그런 수렁에 빠져 있던 때였다. 그가 루즈벨트를 만난 것도 그 실마리를 풀기 위해서였던 것이다.

주미대사 사이토는 온갖 수를 다 생각했다. 그리고 한 가지 결론에 도달한다. 그는 1919년의 베르사이유 강화회의 결과로 남양군도 위임통치권이 일본에 주어져 있는 사실에 눈을 돌렸다. 남양군도는 다수의 섬으로 이루어진 태평양에 있는 섬이다. 관광지로 널리 알려진 괌이란 섬도 남양군도에 속한다. 문제는 이 괌에 있었다. 사이토는 괌이 속해 있는 남양군도가 일본에 주어진 것은 미국을 자극하는 것이라 생각했다. 왜냐하면 미국과 필리핀 한 중간에 괌이 위치하기 때문이다. 필리핀을 지배하고 있던 미국. 괌이 일본의 세력권 내에 놓여 있다는 것은 결국 일본에 의해 미국과 필리핀이 분단당하는 것을 의미했다.

이것은 군사적으로 미국에게는 중요한 문제였다. 사이토 대사는 이런 사실을 발견한 것이다. 미국의 약점이 여기에 있다고 판단한 것은 당연하다. 이에 그는 이런 사실을 이용해서 1936년 말까지 미·일동맹이나 미·일불가침조약을 체결할 생각을 한다. 사이토 대사가 루즈벨트 대통령을 만난 것은 이를 제안하기 위해서였다.

회담이 시작된다. 사이토는 이 회담에서 먼저 자국의 약점을 인정하고 들어갔다. 미·소 양국을 상대로 일본이 방대한 군사력을 유지하면서 양국에 대항하는 것은 불가능하다고. 그리고 동시에 미국을 나무라고 나선다. 왜 미국은 일본과 영국의 동맹을 폐기하는 방향으로 몰고갔느냐고. 강온 두 박자를 적절히 구사하는 사이토였다. 그러면서 미국을 설득하고 나섰다.

1922년 워싱턴에서 해군군축조약이 맺어진 적이 있었다. 군축 비율은 미국이 5, 영국이 5, 일본이 3이었다. 그러나 1930년대가 되면 일본은 만주침략과 중국 대륙에서의 노골적인 군사행동으로 국제여론의 비난을 받게 된다. 그래서 당시 분위기는 일본이 영국과 미국에 의해 견제당하고 있던 터였다.

사이토는 이 문제를 걸고 나온다. 무엇 때문에 5+5=10(英美)으로 3(일본)을 견제하고 있냐고 반문하고 나선 것이다. 그리고 루즈벨트의 동의를 구한다. 워싱턴 군축조약의 목적은 5+5+3=13이라는 해군력을 통합해서, 미·영·일 3국이 7대양의 제해권을 지배하며 '세계평화'를 유지하는 것이 아니었느냐고. 그러면서 그는 남양군도 위임통치령의 동쪽 끝을 경계로 해서 동서로 구분하고, 미·일 양국의 협조체제 아래 태평양의 '평화'를 모색하자고 제안했던 것이다.

결국 사이토의 제안은 5+5+3=13이라는 해군력으로 통합해서 미·영·일 3국이 7대양의 제해권을 지배하자는 세계분할점령안이나 진배없다. 게다가 태평양은 일본과 미국이 양분하자는 것이었다. 루즈벨트 대통령도 사이토 대사의 제안에 깊이 공감하고, 헐 국무장관으로 하여금 극비리에 사이토와의 교섭을 계속하도록 명하기에 이른다.

그러나 사이토의 시도는 불발로 끝나고 만다. 회담이 한창 진행되던 시기에 일본에서는 영국과 미국이 중국 문제에 관여하는 것을 반대한다는 발표가 보도됐기 때문이다. 미국은 한쪽 입으로는 '평화'를 얘기하고 다른 입으로는 '실력'을 거론하는 일본을 신뢰할 수가 없었다. 전략에 능한 일본의 바퀴가 삐꺽한 것이다. 그리고 태평양전쟁을 향해 내닫기 시작한다.

일본이 또다시 세계분할을 입에 올리고 나선 것은 이로부터 얼마 지나지 않아서였다. 유럽에서는 제2차 세계대전이 발발되고, 아시아에서는 태평양전쟁이 막을 올리기 바로 직전인 1941년 2월이었다. 이때의 파트너는 러시아를 포함한 독일과 이탈리아였다.

1940년 9월, 일본은 독일과 이탈리아와 함께 삼국동맹을 체결한다. 그리고 1941년 초반, 나치 히틀러의 외교고문이며 외상으로 활약했던 릿벤트로프는 한 가지 안을 제시한다. '일본, 독일, 이탈리아 삼국과 소련간의 거래'를 담은 문서였다. 릿벤트로프는 '독일, 일본, 이탈리아, 소련이 차지할 장래의 세력범위로서 일본에게는 남양을, 소련에게는 이란·인도 방면을, 독일에게는 중앙아프리카를, 이탈리아에게는 북아프리카를 용인하는 취지의 비밀양해'를 제안한 것이다. 독일도 세계분할 정복을 생각하고 있었던 것이다.

1941년 2월 3일, 일본·독일·이탈리아간의 삼국동맹을 체결시킨 외무장관 마츠오카 요우스케(松岡洋右)는 이 제안을 받아들여서 약간의 수정을 가하여 당시 일본의 최고결정기관에 정식으로 올린다. 이름하여 '대(對)독일·이탈리아·소련 교섭안 요강'이라는 제안이다.

이 제안은 정부·대본영간 연락회의라는 당시 일본의 최고결정기관에서 토의에 부쳐지게 되고, 논의를 거친 끝에 최종 결정되기에 이른다.

문제의 '교섭안 요강'은 이런 내용으로 이루어져 있었다.

"세계를 대동아권, 구주권(아프리카 포함), 미주권, 소련권(인도, 이란 포함) 4대권으로 하며, 일본제국은 전후의 강화회의에서 이의 실현을 주장한다."

한마디로 일본은 아시아를 지배하겠다는 야욕이다. 이건 주미대사 사이토 히로시라는 한 외교관의 구상과는 달리, 정부·대본영간의 연락회의에서 결정된 공식적인 일본의 국가정책이었다. 그것도 진주만 기습 10개월 전에. 그들이 떠들어댄 '대동아공영권'이란 바로 이것이었던 셈이다. 그들이 말하는 '대동아전쟁'은 결국 이 야욕을 채우기 위한 것이었으며, 그래서 자기 앞을 가로막는다고 생각하는 미국에 대해 기습공격을 가한 것이다. 태평양전쟁의 막이 올라간 것이다.

그러나 야욕의 운명은 공교롭다. 일본의 연합함대가 진주만을 기습공격하고 있던 정확히 같은 날인 1941년 12월 7일, 소련군의 반격에 직면한 히틀러는 모스크바 점령에 실패했다. 일본이 그렇게도 믿었던 나치 독일이 무너지기 시작한 것이다. 동맹국의 한쪽이 패전의 전주곡을 울리는 순간, 지구의 반대쪽에서는 동맹국의 또 다른 한쪽이 전쟁을 개시한 것이다.

1820년대부터 도전적인 세계정복론을 전개한 일본. 때로는 독점적 정복을, 그리고 때로는 분할점령을 구상하던 일본. 때론 단독으로 때론 동맹을 통해서. 그러나 일본의 최후는 무조건 항복이었다. 일본의 어느 언론인은 얘기했다. 2천여 년 동안 단 한 번의 패배도 당해본 적이 없던 일본이 불과 몇 년간의 전쟁에서 한꺼번에 패배를 당하고 말았다고.

끝을 모르던 팽창의 끝은 그렇게 비참했던 것이다!

만만치 않았던 히로히토

太平洋戰爭 때까지 일본 최고의 통수권자였던 히로히토. 1948년 11월 13일자 〈뉴욕 타임스〉에 "동경재판의 피고석에 한 사람의 결석자가 있다. 그는 천황이다"고 보도된 장본인이다. 징용당한 조선인들은 이곳저곳에서 강요된 임무 때문에 전범자로 몰려 처형당했으나, 정작 최고의 전범이었던 히로히토는 재판에서 무사하였다. 그러나 사람들은 그의 범죄를 잊지 않았다.

그럴 수밖에 없는 일이었다. 태평양전쟁 동안 히로히토는 고귀하고 우아하게 궁궐에나 앉아 있지 않았기 때문이다. 그는 전쟁을 지휘하는 최고사령탑 안에서 손수 지휘봉을 휘둘렀다. 게다가 그는 용이주도한 전략가이자 영악한 군사지도자였다. 그는 결코 물러터진 '제왕'이 아니었으며, 할말 다하는 일본군대의 대원수였다. 게다가 정치적으로는 물론이고 전쟁에 임해서 작전의 허와 실을 추궁하는 발언 장면을 보면 히로히토는 몸은 왜소해도 매우 야무진 자였음을 알게 된다.

히로히토가 천황이 되고 나서 처음으로 임명한 수상은 다나카(田中義一)였다. 장작림 폭사사건이 발생한 것은 다나카가 수상 시절인 1928년 6월의 일이었다. 이때 수상은 히로히토에게 이 사건의 '범인은 관동군 군인'이라고 '솔직하게' 보고한다. 그러나 일반인들에게는 현재 진상조사 중이라고 해놓는다. 그러나 사건의 진상이 점차 알려지기 시작하면서 다나카 수상은 진상발표 압력에 직면한다. 그는 이를 끝까지 감추기 위해서 "사건의 진상은 알 수 없고, 일본군은 아무런 관계도 없다"는 취지문을 공식발표하는 꾀를 택한다.

이런 발표를 위해서는 천황의 허락이 필요했고, 수상은 천황을 찾아 간다. 그러나 혹을 떼러 갔던 수상은 되레 엄청난 혹을 달게 된다. 히로히토가 "먼저 번에는 일본군이 범인이라 해놓고서 이번에는 일본군은 아무런 관계가 없다고 말한다면, 이야기의 앞뒤가 다르지 않는가!"라고 엄하게 책망하면서, 사표를 제출하는 것이 어떠냐고 큰소리로 나무란 것이다.

한마디로 식은땀이 흐를 만큼 엄한 질책이었고, 수상은 황송해서 어쩔 줄을 몰라한다. 면박을 받은 다나카 수상은 아무런 대답도 하지 못한 채 그 자리에서 물러났고, 결국 수상직을 사퇴하지 않으면 안되었다.

사리를 따져가며 정치를 운용했던 히로히토의 모습을 볼 수가 있다. 천황의 한 마디 질책은 수상의 진퇴를 좌우할 정도로 강력한 것이었다. 게다가 다나카 수상은 히로히토의 엄한 책망으로 인한 충격 때문이었는지 2개월이 못 가서 죽고 만다.

또 이런 일도 있었다. 1931년 9월, 당시 수상(若槻禮次郎)이 탁무대신(原脩次郎)을 철도대신으로 전임시키기 위해 천황의 재가를 청한 적이 있었다. 그러나 이 탁무대신은 모종의 사건으로 형을 선고받았다가 사면을 받은 자였다. 이에 천황은 "이 사람은 형이 남아 있는 자가 아닌가? 조금 기다리도록 하라"고 말하면서 재가를 유보한다. 그리고는 측근(牧野伸顯)에게 형이 남아 있는 자를 철도대신으로 재가해도 좋은지 어떤지를 물어본다. 이에 대신은 형이 남아 있는 자라 해도 이미 사면의 명을 받았기 때문에 문제는 없다고 대답한다. 이에 대한 히로히토의 반응이 그럴 듯하다.

"사면에 의해서 법률상의 문제는 사라졌다 해도 도덕상의 문제는 남는 것이다."

그야말로 할말은 제대로 하는 히로히토였다.

이처럼 나름대로의 판단과 발언을 제대로 했던 히로히토였기 때문에 태평양전쟁에서 그가 행한 모든 역할 또한 나름대로의 판단에서 이루어졌다고 볼 수밖에 없다. 일본 군대는 육군참모본부와 해군군령부가 중심축이었는데, 이들은 오직 천황에 의해서만 움직였다. 절대통수권자인 천황이 명령하지 않고, 지휘하지 않고, 허가하지 않은 전쟁이란 있을 수가 없었다. 쿠데타같이 천황이 모르는 군대의 움직임도 있을 수는 있으나, 그건 국가적인 전쟁이 아니다. 또 군부가 제멋대로 분쟁을 도발했다는 얘기도 있으나, 그렇게 일어난 전투는 극히 일부에 지나지 않는다.

1931년 9월 18일, 만주에 있던 관동군은 전격적인 군사행동을 개시한다. 만주사변을 도발한 것이다. 관동군의 독단적인 결정이자 행동이라고 얘기되는 사건이다. 만주사변이 발발된 지 수개월 후인 1932년 1월 8일, 천황은 만주사변과 관련된 하나의 칙어를 발표한다. 그는 거기서 일본군의 '충열(忠烈)'을 칭찬하고 나섰다. 일본군의 감투정신과 공로를 치하한 것이다. 그는 이 칙어의 마지막 부분에서 이렇게 말한다.

"너희 장병들은 더욱 더 견인자중하여 동양평화의 기초를 확립하고 짐이 신뢰에 응답할 수 있도록 하라!"

그의 칙어는 침략을 격려하는 망언에 가깝다.

만주침략에 이은 1937년 7월의 중·일전쟁. 일본군은 계속해서 중국을 침략해 들어갔지만, 이들이 점령한 것은 중국대륙의 점과 선이었을 뿐

결코 면을 점령하지는 못했다. 점과 선을 벗어나면 그곳에는 중국의 무력부대가 버티고 있었다. 모택동과 장개석은 손을 잡고 항일투쟁에 돌입했고, 미·일관계도 험악하기만 했다. 그래서 일본은 한 손으로는 미국과의 전쟁만은 피하기 위해 대미공작을 게을리하지 않으면서, 다른 한 손으로는 미국과의 전쟁에 대비해서 독일·이태리와 삼국동맹을 체결하였다. 1940년 9월 27일 히로히토는 이 삼국동맹 체결을 환영하는 조서를 발표하였다.

이처럼 일본은 한 손으로는 평화를, 다른 한 손으로는 전쟁을 준비했지만, 미국과의 관계는 계속 꼬여가기만 하고, 히로히토는 그것이 여간 신경 쓰이는 게 아니었다. 미국과의 관계가 단절될 경우 미국에 의존하고 있던 석유가 문제였다. 그래서 일본 군부는 자원을 확보하기 위해 동남아시아 방면으로 침략해 들어가고 싶어했다.

이런 군부의 구상을 접한 히로히토는 육군의 최고책임자를 호출하였다. 히로히토는 뭔가를 확인하고 싶은 것이었다. 육군참모총장(杉山元)이 히로히토 앞에 서자 질문이 시작된다.

"남방(동남아시아) 작전은 예정대로 될 거라고 생각하는가?"

질문을 받은 참모총장은, 이번 작전은 5개월 안에 끝날 거라면서 예정된 작전을 상세하게 설명한다. 이에 다시 천황이 질문한다.

"예정대로 되지 않는 것도 있을 거요. 5개월이라고 말하지만 그렇게 되지 않는 것도 있을 게 아닌가!"

"예전부터 육해군이 여러 차례 공동으로 연구해 왔기 때문에 대체로 예정대로 될 거라고 생각합니다."

"상륙작전이 그렇게 손쉽게 이루어질 거라고 생각하는가?"

"쉽게 될 거라고는 생각하지 않습니다만, 육해군이 공동으로 자주

훈련하고 있기 때문에 우선은 가능하다고 생각합니다."

"큐슈(九州)에서 상륙 연습할 적에 배가 꽤나 침몰했는데, 그렇게 되면 어떻게 하려는가?"

"그렇게 되지는 않으리라 생각합니다."

"날씨로 인한 장애는 어떻게 할 셈인가?"

"장애를 제거하면서 감행해야 할 것입니다."

"예정대로 될 거라고 생각하는가? 그대가 육군대신으로 있을 때, 장개석이 금방 항복할 거라고 말했는데, 아직도 굴복시키지 못하고 있지 않은가!"

이에 참모총장은 일본의 국력이 점차 약화되고 있는 현실을 언급하면서, 그나마 탄력이 있는 동안 곤란을 배제하면서 국운을 타개해야 한다고 강조한다. 참모총장의 대답에 히로히토가 재차 질문한다.

"절대로 이길 수 있겠나?"

"절대라고는 말하기 힘듭니다만, 승산이 있다는 것만은 말씀드릴 수 있습니다. 반드시 승리할 수 있다고는 말씀드리기 힘듭니다."(이하 생략)

히로히토는 큰 소리로 대꾸한다. "아, 알았어!" 짜증섞인 목소리다. 이에 참모총장이 부연설명하고 나섰다.

"결코 저희들이 좋아서 전쟁을 하고자 하는 것이 아닙니다. 평화적인 방법으로 힘을 다한 다음에, 정 안되는 경우에 전쟁을 할 생각입니다."

히로히토의 짜증과 역정은 전쟁이 괴로워서가 아니었다. 그는 미국과의 전쟁에서 확실한 승리의 전망이 없는 점이 괴로웠던 것이다. 히로히토는 여기서 세세한 전략적 문제까지 거론하면서 강도 높은 질문을 계속 던지는 면모를 과시하고 있다.

다른 문서에는 이런 기록도 남아 있다. 히로히토가 참모총장에게 물었다.

"미국과의 전쟁이 발발하면 육군은 언제까지 끝낼 확신이 있는가?"

이에 총장은 "남양 방면만은 3개월 정도로 끝낼 생각입니다"라고 대답한다.

그러자 천황은 질타하고 나섰다.

"그대는 지나사변(중일전쟁) 당시 육군대신이었다. 그때 그대는 육군대신으로서 사변은 1개월 안에 끝난다고 말했다. 그러나 4년이라는 오랜 시간이 걸렸는데도 아직도 마무리짓지 못하고 있지 않은가!"

당황한 참모총장은 서둘러 변명에 나서서, 중국 땅이 워낙 광활해 예정대로 작전을 수행할 수 없는 사정을 설명한다. 이에 히로히토는 예리한 지적을 남긴다.

"중국 땅이 넓다면 태평양은 그보다 더 넓지 않은가? 무슨 확신이 있기에 3개월이라고 말하는가!"

참모총장은 단지 머리를 숙일 뿐, 아무 말도 하지 못했다. 이처럼 히로히토는 참모총장까지 쩔쩔매게 만들 정도였다.

1945년 5월 8일 독일이 무조건 항복했다. 이 무렵이면 일본의 패전도 눈앞에 다가온 시점이다. 이제 전쟁은 외국 땅에서가 아니라, 바로 오키나와라는 집안에서 이루어지고 있는 판국이었다. 대동아공영권이니 뭐니 떠들면서 아시아를 통째로 점거하려던 일본이었으나, 이때가 되면 오키나와 전투에서나마 부분적으로 승리하고 바로 강화라도 맺었으면 하는 것이 그나마 작은 소망이 되었다.

1945년 5월 31일, 급박해진 지휘부 안에서는 조기 강화파와 본토 결전파의 주장이 팽팽히 맞서고 있었다. 단말마적인 몸부림이 요동치기 시작한다. 그 무렵 수상(小磯貫太郎)은 이런 말을 남기고 있었다.

"지금 일본이라는 작은 나라가 세계의 2대 강국을 상대로 무리한 전쟁을 하고 있다. 만일 여기서 강화라도 성립된다면, 그것만으로도 일본은 승리했다고 말할 수 있다."

그러나 그런 '일본의 승리'는 찾아오지 않았다. 히로히토가 선택할 수 있는 길은 무조건 항복밖에 없었기 때문이다. 결국 마이크 앞에 선 히로히토, 그는 이런 말을 한다.

"미·영 양국에 선전포고한 것은 실로 제국(일본)의 자존과 동아의 안정을 위한 것이었지, 타국의 주권을 박탈하고 영토를 침략할 뜻은 애초부터 없었다."

최고통수권자로서 태평양전쟁의 전 과정에 관여했던 히로히토가 이제 와서 주권을 박탈할 뜻도, 영토를 침략할 뜻도 없었다고 얘기하고 나선 것이다. 침략전쟁 거부발언은 이렇게 해서 일찍이 그 얼굴을 내민다.

그러나 이보다 더욱 우리의 주목을 끄는 발언이 있다. 그것은 패전 하루 전날인 마지막 어전회의에서 히로히토가 남긴 말이다.

"나는 명치천황이 눈물을 삼키며 결단을 내렸던 삼국간섭 당시의 고충을 되새기며, 이번 기회에 견딜 수 없는 것을 견디고 참을 수 없는 것을 참아서, 일치협력하여 일본이 다시 떨쳐 일어서기를 원한다."

이를 두고 일본의 어느 교수는 이런 말을 하였다.

"히로히토 천황은 항복에 즈음해서 명치천황이 삼국간섭을 받아들였던 것과 마찬가지 기분으로 포츠담선언을 받아들인다고 했는데, 이로 미루어 본다면 히로히토도 명치천황과 같이 훗날의 복수를 마음속에 맹세했던 것일까?"

1895년 청·일전쟁 당시 청나라를 제압한 일본이 중국의 요동반도를 수중에 넣자 이를 탐탁지 않게 여긴 삼국(러시아, 독일, 프랑스)이 러시아의 주도 아래 일본의 중국 진출을 저지하기 위해 요동반도 반환을 요구하고 나선 적이 있다. 이때 일본은 '삼국간섭'에 이기지 못하고 물러선다. 그러나 훗날 일본은 러일전쟁에서 러시아를 격파함으로써 러시아에 대한 낡은 '원한'을 갚으며 재차 중국에서의 이권을 탈취하기에 이른다. 히로히토가 "삼국간섭 당시의 고충을 되새기며, … 일치협력하여 일본이 다시 떨쳐 일어서기를 원한다"라고 말한 것은 바로 이를 가리키는 것이다.

정치적으로든 군사적으로든, 나름대로 판단하고 할말 다하던 히로히토는 죽었다. 죽은 자는 말이 없다고 하지만, 히로히토가 남긴 마지막 말은 복잡한 여운을 남기고 있다.

일본 사회의 일각에는 여전히 과거사 반성을 거부하면서 정치대국을 지향하고 있는 일단의 무리가 있다. 침략전쟁의 패전을 치욕이라고 확신하는 무리들은 이 부류에 속하며, 그렇게도 터부시되었던 군국 일본의 상징인 기미가요와 일장기도 이미 일본의 정식 국가와 국기로 자리잡았다. 히로히토가 남긴 이 마지막 말을 깊이 새기고 있는 무리들은 한 둘이 아닐 것임은 익히 추측이 가고도 남을 일이다.

우리가 일본의 행보를 주목하는 것은 바로 이런 과거의 발언과 결코 무관하지 않기 때문이다.

춤추는 과거사

일본의 역사왜곡 문제가 나오면, 아마도 1982년 8월에 있었던 대규모 항일시위가 먼저 떠오를 것이다. 당시, 일본의 역사교과서 왜곡에 대한 우리의 항의는 격렬한 것이었다.

그러나 한 때의 파문도 아랑곳없는 듯, 최근에 이르기까지 역사왜곡에 대한 일본의 태도에는 아무런 변함이 없다. 최근 발표된 보도에 따르면, "일본 교과서가 한국사 관련 서술에서 한국 학계의 요구를 수용해 과거보다 진전된 역사인식을 보여주고 있으나 임나일본부, 종군위안부, 상해 임시정부와 관련된 사항은 여전히 왜곡되거나 은폐·축소돼 있다"고 지적되고 있다.

이러한 흐름은 결코 우연이 아니다. 예전에는 일본의 역사교과서 편찬 관계자 및 일부 정치가, 지식인, 학자들은 '증거가 충분치 않다,' '뒷받침할 근거사료가 없다'는 등 자기들만의 '주관적인 객관성' 여부를 방패 삼아 일본 교과서의 역사기술이 공정하게 다루어지고 있다고 논박한 적이 있었다.

그러나 1990년대 말 들어서는 일본의 보수 우익세력이 중심이 되어 '객관적인' 과거사 기록을 '자학사관(自虐史觀)'이라는 비난 하에 역사교과서의 군위안부 관련 기술에 대해 전면적인 삭제를 요구하거나, 이를 뒷받침하는 학교교육용 교과서 검정기준에 명기돼 있는 "한국과 중국 등의 입장을 배려토록 한다"는 근린제국(近隣諸國) 조항을 삭제하라고 주장하는 등, 우익적인 공세를 강화해 왔다. 여기에는 지방의회까지 가세할 정도이다.

이러한 일련의 움직임이 반증하듯, 비단 최근만이 아니라 오래 전부터 일본 역사교과서의 불공정하고 편파적인 왜곡기술은 의도적이고 조직적으로 시도되어 왔다. 그러한 흔적은 일본 교과서의 도처에 남아 있다.

일례로, 일본의 저명한 일본사 관련 교과서에 등장하는 역사적 기록을 들여다보자. 먼저 외국이 일본을 공격했던 경우다. 『상설 일본사』는 이렇게 쓰고 있다.

"중국의 남송을 멸망시킨 원나라는 그 여세를 몰아 일본을 침략하고자 … 두 번에 걸친 원나라의 습격은 다행히도 격퇴할 수 있었지만, 그 후에도 원나라는 일본 침공을 계획하고 있었다."

고교생을 대상으로 한 학습참고서 『일본사』에도 이 부분에 대해서는 몽고의 일본 공격을 '원나라의 침략'이라 쓴다. 역사교과서 재판으로 유명한 이에나가 사부로(家永三郎)의 『검정불합격 일본사』 또한 "유라시아 대륙에 광대한 판도를 구축했던 몽고도 섬나라 일본에 대한 침략을 단념하지 않으면 안되었던 것이다"고 쓰고 있다.

한결같이 몽고는 일본을 '침략'했다고 단언한다. 이 역사 서술은 틀리지 않다. 몽고는 명백히 일본을 '침략'하고자 했기 때문이다. 오히려 여몽연합군이 일본을 '침략'하고자 했다고 쓰지 않고 '진공'이니 '정벌'이니 하는 용어를 사용했다면 그것이야말로 역사왜곡이다. 따라서 이 문제에 관한 한, 일본의 교과서는 정당하다.

그러면 외국끼리 발생한 군사충돌은 어떨까?

『상설 일본사』는 이탈리아의 무솔리니가 '1935년에 이디오피아를 침략'했다고 쓴다. 『일본사』도 아편전쟁을 전후한 서구열강의 중국 간섭에 대해서는 '열국의 청국에 대한 침략'이라고 명백히 기술한다.

이것도 틀리지 않다. 무솔리니나 서구열강은 이디오피아와 중국이라는 명백한 주권국가를 군사적으로 침탈했기 때문이다. 이 부분에 대해서도 일본의 교과서는 진실을 전하고 있다. 이처럼 몽고가 일본을 범한 경우나 외국간에 발생한 군사적 충돌에 대해서는 일본의 교과서는 사실을 기록하고 있다.

문제는 일본이 일으킨 군사행동에 대한 서술 부분이다. 만주, 중국, 조선, 동남아시아 및 인도까지를 포함하는 노골적인 세계정복 계획을 가르친 사토 노부히로. 이런 사또 노부히로(佐藤信淵)에 대해 『상설 일본사』는 '적극적인 해외경략론을 전개'한 인물이라고 묘사한다. 그가 남긴 글의 어디를 봐도 '해외경략'은 없다. 오히려 일본이란 집안을 구석구석까지 개조하면서 '해외정복'의 야욕을 낱낱이 그리고 있을 뿐이다. '대동아공영권'의 선구자를 '적극적인 해외경략론을 전개'한 인물이라고 소개하는 것은 정상이 아니다.

또 이 교과서는 "1933년 5월, 만주사변을 둘러싼 일 · 중간 군사정전협정이 체결되는데, 그 후에도 군부는 화북지방으로의 진출 기회를 엿보았다"고 쓴다. 일본의 교과서는 이외에도 '조선으로 진출', '남방 진출', '남만주로 진출', '대륙으로 진출' 등 오직 '진출' 일색이다. 이 부분만 봤을 적에는 마치 일본의 기업이 적극적이고 공격적으로 해외 각국을 경영이나 한 것처럼 들린다.

몽고가 일본을 넘본 것이나 서구열강의 이디오피아 · 중국에 대한 간섭을 '침략'이라고 명백하면서도 또한 '객관적이며 학문적'으로 단정할 수 있다면, 일본에 의해 자행된 군사행동도 일구이언함이 없이 '침략'이라고 명명해야 할 것이다.

그러나 일본사 관련 교과서는 이 부분에서 이성을 상실하고 있다. 이것이 다름아닌 형평성을 상실한 전형적인 역사왜곡인 것이다. 몽고의 일본 공격이 '진출'이 아니고 '침략'이라고 스스로 단정하고 있듯이, 일본이 고귀한 인명살상을 야기하는 무력적 침략을 감행하고 있었던 한 조선과 남방과 중국에 대해서도 일본은 '진출'이 아니고 '침략'을 했다고 단정해야 할 것이다. 똑같은 군사행동을 타국이 하면 '침략'이고, 자국이 하면 '진출'이라는 논리는 두 개의 혓바닥을 가지고 일구이언하는 것이라 비난받아야 할 것이다.

일본인들의 왜곡표현은 여기에 그치지 않는다. 그야말로 도처에 산재해 있다. 그들은 일본군의 '전멸'을 '옥쇄'로, '퇴각'을 '철퇴'로, '패전'을 '종전'으로, '군대'를 '자위대'로, '전차'를 '특차'로 표기한다. 일본사에 어두운 외국인이라면, 이 일본어가 뜻하는 의미가 무엇인지 정확하게 이해하기 힘들 수밖에 없다. 역사적 사실을 하나같이 애매모호하게 왜곡시켜 버리는 표현이기 때문이다.

이외에도 '탄압'은 '진압'으로, '출병'은 '파견'으로, '수탈'은 '양도'로 각각 탈바꿈하고 있다. 여기에다 끊임없이 되풀이되는 일본 각료들의 망언을 보태면, 일본은 갈수록 태산이다.

문제는 여기서 끝나지 않는다. 최근 '일본의 새로운 역사교과서를 만드는 모임'이라는 단체에서는 《국민의 역사》라는 독자적인 역사교과서를 만든 바가 있다. 이 책은 한국사에 관련하여 아예 노골적인 왜곡으로 채색되어 있다. "일본 군인이 되고 싶어하는 한국인도 많았다", "같은 식민지였던 대만보다 한반도에 대해서는 훨씬 선정(善政)을 베풀었다", "중국에는 약하고 일본에는 우월감을 가졌던 조선의 체질과 연계돼 세계에서 유례가 없을 정도의 배타적인 원한과 우월감이 섞인 정신상태를 빚어냈고 이것이 반일심리의 기초가 되고 있다"고 기술하고 있고, 도요토미 히데요시의 조선침략도 "동아시아 전역을 아우르는 제국을 건설한다는 장대한 구상을 실현하기 위한 것으로서 일본인의 근대의식에 대한 최초이자 최대의 자기표현이었다"고 기술하는 등, 안하무인격인 왜곡 기술로 얼룩져 있다. 이런 내용의 책을 학생들을 위한 역사교과서로 편찬한 것이다.

1998년 10월, 3박4일간의 일본 국빈 방문을 마친 김대중 대통령은 "일본 정부 각료나 책임있는 사람이 (과거사 사죄를 명시한) 공동선언문과 어긋나는 얘기를 하는 것은 용납할 수 없을 것"이라고 말하면서, "공동선언문의 제약을 받아야 할 (정부 관계자) 이외의 사람들이 하는 발언은 대범하게 넘어가는 것이 좋겠다"고 말해 민간 우익단체 등의 과거사 망언에 대해서는 공식적으로 문제삼지 말자고 제안한 바가 있다.

《국민의 역사》는 마치 이를 우롱하고 역이용이나 하려는 듯이, 온갖 망언을 교과서 안에 집대성해 놓은 것이다. 그리고 2001년, 결국 일본의 우익단체는 이 책을 《새로운 역사교과서》라는 이름으로 포장하여 노골적인 공세를 펴기에 이른다.

역사왜곡과 관련된 지금까지의 이야기는 그나마 우리가 확인할 수 있는 공개적인 교과서나 망언에 국한된 것들이다. 한국을 비롯한 주변국가의 일본의 역사왜곡에 대한 항의도 그래서 가능한 일이었다.

그러나 과거사 문제에 관한 한, 일본의 역사교과서 이상으로 주목해야 할 곳이 있다. 해마다 8월 15일이 다가오면 참배문제로 시끄러워지는 야스쿠니 신사(靖國神社)가 바로 그곳이다. 이 야스쿠니 신사에는 누가 묻혀 있는가? 한마디로 거기는 침략전쟁 하수인들의 무덤이다. 그들의 죽음보다 몇 배의 죽음과 고통과 상처를 강요했던 자들의 무덤인 것이다. 그러나 야스쿠니 신사에는 그 이상의 문제성이 있는 곳이다. 그곳에도 교과서 왜곡 이상의 살아있는 왜곡된 교육이 있기 때문이다.

야스쿠니 신사 내에는 하나의 전시장이 있다. 명치유신 내란기부터 패망에 이를 때까지 일본의 역사를 축소해서 담은 곳이다. 물론 모두가 전쟁의 역사이다. 태평양전쟁 초기 제공권을 장악했던 제로선 전투기를 포함해서 돌아오지 않는 자살특공대가 탔던 비행기, 돌아오지 않는 바다의 자살특공대 1인승 잠수정도 여기에 전시되어 있다.

백엔 짜리 동전 서 너 개면 누구나 입장해서 손쉽게 이용할 수 있도록 배려된 곳이다. 국민교육장으로 생각하고 있기 때문일 것이다. 2층으로 된 이 전시장의 1층 안쪽에 한 대의 대형 TV가 설치되어 있다. 야구중계나 뉴스를 볼 수 있도록 하기 위한 것이 아니다. 이 대형 TV는 항상 켜져 있다. 그리고 항상 같은 영상이 흘러나온다. 비장한 배경음악과 함께.

수 차례에 걸쳐 목격한 바이지만, 이 대형 TV의 화면을 가득 메우는 것은 '진군' 하는 일본 병사들의 모습이다. 아마 이들 중에는 야스쿠니신사에 묻혀있는 자도 있을 것이다. 천황에게 충성하는 용맹한 일본군들이 만주로, 중국 대륙으로, 남방전선으로, 태평양전선으로 속속 진격하는 것이다.

연속되는 승전보, '제국일본'의 '화려한' 승리와 감동과 감격이 화면을 주시하는 일본인들의 마음을 사로잡는다. 그들 특유의 군가는 보는 이들의 가슴을 치고 들어오며, 보는 이들의 마음을 파고 들어온다. 거기에는 조금도 침략이 없다. 귀축과 같은 제국주의자 '영국과 미국' 을 상대로 한 '진출' '진출'만이 있을 뿐이다.

그 화면을 응시하고 있노라면 군국주의 천황과 함께 했던 일본군들의 비장한 모습이 인상적으로 다가온다. 그런 생생한 박력을 이 화면은 선사하고 있는 것이다. 교과서 왜곡이 문제가 되고 있을 때, 이곳 야스쿠니 신사에서는 누구도 간섭하지 않는 역사왜곡이 공공연하게 합법적으로 이루어지고 있는 셈이다.

'죄악'의 과거사는 잊어버리고, '영광'의 노스탤지어는 계속해서 지금도 선전되고 있는 일본이다.

일본이 과거사를 진솔하게 인정하며 화해의 손을 내밀지 않는다면, 어찌해서 우리가 먼저 손을 내밀며 엎드려 절을 받을 수 있겠는가?

기구하게도 한·일 양국의 미래는 '망망한 미래'가 아니라 '답답한 과거'와의 싸움에 달려있는 셈이다.

제4부 숙명의 한·일관계, 그 애증의 뿌리

우리들 가슴 속에 있는 반일감정의 뿌리는 어디에 있을까? 1910년의 한일합방과 식민지 지배, 그때 시작된 착취와 수탈과 학살과 온갖 만행은 반일감정의 중요한 뿌리다. 민족의 혼마저 말살하고자 했던 유례없는 만행은 거기에 기름을 끼얹었었다. 곧 반일감정의 뿌리는 36년 동안 뿌려진 일제 만행에 있다. 그렇게 보면 반일감정의 뿌리는 1세기가 채 안되는 과거에 내려진 셈이다. 이 세월도 결코 짧지 않은 세월이지만, 1세기가 안되는 세월에 내려진 뿌리치고는 그 강도가 아주 깊다.

사라지지 않는 신화, '한반도 점령설'

"옛날에 한반도의 일부분은 일본땅이었다!"

만약에 이 말을 듣는 한국 사람이 있다면 누구 할 것 없이 분개할 것이다. 그리고 만약에 지금도 일본이 이렇게 가르치고 있다면 더더욱 분노할 것이다. 그러나 그들은 지금도 그렇게 가르치고 있다. 게다가 외국인까지 이런 소리를 입에 올린다면 보통 일이 아닐 것이다. 실제로 10여 년 전에 그런 일이 발생했다.

미국의 마이크로소프트(MS)사. 이 회사가 제작한 CD롬 영어백과사전 《엔카르타》는 4세기 경에 일본이 한국을 지배했다는 이른바 '임나일본부(任那日本府)'설이 실렸다. 이 사전의 한국역사편은, '미마나'로 알려진 가야는 지리적으로 한반도에 존재함에도 불구하고 일본에 지배됐다고 기술, 일본의 한반도 지배를 사실처럼 설명하고 있다. 또한 일본역사편에는 일본의 신공황후가 서기 360년 경에 군대를 정비해 한반도 남부지역을 침략·정복했다고 기술, 일본인들이 주장하는 임나일본부설을 그대로 반영하고 있다.

도대체 마이크로소프트(MS)사는 어디서 이런 정보를 얻었을까? 이 주장은 미국인들도 싫어하는 일본 우익의 주장만이 결코 아니다. 일본정부의 공식적인 견해라고 할 수 있는 교과서의 주장이기도 하다. 일본 우익의 주장을 수용할 턱이 없는 미국 마이크로소프트사, 그러나 그들에게는 일본 교과서가 있었던 것이다. 일본의 역사 교재로 가장 널리 사용되던 한 교과서에는 이런 내용이 실려 있다.

"야마토(大和) 조정은 4세기 후반부터 5세기 초에 걸쳐서 발달한 생산기술과 철 자원을 획득하기 위해 조선반도로 진출하고, 그때까지 작은 나라가 무리를 짓고 있던 한반도 남부의 변한 제국을 그 세력하에 넣었다. 이것이 미마나(任那)이다."

여전히 논의를 부르고 있는 임나정복설은 이렇게 일본 문부성이 검정한 일본사 교과서에 명백한 사실로 기술되었다. 1995년에 발간된 일본사 교과서도 묘사의 정도는 다르나 마찬가지다.

그들의 의식 속에 깊이 살아 숨쉬고 있는 임나정복설, 도대체 언제부터 그랬을까? '한반도는 일본 땅이었다!' 그들의 이 주장은 너무나 뿌리가 깊다.

한반도 지배설이 처음으로 기록된 것은 712년에 씌어진 《고사기》와 720년에 씌어진 《일본서기》라는 책이다.

이들 책은 현존하는 역사책으로는 가장 오래되고 가장 널리, 그리고 가장 오랫동안 읽혀온 책이다. 이들 책이 그런 헛소리를 기록하고 있다는 사실은 알 만한 사람은 다 안다. 《고사기》나 《일본서기》는 신공왕후가 신라 땅에 이르자마자 신라 왕은 아무런 저항도 없이 곧바로 항복해 버린다고 쓰고 있다. 혹은 이렇게도 씌어 있다.

신공황후가 이끄는 '예상밖의 강병' 출현에 신라 왕은 두려움에 떨게 되며, "동쪽에 신의 나라가 있는데 일본이라고 한다. 성스런 왕이 있으며 천황이라 한다. 필경 그 나라의 신병(神兵)일 것이다. 도무지 군대를 일으켜서 싸울 수가 없다"고 항복한다는 것이다. 한마디로 신라가 무조건 항복했다는 소리다.

그러나 이 이야기는 신라의 항복에만 머무르지 않는다. 신라가 일본에 항복했다는 얘기를 들은 고려·백제 두 나라 왕도 일본군의 세력을 엿보고 도무지 이길 수가 없음을 알고는 진 밖으로 나와서 머리를 조아리며, "금후는 오래도록 서번(西藩 : 서쪽에 있는 미개한 나라)이라 칭하고 조공이 끊이지 않도록 하겠다"고 말했다는 것이다.

도대체 누구를 통해서 고려·백제 두 나라 왕이 일본의 세력을 엿봤다고 들었는지는 몰라도, 하여튼 그런 소리를 하고 있다. 어쨌든 이 결과가 일본의 한반도 점령이라는 소리다.

1850년대에 어떤 일본인이 고대 일본의 '화려한 영광'을 발견했다고 한 것은 바로 이런 기록을 통해서였다. 메이지 유신을 전후한 한반도 침략론은 여기에 뿌리를 두고 있다. 그러나 이런 생각이 몇백 년간 단절되어 있다가 메이지 유신을 전후해서 불쑥 튀어나온 것은 아니다. 일본인들은 1천 년 이상에 걸쳐 똑같은 믿음을 가져왔다. 여기에 문제가 있다. 한반도 지배설의 영향은 너무나 뿌리가 깊었던 것이다.

9세기 말에서 10세기 초에 걸쳐 활약했던 일본의 정치가들 가운데는 뛰어난 재능이나 능력 혹은 실적에 의해 일본사에 이름을 남긴 자들이 있다. 미요시 키요유키(三善淸行)가 그 한 사람이다. 그가 남긴 업적 가운데서 가장 유명한 것이 914년에 천황에게 제출했다는 정치의견서이다. 그가 이 의견서를 제출했던 것은 국내정치가 실정을 거듭한 끝에 정국이 혼미했기 때문이었다. 그래서 그는 이 의견서의 앞머리에서 과거 일본의 정치가 얼마나 훌륭했는지를 나열하며 이렇게 말한다.

"신이 엎드려 옛날 기록을 살펴보건대, 우리 조정은 신명(神明)의 전통이 있고, 지형은 험한데 땅이 드넓으며 토양은 비옥하고 인민은 모두 부유합니다. 때문에 동쪽으로는 숙진을 평정하고, 북쪽으로는 고려를 무릎꿇게 하고, 서쪽으로는 신라를 포획하고, 남쪽으로는 오회를 신복하게 하였습니다. 삼한이 조공을 바치고 백제는 내속되었습니다."

그는 일본의 최고 통치자에게 고대 일본의 정치가 얼마나 뛰어났는지를 열거하고, 이 뛰어난 통치의 결과가 한반도 지배로 나타났다고 말한다. 그가 엎드려 살펴봤다는 옛날 기록이란 물론 《고사기》나 《일본서기》다. 일본의 한반도 지배, 그것이 곧 강대한 일본의 과거란 등식은 당대의 발언력있는 정치가의 역사인식을 뿌리깊게 구성하고 있었다.

정치의견서로서 또 하나 유명한 것은 이치조 카네라(一條兼良)라는 자가 제출한 문서다. 이 의견서는 무로마치(室町) 막부 제9대 장군인 아시카가 요시히사(足利義尙)의 자문에 응해서 정치의 요체를 설파한 문서다. 아시카가 장군이 자문을 구했던 것은 당시 발발했던 내란으로 국내정치가 혼란했기 때문이다. 앞서 본 미요시의 정치의견서가 실정을 극복하기 위한 것이었다면, 이치조가 제출한 문서는 혼란수습을 위한 정치의견서였다. 미요시의 정치의견서로부터 560여 년이 지난 1480년에 나온 문서다.

"우리나라는 신국(神國)이다. ……신공황후는 중흥의 여주(女主)이다. ……신라·백제 등을 공략해서 복종하게 만들고 일본을 일으켰다. 경하할 일이다."

신공황후의 한반도 점령 신화는 여전히 그를 사로잡고 있다. 이 두 개의 문서는 역사서가 아닌 정치의견서다. 일본의 현실 정치를 논하는 정치적 문서에 신공황후가 등장하고 있다. 게다가 그들은 이 황후에게서 강대한 일본, 일본의 중흥을 찾아내고 있다. 신공황후의 이야기는 결코 신화 속에 잠들어 있지 않았다. 오히려 각 시대에 커다란 비중을 차지하고 있던 정치가들의 역사인식을 한결같이 지배했다.

이때까지는 그래도 노골적이지 않다. 이들은 고대 기록에 대해 언급은 하고 있지만 침략의 필요성을 입에 올리고 있지는 않기 때문이다. 그러나 도쿠가와(德川) 시대에 들어서면 사정이 달라진다.

도쿠가와 시대의 일본인 가운데는 일본의 '해외발전'이나 '위대한 일본'을 입에 올리는 자가 많았다. 그런 자들도 하나같이 신공황후의 이야기를 깊게 믿고 있었다. 게다가 단지 신념에 머무른 것이 아니었다. 그들은 한발 더 나아가 한반도를 일본 발전의 발판이나 희생양으로 삼아야 한다고 노골적으로 떠들어대기 시작했다. 신공황후의 이야기는 도쿠가와 시대로 접어들면서 완전히 양상을 달리한다.

하야시 시헤이(林子平). 그는 '큰 뜻을 품은 일본의 지사들이 병사를 이끌고' 조선에 들어가는 경우에 대비해서 아예 지도를 담은 책을 출판하고 있다. 그는 자기가 저술한 책이 애초부터 한반도와 주변 영토에 대한 군사적 무력진출을 염두에 둔 것임을 명백히 하고 있다. 그런 하야시에게도 신공황후의 이야기는 예외없이 신봉되고 있다. 그는 1785년에 출판한 《삼국통람도설》(조선편)에서 이렇게 말하고 나선다.

"신공황후의 삼한정벌 이래 이 나라는 대대로 일본에 조공을 바쳐 왔다."

1년 후에 출판한 《해국병담》에서도 사정은 마찬가지다. 조선에 대한 무력진출에 대비하던 그에게 신공황후의 과거는 하나의 상징이었다. 임진왜란이 지난 지 180여 년, 한일합방으로부터 약 150여 년 전, 하야시 시헤이는 일찍부터 한반도 진출을 다시 꿈꾸기 시작한다. 죽지 않는 신화는 계속된 것이다. 신공황후에 빗댄 완벽한 침략론은 일본이 위기에 처하면서 대두되기 시작한다.

요시다 쇼우잉(吉田松陰). 1850년대에 '삼한정복설'에서 '고대 일본의 영광'을 발견했다고 떠들었던 자다. 그는 자신의 약점이 일본 역사에 무지하다는 데 있다는 사실을 깨닫고 일본의 역사를 공부하게 된다. 그는 이 공부를 통해서 '고대 성스런 천황'이 주변 지역을 정복했던 역사에 접하고 '이것이 다름아닌 황국(일본)이 황국인 까닭'이라고 절감했다고 쓴다.

그중에서도 그에게 가장 강렬한 인상을 남긴 것은 신공황후의 이야기였다. 《일본서기》를 펼쳐본 그는 신공황후가 국가를 통일하고, 그 흘러넘치는 힘으로 바다를 건너서 한반도의 남쪽을 점령하고, 아시아의 강대국이었던 고구려나 중국과 당당하게 대결했던 기록에 접하게 된다. 그 속에서 그가 발견했다는 것은 '너무나 훌륭한 고대 일본'이었다.

그는 신공황후의 이야기에서 심대한 영향을 받게 된다. 서구열강이 일본을 압박하고 있다고 느낀 그가 조선을 복속시켜야 한다고 주장한 것은 그 때문이었다. 그는 말한다.

"일본의 국력을 배양해서 빼앗기 쉬운 조선, 만주, 지나(중국)를 복속시키고, 교역을 통해서 러시아와 미국에게 빼앗긴 부분을 조선과 만주의 토지를 통해서 메워야 한다."

그가 발견한 '너무나 훌륭한 고대 일본'을 재현시키기 위해서는 조선침략이 불가피하다고 떠들고 나선 것이다. 대한해협의 파도는 급작스럽게 출렁이기 시작한다. 이 파도가 한반도를 덮치기 직전까지 갔던 것이 이른바 1870년대 초반에 있었던 '정한론(征韓論)'이었다. 한국을 '정벌'하자는 논쟁이다.

메이지 유신으로부터 불과 몇 년도 지나지 않은 1870년, 일본 정계는 조선을 정벌해야 된다는 논쟁 속으로 휘말려 들어간다. 이 논쟁에 불을 붙인 자는 사다 하쿠보(佐田白茅)라는 무사였다. 사다 하쿠보는 두 차례에 걸쳐 정부에 건백서를 제출한 적이 있었다. 거기에는 이런 내용이 들어 있다.

"옛날 일본의 역사를 살펴보면 조선정벌에 관한 기록이 우리 일본에 관한 기사보다도 많을 정도이다. 그만큼 관계가 깊은 때문이지만, 조선이 예전과 같이 조공을 바치게 해야 한다."

골자는 조선을 빨리 침략해야 된다는 것이다. 외무성은 그의 의견을 받아들인다. 그리고 그에게 떨어진 것은 첩보활동을 위한 조선출장 명령이다. 그는 이 첩보활동을 결산하여 1870년 3월에 세 번째 의견서를 제출하는데, 일본 정계가 이를 둘러싼 논쟁으로 달아오른 것은 물론이다. 이 논쟁에서도 신공황후는 예외없이 등장한다.

"신공황후의 한반도 정복은 모든 세상 사람들이 위업이라고 칭한다. 또한 황후의 한반도 정복을 통해서 우리 일본의 번영을 이뤘다." 혹은 "조선이 우리 일본에 예속됐던 것은 이미 옛날 역사에 확연히 드러나는 바이다."

신공황후의 이야기는 이 논쟁에 불을 붙인 학구부만이 아니라, 이 논쟁에 참가했던 많은 정치가들의 이론적 근거를 제공하고 있다. 일본정부도 마찬가지다. 일본 외무성은 1870년 4월에 3개항에 걸친 조선정책을 준비하고 있었다. 그중에 한 가지 항목은 이렇게 되어 있다.

"조선에 사절을 파견하고, 만약에 조선측이 이를 거절하는 경우에는 군사력을 동원해서 굴복시킬 것. 군 동원에는 10만 냥이라는 거금이 필요하고 일의 성사도 단정하기는 어렵다. 그러나 신공황후의 업적을 이어받는다는 의미에서 결코 명분없는 행동은 되지 않을 것이다."

일본정부는 자국의 국가방침을 결정하는 데 있어서까지 신공황후를 끄집어내고 있다. 신공황후의 이야기는 그만큼 꺼지지 않는 신화였다.

신공황후의 이야기는 머나먼 고대에서부터 적어도 메이지 초기에 이르기까지 1천여 년 이상의 오랜 세월에 걸쳐 살아숨쉬고 있었다. 때로는 노골적으로, 때로는 잠재적으로 반드시 얼굴을 내밀고 있다. 지금도 일본의 교과서 속에 살아숨쉬고 있는 것처럼.

그리고 이 신공황후에 얽힌 이야기가 일본에 거주했던 외국인에게도 널리 알려졌던 것은 물론이다. 도쿠가와 시대 때, 일본에 거주했던 서양인들의 기록 속에도 신공황후는 한반도를 정복한 자로 등장하며, 1945년 패전 후에 일본에 체류했던 서양인의 기록 속에도 신공황후는 변함없이 그렇게 기술되어 있다.

그러나 누구 하나 과학적으로 그것을 확인한 것은 아니다. 이들 서양인들은 일본의 역사책을 통해서 그런 '정보'를 얻고 있을 뿐이었다. 1826년에 시볼트라는 서양인이 쓴 책에는 이런 기술이 있다.

"250년에 일본의 연대기는 일본의 모든 지방에 있는 가도 건설을 언급하고 있다. 이는 신공황후가 신라에 군대를 진출시킨 그 시대였다."

혹은 1830년대에 씌어진 어느 서양인의 책에도 '201년에 신공황후가 직접 출진해서 정복한 조선인'이니 '여제 신공황후가 3세기 초엽에 조선인에 대해 대승리했다'라는 대목이 보인다.

메이지 유신이 지난 1869년에 씌어진 외국인 선교사의 글도 마찬가지다. 그가 남긴 책에도 "일본의 천황은 조선을 정복해서 일본인들에게 군사적 영예심을 심어줬다"고 되어 있는데, 여기서 말하는 일본의 천황은 결국 신공황후이다. 일본측의 일방적인 정보를 담은 이 책들은 그 당시 이미 서양에서 출판되었다. 검증을 거치지 않은 신공황후에 얽힌 정보는 이를 통해서 서양인들에게 알려질 수밖에 없었다.

중국인도 예외가 아니었다. 《사의 조선책략》 저자로 유명한 황준헌이 출판한 책에는 이렇게 씌어 있다.

"신공황후가 신라에 당도하자 신라왕은 스스로를 포박해서 항복했다. 황후는 신라의 창고를 자기 것으로 하고, 모든 문서를 압수해서 개선했다."

황준헌의 눈에 비친 신공황후의 위력은 엄청났던 모양이다. 그는 이렇게도 쓰고 있다.

"일본의 고금 영웅 가운데서도 최고는 도요토미 히데요시이다. 그러나 내가 보기에는 검은 얼굴을 한 저 작은 원숭이(도요토미 히데요시)도 이 할멈(신공황후) 앞에 나선다면 몸을 웅크려서 꼼짝도 못할 것이다."

물론 황준헌도 일본의 역사책을 통해서 신공황후의 이야기를 접했다. 그가 쓴 신공황후 이야기는 《일본서기》의 완전한 복사판이기 때문이다. 그래서 문제는 심각하다. 그가 쓴 책이 중국에서 널리 읽혔기 때문이다. 그의 책을 접한 중국인들이 어떤 생각을 품게 되었는지는 상상이 가고도 남는다.

마이크로소프트사도 이 '할멈'에 얽힌 설화를 그냥 받아들였다. 편견에 대한 시정은 중요한 문제다. 마이크로소프트사는 한국의 이유있는 항의를 수용하고 개정의사를 밝혔다. 검증되지도 않은 일방적인 정보를 실었던만큼 당연한 조치다. 그러나 그 이상으로 우리에게 중요한 것은 1천 년 이상이나 꺼지지 않았던 이 '할멈'에 얽힌 신화의 행방이다. 어딘가에 잠복되어 있다면, 우리는 이 할멈을 숭상하는 위험한 무리들을 주시해야만 한다.

독도분쟁의 겉과 속

한 · 일간에 늘 일본이 툭치고 빠지는 게 있다. 독도 문제다. 그러나 가만히 지켜보면 독도만이 아니다. 일본은 러시아에 대해서는 북방열도 문제를 치고 들어가고, 중국과 대만에 대해서는 센카쿠 열도(釣魚島) 문제를 걸고 들어간다. 독도 문제는 그 가운데 하나다.

그들은 왜 때만 되면 독도 문제를 치고 빠질까? 일본 어민의 이권을 보호하기 위해서인가? 집권여당으로 표를 얻기 위해서는 그도 그럴 성싶다. 그러나 그것만은 아닐 것같다. 일본에는 지극히 매사를 전략적으로 보는 정치가들이 많이 있다. 과거에는 홋카이도나 오키나와에 대해서 선제점령을 주장한 그들이었다. 왜냐하면 홋카이도는 일본의 입술로 보이고, 오키나와는 일본의 목젖으로 보였기 때문이다. 이곳을 잃는다면 일본이라는 이빨은 추울 수밖에 없는 탓이다.

만일 지금도 그들이 예전처럼 주변지역을 전략적으로 파악하고 있다면, 독도 문제를 치고 빠지는 그들의 의도에는 전략적 계산이 있다. 그렇다면 독도는 일본 어민의 생계문제라는 경제 차원이 아니라, 그 이상의 필요에 의해 거론되고 있는 것이다. 오래 전 일본의 정치가들이 그렇게 했던 것처럼.

1870년 7월, 일본의 외무성 고위관리 야나기와라 사키미츠(柳原前光)는 〈조선논고(朝鮮論稿)〉라는 글을 발표했다. 한반도를 논한 내용이다. 그는 거기서 이런 말을 했다.

"일본은 바다 한 가운데 고립되어 있는 큰 섬이다. 때문에 설령 앞으로 충분한 병비를 갖춘다 하더라도 오래도록 각국과 다투며 국위를 넓히기에는 너무나 어렵다고 생각한다. 그러나 조선은, 북쪽으로는 만주와 이어져 있고, 서쪽으로는 청나라에 접해 있다. 이를 복속시키면 실로 일본 보전의 기초가 되며, 훗날 만국을 진취적으로 경략하는 데 기본이 될 것이다. 그러나 만약에 다른 나라에 의해서 조선을 선점당하면, 그 길로 일본의 운명은 끝난 것이나 마찬가지다. ……러시아는 만주 동북을 잠식하고, 그 위세가 마치 조선을 삼키려 하고 있다. 이것이 일본이 단 한시도 가볍게 봐서는 안되는 때임을 말해주는 것이다."

한반도에 대한 일본 외무성 고위관리의 관심은 조금도 경제적인 것이 아니었다. 그의 눈에 비친 조선은 일차적으로 '일본 보전의 기초'가 되고, '만국 경략의 기본'이 되는 지역이다. 한반도는 그에게 전략적 요충지로만 비친 것이다. 물론 그만이 아니다. 1875년 1월에 에노모토 타케아키(榎本武揚)는 〈사할린 문제·조선정책에 대한 의견서〉를 제출한다. 그도 조선을 지극히 전략적으로 본다.

"러시아가 조선 국경에서부터 만주 해안이라는 새로운 영지에 있는 만큼 일본의 변경 방비를 위한 요충지는 일본의 목젖에 해당하는 쓰시마섬과 그 건너편인 조선 해안에 있다. ……만일 러시아로 하여금 쓰시마섬 건너편에 있는 조선의 한 지역에 전진기지를 차지하게 했을 때는 해양 방어를 위한 일본의 큰 목적을 잃어버리게 될 것이다."

에노모토는 이로부터 1년이 지난 1876년 외무장관에게 보낸 편지에서도 이렇게 말하고 있다.

"조선은 일본에게 있어 경제적으로는 실익이 아주 적다. 그러나 정치적·전략적인 관점에서 볼 때는 상당히 중요하다."

일본의 목젖인 쓰시마 섬, 그리고 그 건너편에 있는 한반도 해안. 일본의 정치가는 이곳을 자국의 운명을 결정짓는 곳으로 중시하고 있었다. 한반도는 애초부터 전략적 요충지였던 것이다. 이런 주장이 단지 일개 정치가의 소견에 머물렀다면 문제의 심각성은 많이 달라졌을 것이다. 그러나 그렇지 않았다. 일본의 정치권력도 전략적 관점에서 한반도를 중시하기는 마찬가지였기 때문이다.

일본 군부의 대부로서 이토 히로부미와 더불어 일본 정계의 쌍벽을 이루고 두 차례에 걸쳐 수상을 역임했던 야마카타 아리토모(山縣有朋). 그는 1890년에 밝힌 〈외교정략론〉에서 이런 주장을 했다.

"조선이 타국에 의해 점령당하게 되면 쓰시마 섬이라는 일본의 머리 위에 칼날을 늘어뜨린 거나 마찬가지 형세를 면치 못한다."

그래서 그는 일본이 '독립자위의 길'을 확보하기 위해서는 '주권선(일본 영토)' 안전과 밀접한 관련을 갖는 '이익선(조선)'을 지키지 않으면 안된다고 강조하고 나선다.

그는 1890년 12월 6일 개최된 제1회 제국의회 중의원 회의에서도 수상의 자격으로 '시정방침 연설'을 행한다. 일본의 중요한 국가방침을 밝히는 자리다. 그의 연설은 이렇다.

"일국의 독립을 유지하기 위해서는 주권선을 지키는 것만으로는 결코 충분하다고 말할 수 없으며, 반드시 이익선(조선)을 보호하지 않으면 안된다."

야마가타 수상은 '이익선(조선) 보호'라는 명분으로 거액의 육·해군 예산을 요구하게 된다. 그가 요구한 예산안이 통과된 것은 물론이다. 청·일전쟁이 발발하기 불과 4년 전의 일이었다.

결국 청·일전쟁은 '주권선'인 일본을 지키기 위한 조선 침략이었다. 그들은 입으로는 '조선의 독립'을 떠들어댔다. 그러나 실상은 오직 일본의 '안전'만을 위한 것에 지나지 않았다.

청·일전쟁이 끝난 1년 뒤에는 러시아와 하나의 비밀약속을 했다. 한반도에 러시아와 일본의 완충지대를 설정한다는 내용이다. 일본의 머리 위에 칼날이 드리워지는 것을 막기 위해 아예 한반도를 중립지대로 만들고자 했다. 1890년에 야마카타가 주장했던 것도 바로 그것이었다. 그는 이때 이미 '일본의 이해와 관련된 가장 긴급하고 절실한 것은 바로 조선의 중립'이라고 강조하고 있었기 때문이다.

1900년에 두 번째로 수상을 맡게 된 야마카타는 여기서 한발 더 나간다. 한반도 침략을 공공연히 입에 올리고 나선 것이다. 그는 북경에서 발생한 의화단 사건의 대책을 논한 〈북청사변 선후책(善後策)〉(1900년 8월 20일)에서 이런 주장을 하고 나섰다.

"조선을 일본의 세력구역으로 삼으려면 먼저 러시아와 전쟁할 결심이 없으면 안된다."

그러나 아직은 시기가 아니라고 본 그는, 한반도는 현상을 고수하고 남쪽으로 밀고 내려가자고 제안한다. 이른바 북수남진(北守南進)이라는 국시다. 3년 후에 결정된 〈대청한(對淸韓) 방침〉(중국 청나라와 한국에 대한 방침, 1903년 12월 30일)에서 "일본 대외정책의 대방침……북쪽은 한국의 독립을 옹호해서 제국 방위의 의도를 완수하고, 남쪽은 중국의 복건성을 입각점으로 해서 청나라 남쪽지방을 일본의 이익권 내로 편입시키는 데 있다. ……이는 실로 일본 대외정책의 2대 정강"이라고 했던 것도 '북수남진(北守南進)'이라는 국시를 반영한 것이었다.

그렇다고 이때 그들이 한반도에 대한 무력침략을 포기했던 것은 아니었다. 왜냐하면 같은 〈대청한(對淸韓) 방침〉 안에서 그들은 이렇게 쓰고 있었기 때문이다.

"어떠한 경우에 직면할지라도 실력을 행사해서 한국을 일본의 권세하에 두지 않으면 안된다는 것은 물론이나, 가능하면 대의명분을 얻는 것을 득책으로 한다. ……한반도는 직·간접적으로 국방문제와 많은 관계를 지니므로 한국에 대한 정책은 군사상의 문제와 아울러 고찰해서 제국이 취해야 할 방책을 결정하지 않으면 안될 것이다."

이건 그들이 내각회의를 거쳐서 결정한 사항이었다.

1903년 12월에 이미 일본 내각은 어떤 경우에 직면할지라도 한반도를 일본의 세력권 내에 편입시킨다는 국책을 결정하고 있었다. 이로부터 불과 2개월 후에 서울에서 조인된 〈한일의정서〉(1904년 2월 23일)라는 것이 있다. 〈한일의정서〉 제3조에서 그들은 이런 약속을 하고 있다. "대일본제국 정부는 대한제국의 독립 및 영토보전을 확실히 보증할 것."

불과 2개월 전에는 한반도에 대한 무력행사도 불사한다는 국책을 내각의 이름으로 결정한 그들이었다. 그런데도 그들은 자기손으로 작성한 외교문서에서 이처럼 앞뒤가 맞지 않는 거짓말을 늘어놓고 있다.

전략적 사고에만 능한 그들이다. 못할 게 뭐 있겠는가 싶다. 그래도 혹시 2개월 전에는 무력을 쓰겠다고 생각했지만, 2개월이 지난 뒤에는 마음이 변해서 '대일본제국 정부는 대한제국의 독립 및 영토보전을 확실히 보증'할 마음이 진짜로 생긴 것일까? 아니다.

그들은 애초부터 거짓말을 했고, 또 거짓말을 하고 나섰다. 1904년 2월 23일에 체결된 〈한일의정서〉에서 한반도의 독립과 영토를 보전하겠다고 약속한 지 3개월이 지난 1904년 5월 31일, 그들은 또 다시 내각회의를 통해서 한반도에 관한 하나의 결정을 내렸다. 그들이 내린 결정이란 이런 거였다.

"군사전략상 일본이 필요로 하는 한국의 내륙지방 및 연안지역을 수용하는 것은 국방상 불가결한 것이다."

이제 마각을 드러내 그들은 일본정부의 이름으로 한반도 침략을 국책화한 것이다.

1903년 12월 30일(대청한〔對淸韓〕방침)에서 1904년 5월 31일에 이르는 불과 5개월 사이에 공약(空約)에 공약, 식언(食言)에 식언, 기만에 기만을 거듭한 그들이었다.

한반도를 제압당하면 일본이 위험하다! 홋카이도가, 오키나와가 그랬던 것처럼 한반도도 그들에게는 이빨이 차가워지는 것을 막아주는 일본의 입술이었다. 선제점령하라! 그래서 그들은 일본열도를 호위할 요새를 구축하기 위해 밖으로 밖으로만 향했다.

독도! 만사를 전략적으로만 생각했던 그들의 과거사를 감안하지 않을 수 없다. 만일 그렇다면 그들은 이곳을 제압당하면 일본의 등덜미 위에 칼날이 늘어뜨려지는 것으로 판단하고 있을지도 모른다. 독도에 대한 끊임없는 영유권 주장, 그 안에 숨을 죽이고 있을 모종의 전략적 의도를 우리는 끊임없이 경계해야 한다.

빼앗길 수 없는 조선

시데하라 키쥬로(幣原喜重郎)라는 인물이 있다. 그는 일본이 무조건 항복하기 이전에는 '평화외교'를 주도했던 명 외교관으로 알려져 있는 인물이다. 패전 전에는 네 차례에 걸쳐 외무대신을 역임했고, 패전 후에는 히가시쿠니(東久彌) 내각의 뒤를 이어 총리대신이라는 내각수반의 지위에 오르는 등 비중있는 정치가로 존재해 왔다.

이 시데하라가 1945년 8월 15일 패전을 선언하는 천황의 방송을 듣고는 즉시 귀가해서 작성했다는 한 문서가 있다. 〈종전선후책(終戰善後策)〉이라는 문서다. 그는 이 문서 안에서 이런 주장을 하고 있다.

"1870년에 프랑스가 알사스·로렌 두 지방을 독일(당시는 프로이센)에 빼앗겼다. 당시 프랑스 정치가 감베타는 자국 국민에게 이 땅을 도로 회복할 때까지 항상 이 사실을 염두에 두고, 이를 화제로 삼지는 말라고 가르쳤다. 지금 일본도 그때의 프랑스처럼 조선과 대만 등지를 빼앗길 운명에 처해 있다. 우리 일본인들도 조선을 빼앗긴 사실을 염두에 둬야 할 것이고, 그 땅을 회복할 때까지는 이를 화제로 삼지 않도록 해야 한다."

시데하라는 한반도를 일본의 '잃어버린 땅'으로 간주하고 있었던 것이다. 이런 주장이 하나같이 황당무계한 일본 국수주의자들의 입에서 나온 말이라면 한쪽 귀로 듣고 흘릴 수도 있다. 황당하기는 지금도 마찬가지지만, 국수주의자들은 매사에 그렇기 때문이다. 그러나 사정은 그렇지 않다. 시데하라라는 자는 그래도 일국의 외무장관과 수상까지 지낸 인물이다. 그런데도 패망이 결정된 바로 직후에 씌어진 그의 글은 이렇다.

프랑스는 결국 잃어버린 자국의 영토를 회복한다. 알사스·로렌 두 지방은 본디 프랑스 땅인지라 언젠가는 독일로부터 반드시 되찾아야 하는 프랑스의 잃어버린 땅이었다. 그러나 만약에 독일이 원래의 주인인 프랑스에게 돌려주게 된 이 지방을 자기들의 '잃어버린 땅'이라고 재탈환을 선언한다면 이는 심각한 도전이 될 것이다.

그런데 시데하라란 일본의 책임있는 정치가는 한반도를 '잃어버린 땅'으로 간주하고, 다시 탈환할 때까지 와신상담할 것을 부르짖었다. 패전 당일 주변 국가에 대한 과거의 침탈을 반성하기는커녕, 일본의 비중있고 책임있는 한 정치가는 이렇게도 뻔뻔스러웠던 것이다.

시데하라의 이런 생각은 결코 그 혼자만의 생각이 아니었다. 일본의 국가권력이 통째로 그렇게 생각했다. 태평양전쟁을 전후해서부터 그들은 한반도에 대해 너무나 강렬한 집착을 보였던 것이다.

1941년 2월 3일, 일본정부와 군부 사이에 중요한 연락간담회가 개최되었다. 1939년 2월, 인도차이나 반도에 가까운 중국의 하이난 섬(海南島)을 점령한 일본군은 1940년 9월에는 인도차이나 반도 북부지역으로 진격했다. 그들은 1940년 7월 27일 〈세계정세 추이에 따른 시국 처리요강〉을 정했는데, 이미 거기서 인도차이나 반도와 동남아시아에 대해서는 '호기를 포착해서 무력을 행사한다'고 결정했다.

또한 경우에 따라서는 동남아 국가에 대해 '우호적인 조치를 취해 일본에 동조하게 만든다'는 복안도 준비했다. 인도차이나 반도 북부지역으로 무력 진격한 것은 그들이 정한 국책에 따른 것이었다. 그리고 1941년 1월 30일, 정부와 군부간 연락회의에서 결정된 남방방침은 인도차이나 반도와 태국에 대해 '위압을 가하고 어쩔 수 없는 경우에는 무력을 행사한다'고 결정한다.

1941년 2월에 열린 이 연락간담회는 일제의 남방 침략에 따른 동남아시아 대책을 논의하기 위한 자리였다. 이 자리에서 외무장관이던 마츠오카 요우스케(松岡洋右)는 이런 내용의 발언을 한다.

"대동아공영권 지역에 있는 거주 민족은 독립을 유지시키거나 또는 독립시키는 것을 원칙으로 한다."

무력침략을 감행하고 있던 그들에게는 이들 민족을 정략적으로 회유할 필요를 느꼈다. 이에 대해 육군은 이렇게 응답한다.

"민족 독립에 관한 건은 조선하고도 관련된 문제인만큼 신중을 요한다."

정부의 외교방침에 군부가 문제를 제기하고 나선 것이다. 특히 군부가 문제시한 것은 조선 독립의 우려였다. 그들은 조선 독립을 꺼렸다. 이에 외무장관은 이렇게 화답한다.

"이 외교방침은 일본의 백년대계를 생각한 결과이다. 조선에 관한 건은 알고 있다."

외무장관 마츠오카는 군부의 우려에 동감했다. 결론은 간단하다. 동남아 국가를 독립국으로 할 수는 있다. 그러나 그렇게 되면 조선에 미치는 영향이 염려된다는 것이다. 동남아 국가를 독립국으로 할 것인가 하는 문제는 조선문제에 의해 결정되었던 것이다. 물론 결론은 반대였다. 곧 당시 일본을 실질적으로 통치하던 군부는 조선 독립을 전혀 고려하고 있지 않았다.

이와 유사한 발언은 9개월 후에 다시 행해진다. 태평양전쟁을 불과 1개월 정도 앞둔 1941년 11월 1일의 일이다. 이 날 일본정부와 군부 사이에는 대본영ㆍ정부연락회의가 열렸다. 미국에 대한 대응문제가 초미의 과제로 부상하고 있던 때였다. 4개월 전인 1941년 7월 25일 미국은 인도차이나 반도 남부지방까지 무력 진격한 일본에 대항해서 미국에 있는 일본 자산을 동결시켜버렸다.

물론 그 전인 1940년 7월과 9월에도 미국은 일본의 남방 침략에 대한 보복조치로 항공기용 가솔린과 철 수출금지를 단행했다. 경제제재라는 총성없는 본격적 충돌이 전개되기 시작한 것이다. 주요 자원을 미국에 의존하고 있던 일본에게는 미국의 조치가 심각할 수밖에 없었다. 대본영ㆍ정부연락회의는 이 때문에 마련된 것이다.

당시 수상 도조 히데키(東條英樹)는 이 회의에서 미국에 대한 대응책으로 ①와신상담을 할 것인지, ②개전 결의를 하고 작전으로 옮길 것인지, ③개전 결심을 하면서 동시에 외교적인 대응을 취할 것인지, 세 가지 방법 이외에 다른 길은 없다고 설파한다.

이 제안을 둘러싸고 3일 후에 열린 내각회의에서 도조 수상은 이런 발언을 행한다. '제1안 와신상담'의 경우 "적의 병력은 점점 증가되고 방비도 늘어가는 데 반해, 일본의 작전자재는 격감하고 사기는 저하된다. 점령지 주민의 모멸을 부르고 치안에도 영향을 미치게 되며, 게다가 만주ㆍ조선에도 이같은 영향을 미칠 우려가 있다."

조선문제가 계속 그들의 머리를 지배하고 있던 것이다. 결국 이 안은 포기되고 만다. 조선에 영향을 미치는 방침이라면 그들은 받아들일 수 없었던 것이다.

이처럼 제2차 세계대전이라는 미증유의 국제정세 변화는 일본으로 하여금 한반도 문제를 새삼 검토하게 만들었다. 그러나 한반도를 확고하게 유지하겠다는 그들의 국가정책은 조금도 변함이 없었다. 그리고 기습적인 진주만 공격과 태평양전쟁의 개시다.

그들이 한반도 문제를 다시 언급하고 나선 것은 전황이 불리하게 전개되기 시작한 뒤부터다. 단 한 발의 폭탄도 떨어지지 않았던 한반도가 1944년 10월 미국의 필리핀 탈환과 동시에 전쟁터로 바뀌기 시작한다. 1944년 10월 26일 조선방위를 담당한 본부장은 "드디어 조선도 공습을 받았다"는 담화를 발표하기에 이른다. 한반도의 상황도 급속히 악화되기 시작했다. 그리고 1945년 2월 7일자 〈경성일보〉는 한반도를 북선(함경도), 서선(평안도), 중선(경기, 강원, 황해도), 남선(경상, 전라도)의 4방면으로 구분한 방공(防空)지구 해설기사를 게재하기에 이른다.

1944년 10월 이후의 전황 악화는 숨길 수 없는 것이었다. 그리고 이미 1944년 7월 2일에도 일본의 대본영 참모본부 내에서는 "금후 제국은 작전상 대세를 만회할 가능성이 없고, ……속히 전쟁 종결을 기도해야 한다"는 최초의 종전 견해가 제기될 정도였다.

이어서 열린 1944년 8월 19일 최고전쟁지도회의(1944년 8월 4일 설치 결정)에서도 1944년 말엽까지는 미군의 일본 상륙이 있을지 모른다고 예상했고, 일본과 남방지역의 분단 및 경시할 수 없는 공습피해 등을 상정했다. 1945년 2월 6일에는 '본토결전'에 대한 최초의 복안이 제출되고, 그 다음날에는 천황 히로히토의 이름으로 '본토 방위에 관한 대명(大命)'이 떨어졌다. 전황 악화에 따른 일본의 마지막 선택이 재촉되었다.

일본의 한반도 종전대책도 전황이 급박해져 가는 1944년부터 전개되기 시작한다. 1944년 8월 8일 개최된 최고전쟁지도회의 석상에는 이런 문서가 배포되었다. 〈소련과의 교섭에서 일본이 양보해야 될 조건〉이라는 문서였다.

소련이 참전하게 되면 일본에게는 최후의 일격이 될 수 있다는 위기의식에서, 가능한 한 소련에게 부드러운 제스처를 취하고자 획책한다. 그래서 그들은 남사할린을 소련에 양도한다거나, 만주는 소련에 대해서 비무장지대로 하든가, 아니면 만주 북반부를 소련에 양도한다는 유화책을 준비한다. 사할린이 러 · 일전쟁의 결과로 일본이 점거한 영토인 점을 고려한다면, 40여 년 전인 1905년 이전과 거의 비슷한 상태로 돌아갈 수 있다는 각오였다.

그렇게까지 기고만장하던 일본의 비참한 후퇴였다. 그러나 그들의 콧대가 꺾인 것은 오직 러시아에 대해서였다. 그들은 같은 회의석상에서 이런 결정을 했다.

"조선인과 일본인에 대해서는 철저한 황민강화를 도모한다. 이를 위해 제국신민으로서의 권리와 의무는 부여하되, 독립운동에 대해서는 준열한 탄압을 가한다."

즉 패전 1년 전인 1944년 8월 8일 시점에서 일본은 한반도 독립문제에 대한 거론은 고사하고, 거꾸로 독립운동을 준열히 탄압한다고 결의했다. 그들은 조선을 고수해야 한다는 의지를 명백히 한 것이다.

이런 생각은 해가 바뀐 1945년 5월 5일에 다시 나타난다. 당시 대본영 참모본부 내에서는 중국과 만주문제를 둘러싼 두 가지 의견이 대립되었다. 이미 전년도 11월부터 미공군 B-29의 일본 폭격이 개시되고, 1945년 4월에는 오키나와에 미군이 상륙했다. 승패는 이미 갈려 있었다. 그런데도 그들은 작전계획을 짰다. 무슨 작전계획이었을까?

하나는 소련과 만주 국경 가까운데서 소련을 격퇴시켜야 한다는 것이었고, 다른 하나는 압록강까지 후퇴해서 '황토(皇土) 조선의 확보'에 전

넘해야 한다는 주장이었다. 조선은 포기하지 않았다. 결국 그들은 승패가 확연히 갈린 마당에서도 현상태를 유지하는 '대지구(大持久) 전략을 근본방침'으로 한다는 무모한 결정을 내렸다.

그로부터 9일 뒤인 1945년 5월 14일, 최고전쟁지도회의. 이 회의에서 그들은 소련에 대해 완전히 비참한 각오를 하게 된다. 소련의 대일 참전을 막기 위한 마지막 발버둥이었다. 즉 일본은 소련에게 남사할린의 반환, 그 지역에서의 어업권 포기, 소련에 대한 츠가루 해협(일본의 本州와 홋카이도 사이의 해협)의 개방, 북만주에 있는 모든 철도의 양도, 여순·대련의 조차, 그리고 경우에 따라서는 일본 영토로 되어 있던 치시마(千島) 열도의 북반을 양도하는 것도 어쩔 수 없다고 결정했다. 천황 히로히토까지 앉은 자리에서 이런 결정이 내려졌다면 일본은 갈 데까지 다 간 것이다.

그런 와중에서도 일본이 악착같이 매달린 것이 있다. 한반도였다. 그들은 소련에 대해서는 모든 것을 양보하면서도 단 조선은 일본에 유보시키도록 하며, 남만주는 중립지대로 하는 등 가능한 한 만주제국의 독립이 유지되도록 할 것이라는 단서를 달고 나섰다. 질겨도 너무 질긴 조선 집착이다.

그들의 조선 집착은 완강했다. 같은 달인 1945년 5월 경, 스위스에서 일본과 미국 사이에 외교교섭이 전개되었다. 스위스 주재 무관 후지무라(藤村) 중령과 아렌 달레스간의 화평 공작이다. 일본은 후지무라를 통해 미국과의 단독강화를 타진했다.

그 과정에서 일본은 미국측에 세 가지 조건을 제시한다. 하나는 천황 주권을 유지하는 것이고, 또 하나는 일본이 섬나라이고 일상생활 그 자체가 바다를 떠나서는 불가능하기 때문에 현재 남아 있는 상선은 그대로 일본에 남겨둘 것. 여기까지는 패전 후에도 상당 부분 실현된 것이기도 하다. 문제는 세 번째로 내건 조건이다. 그들이 내건 마지막 조건은 이렇다.

"대만과 조선을 그대로 둘 것. 대만과 조선은 일본의 영지로 되어 있기 때문에 문화적으로도 경제적으로도 상당히 진보했다. 이는 마치 뉴멕시코가 미국에 편입된 후 좋아졌던 것과 마찬가지이다. 게다가 대만과 조선은 일본의 식량자원으로서 없어서는 안될 지역이다. 즉 일본인이 살기 위해서 필요하기 때문에 남겨주길 바란다."

일본의 식민지 지배는 한국에게도 많은 공헌을 했다는 일본인들의 망언은 벌써 이 시기부터 떠벌려지고 있다. 이런 요구를 일본은 외교창구를 통해서 정식으로 제안했으니 뻔뻔스럽기 그지없다. 게다가 뉴멕시코를 위해서 미국이 공헌했다는 미국 예찬까지 들먹이면서. 이 제안에 대해 미국측은 묵묵부답이었다. 이처럼 일본은 1945년 5월 시점에서도 한반도 고수를 완강하게 견지했다.

이로부터 1개월이 경과한 1945년 7월 26일, 포츠담 선언이 발표된다. 일본은 8월 10일 "천황의 국가통치대권을 변경하는 요구가 포함되어 있지 않다는 양해 하에 제국정부는 이 선언을 수락한다"고 항복의사를 전달한다. 이 사실이 보도를 통해서 세계에 알려진 순간, 런던에서는 대낮에 수많은 인파가 대로로 몰려나와 춤을 추며 종전을 기뻐했다. 한편 미국에서는 트루먼 대통령이 아침식사를 끝내자마자 휴식도 없이 곧바로 서재로 들어갔고, 뒤이어 스팀슨 육군장관과 번스 국무장관이 백악관으로 달려와 회의를 열었다.

전세계에서 평화의 종이 울려퍼진 그때, 일본의 모든 대중과 일본군들은 여전히 총검과 죽창을 손에 들고 언제 덮칠지 모를 적에 대비해 바짝 긴장된 시간을 보냈다. 그러나 머지않아 그들의 귀에 들린 것은 미군을 향한 돌격이라는 전투신호가 아니라 히로히토의 항복방송이었다.

해방된 한반도에, 패전국 일본이었다. 그러나 그들은 한반도를 손에서 놓으려 하지 않았다. 패전 이틀 뒤인 1945년 8월 17일, 조선군 관구 참모장은 관동군 참모장, 차장, 차관에게 한 통의 전문을 보냈다.

"조선은 여전히 황토(皇土 : 일본의 영토)임을 깊이 새겨서 가벼이 이를 방기하는 언동을 취하거나 또는 제3자에게 그와 같은 인상을 주지 않도록 엄히 주의함."

총독부의 일장기도 내리지 않고 있던 그들이었지만, 진짜 문제는 그게 아니었다. 그들이 항복을 선언한 후에도 '조선=일본 영토'라는 인식은 여전했던 게 더 문제였다. 8월 20일 조선총독부 정무총감이 발표한 담화문도 마찬가지다.

"이번의 정전상태는 일본이 미 · 영 · 소 · 중 4개국간의 전투행위를 일시에 정지한 사태로써, ……조선의 사태는 금후 일본과 공동선언을 한 상대국간의 담합에 따른 쌍방의 합의에 의해 처음으로 통치권 수수가 이루어지며…… 그때까지는 조선에 대한 일본의 통치권은 엄연히 존재하며, 그 동안 총독부는 통치에 대한 모든 책임을 지며……"

8월 21일 발표된 조선군 관구 참모부장과 정보과장의 담화는 더 노골적이다.

"독립정부 수립은 아직 의제가 될 수 없다. 조선은 아직도 일본제국의 통치하에 있으며 그 통치권은 조금도 움직이지 않는다."(참모부장)

"제국의 통치권은 엄연히 존재하며 총독부는 조선통치에 대한 책임을 지고 있다."(정보과장)

무조건 항복 후에도 총독부나 군부는 조선에 대한 통치 유지를 강고하게 확신하고 있었다. 일본정부도 마찬가지였다. 1945년 8월 24일 일본

정부는 종전처리회의를 갖고 이런 결론을 내리고 있다.

"조선에 대한 일본 주권의 이전 시기에 관한 건――조선에 관한 주권은 독립문제를 규정하는 강화조약 비준일까지 법률상 일본에 있지만, 조약체결 이전이라도 외국 군대에 의해 점령당하는 등의 사유에 의해 일본의 주권은 사실상 주권 휴지의 상태에 빠질 수도 있음."

그리고 9월 12일 총독부 정무총감에게 보낸 외무차관의 전보에서도 "포츠담 선언 수락과 동시에 조선에 대한 일본측의 통치권이 소멸했다는 소련측의 주장은 잘못이다. 조선에 대한 통치권은 법리상 강화조약이 이루어지고 난 후 처음으로 법적으로 성립된다"고 주장했다.

그들은 기댈 수 있는 모든 가능성을 모색했다. 조선을 끝내 고수하고자 했기 때문이다. 그리고 패전 후 6년, 한반도에서는 엄연한 자주독립 국가가 수립된 지 3년이 경과하는 1951년 9월, 샌프란시스코에서는 납득할 수 없는 다음과 같은 조약이 체결되었다.

"일본국은 조선의 독립을 승인하고, 제주도, 거문도 및 울릉도를 포함한 조선에 대한 모든 권리, 권원(權原) 및 청구권을 방기한다."

그들은 한반도에 대한 일본의 통치권은 이 강화조약을 기해 비로소 처음으로 '법리상' 해소되었다고 주장하는 것이다.

그들은 스스로 바다를 건너 자기 땅으로 돌아간 것이 아니었다. 무조건 항복 후에도 한반도에 대한 통치권을 계속 강조했고, 그 가능성을 마지막까지 포기하지 않았다. 무조건 항복을 선언하던 그 날, 시데하라란 일본의 책임있는 정치가가 한반도를 '잃어버린 땅'으로 간주하고, 다시 탈환할 때까지 와신상담할 것을 부르짖었던 것은 이런 그들의 한반도 집착이 반영된 것이다.

반일감정의 뿌리를 찾아서

우리들 가슴 속에 있는 반일감정의 뿌리는 어디에 있을까? 1910년의 한일합방과 식민지 지배, 그때 시작된 착취와 수탈과 학살과 온갖 만행은 반일감정의 중요한 뿌리다. 민족의 혼마저 말살하고자 했던 유례없는 만행은 거기에 기름을 끼얹었다. 곧 반일감정의 뿌리는 36년 동안 뿌려진 일제 만행에 있다. 그렇게 보면 반일감정의 뿌리는 1세기가 채 안되는 과거에 내려진 셈이다. 이 세월도 결코 짧지 않은 세월이지만, 1세기가 안되는 세월에 내려진 뿌리치고는 그 강도가 아주 깊다.

대만같은 경우는 1895년 청·일전쟁의 결과로 일본의 식민지가 되었으니, 우리보다도 원한의 역사가 15년은 길다. 그런데도 대만 사람들은 그렇게까지 반일감정이 격렬하지 않다. 보도에 의하면 대만 사람들은 종군위안부에 대한 보상을 일본정부에 촉구하는 모임에서 일본 국가를 부르기도 했다. 우리로서는 납득도 되지 않고, 상상도 할 수 없는 일이다. 일부 모임에서 일어난 일이긴 하지만, 우리 사회에서는 어떤 모임에서도 그런 일은 없다. 우리에게는 모든 입장을 떠나 범민족적인 반일감정이다. 최소한 이 문제에 관한 한 남과 북은 하나이다.

왜 이런 차이가 있을까? 대만에 대한 일본의 식민통치가 한국보다

나았기 때문일까? 아니면 그들의 성격이나 민족성이 우리와 다르기 때문일까? 학교 교육이 다를지도 모르겠다. 만일 그렇다 하더라도 일본에 대한 학교 교육이 한국과 대만 사이에 다를 수밖에 없는 이유도 있을 것이다. 아니면 우리하고 비슷비슷한 일본에게 당했기 때문에 한국의 반일감정은 더 격한 것일까? 가끔 그런 해석을 듣기도 하지만, 과연 그럴까 하는 의심이 간다. 그 어느 것도 아닌 것 같다. 우리들의 뿌리깊은 반일감정에는 그럴 수밖에 없는 깊은 역사가 있기 때문이다.

고려 말인 1377년 9월, 지조와 절개로 이름 높은 정몽주가 일본땅을 밟았다. 일본 해적 때문에 남쪽 해안지방이 시끄러웠던 시절, 이 문제를 협의하기 위해 사절로 파견된 것이다. 그는 일본에 머무는 동안 가슴 속에 여미는 감회를 12편의 시로 노래했다. 이 12편의 시 가운데 그나마 인상적인 부분이 있다면 이런 시 정도가 아닐까 싶다.

천년 된 바닷섬에 한 나라 열리었네.
배타고 이곳 온 지 세월 이미 오래어라.
산승은 날마다 시 구하러 이르고,
지주는 수시로 술 보내오네.
기쁘도다!
인정만은 힘입을 수 있으니,
물색 가지고 서로 시기하지 마세.
타국이라고 그 누가 좋은 흥취 없다 하랴.

한마디로 정몽주는 그저 담담하게 일본을 읊고 있을 뿐이다.
조선시대 초기, 정몽주처럼 사신의 신분으로 일본에 갔던 송희경이 있다. 조선 조정의 쓰시마 섬 정벌 다음해인 1420년에 현안문제를 협의하기 위해서였다. 그는 한양에서 일본의 교토까지 왕복했을 당시의 견문과 감개를 기록해서 한 편의 기행시문집 《노송당 일본행록(老松堂 日本行錄)》이라는 두터운 책을 남겼다. 현재 일본 학계에서도 당시 일본의 풍속이나 생활방식을 엿볼 수 있는 가치있는 기록으로 평가받고 있다.

여러 가지 많은 감상을 기록한 시문집임에도 불구하고 송희경은 일본에 대해 특별히 눈에 띄는 나쁜 감상을 기록하고 있지 않다. 차분하게 당시의 일본을 묘사하고 있을 뿐이고, 게다가 일본을 떠나기 바로 전에는 이런 시까지 남긴다.

조선과 일본은
예로부터 사귀어 친하였고
더구나 지금은 한 집안이 되어서
사신이 탄 배 바닷물에 떴네.
가나 머물거나 한 집안인데
이별을 어찌 대단하게 여길까!

조선 초기에 신숙주도 일본땅을 밟았다. 물론 사신으로 파견된 것이다. 영의정이 된 신숙주는 훗날인 성종 2년(1471) 왕명에 따라 《해동제국기(海東諸國記)》라는 책을 저술한다. 일본에 대해 기술한 책이다. 일본에 파견됐을 당시 현지를 목격한 인상도 있다. 그러나 무엇보다도 왜구문제를 껴안고 있던 조선 조정인지라, 이들에 대한 기술이 인상적이다.

"그들의 습성은 강하고 사나우며, 무술에 뛰어나고 바다 일에 익숙하였습니다. 그런데 우리나라와는 바다를 사이에 두고 서로 바라보게 되었으니, 그들을 만약 도리대로 잘 어루만져 주면 예절을 차려 교류하고, 그렇지 못하면 문득 함부로 도적질을 한 것입니다. 고려 말기에 국정이 문란하여 그들을 잘 어루만져 주지 못하자, 드디어 그들의 침략을 받아 연해 수천 리 땅이 황폐하게 되었습니다. ……이제 우리 국가에서는 그들이 오면 어루만져 주고 식량을 넉넉히 주어서 그 예의를 후하게 하는데도, 저들은 관습적으로 예사롭게 여기어 참과 거짓으로 속이기도 하고 여기저기 오래 머물곤 합니다. ……그 정세가 각기 중할 때도 있고 경할 때도 있으므로 후하게 접대하기도 하고 박하게 접대하기도 해야 할 것입니다."

신숙주의 일본 평가는 왜구 대책과 관련되어 있다. 일본에 대한 다른 특별한 감정이나 감상은 눈에 띄지 않는다.

임진왜란 2년 전인 1590년, 황윤길과 함께 일본 땅을 밟은 김성일의 일본 평가도 신숙주와 비슷하다. 그가 남긴《해사록(海槎錄)》에는 오랑캐라는 표현이 도처에서 발견된다. 이런 시도 한 편 있다.

오랑캐가 바다의 동쪽 뿔다귀에 생겨났는데,

성질이 교만하고 구역이 다르네

되놈 가운데 네가 가장 간교한데,

벌집처럼 바닷가에 의지했네

마음은 이리 새끼 같고 음성은 올빼미 같고,

벌의 꼬리에 독이 있어 가까이 하기 어렵네

……

허한 데를 습격하고

약한 자 능멸하여 못된 짓 다하고,

남의 불행을 이롭게 여기고 위태로움을 타서 덤비네

또 이런 시도 남기고 있다.

저 바다 섬사람들은 양처럼 팩하고 이리처럼 탐해,

이익 보면 의리를 잊어버리고,

교활하여 혓바닥 날름거리네

마땅히 처음부터 끝까지 조심하여,

뒷말이 없게 해야 할 것

굳이 가까이 할 것도 없지만, 괜히 틀어져서 빌미를 만들 필요도 없다는 경계심이 가득하다. 그만큼 왜구들의 횡포가 가증스러웠다. 김성일에게도 왜구에 대한 증오감을 빼고는 달리 일본에 대한 특별한 감정은 보이지 않는다.

현지를 직접 체험하고 그 견문을 기록으로 남긴 정몽주, 송희경, 신숙주, 김성일. 그러나 이들의 글에는 일본에 대한 어떤 특별한 감상은 없었다. 왜구에 대한 증오와 오랑캐라는 표현이 그나마 눈에 띄는 특별한 것이었다.

김성일의 일본행으로부터 2년 뒤에 임진왜란이 발발한다. 조선 조정의 사신이 다시 일본 땅을 밟게 되는 것은 1607년에 이르러서였다. 도요토미 히데요시는 죽고 새로이 도쿠가와 이에야스가 일본의 실력자로 등장한 도쿠가와 시대였다. 임진왜란으로 단절된 외교관계를 회복하기 위해 한·일관계사에서 최초의 국교정상화가 이때 거론된다.

국교 재개를 바라는 도쿠가와 막부의 요청과 사로잡혀갔던 포로를 귀환시키기 위해 사신이 조선에서 파견되었다. 정사 여우길과 부사 경섬이 그들이다. 부사 경섬은 이 외교 임무를 수행하게 된 일련의 과정을 한 권의 책으로 남겼다. 김성일의 그것과 똑같이 《해사록》이라는 제목의 책이다.

그러나 여기에 기록되어 있는 일본에 대한 평가나 감상은 예전과 판이하게 다르다. 정몽주처럼 담담하게 일본을 읊거나, 송희경처럼 차분하게 일본을 묘사하지 않는다. 그렇다고 신숙주나 김성일처럼 왜구를 증오하거나 경계하는 감정이 집중적으로 드러나는 것도 아니다. 처음으로 '원수'라는 표현이 등장한 것이다. 그것도 조선 국왕 선조가 일본의 최고통치자 장군에게 보내는 편지에 사용된 용어다. 선조는 그 편지에 이렇게 썼다.

"임진년의 변란은 귀국이 까닭없이 군대를 일으켜 극히 참혹한 화란을 만들고 심지어 선왕의 능묘에까지 욕이 미쳤으므로 우리나라 군신의 마음이 아프고 뼈가 저리어 귀국과는 한 하늘 밑에 살지 못하게 된 것이다."

이른바 일본을 '불구대천지원수'라고 지칭한다. 임진왜란의 상처가 너무나 깊었던 것이다. 조선 사신이 파견된 것이 1607년이니까 임진왜란과 정유재란으로부터 10여 년, 바로 얼마 전의 일이었기 때문이기도 하다. 그러나 이 쓰라린 기억은 조선인의 마음 속에서 오래도록 사라지지 않게 된다.

경섬의 일본행으로부터 10년이 되는 1617년, 조선통신사가 재차 일본으로 파견된다. 이때 통신사의 최고 책임자는 오윤겸이었다. 그도 조선을 출발해서 귀국할 때까지의 전 과정을 《동사일록(東槎日錄)》이라는 한 권의 책에 담았다. 일본에 대한 그의 감정도 명확하다. 일본은 조선의 '원수'였다. 오윤겸은 장군의 측근에게 확실히 밝힌다.

"우리나라와 일본이 맺은 2백 년의 교린우의가 임진년 이후로는 도리어 원수가 되었다."

오윤겸과 함께 일본으로 떠났던 종사관 이경직도 마찬가지다. 그가 남긴 《부상록(扶桑錄)》에는 '원수'에 대한 사무친 원한이 곳곳에 서려 있다. 출발에 앞서 올린 제문에서도 '우리가 감히 원수를 잊은 것이 아니'라고 '원수'라는 문구를 사용하고 있을 정도였다. 그리고 '원수의 땅'에서 일본인을 대하게 되는 이경직은 도처에서 그들을 증오하는 기록을 남긴다.

"마음 속에 한 생각은 매양 원수인 적이라는 데에 있으므로, 비록 예모가 근간하고 접대가 정성스러워도 족히 위로되지 않았고, 그들의 추한 모습을 보거나 올빼미같은 소리를 들으면 마음 속이 깜짝깜짝 놀라서 뱀이 앞에 지나가는 것 같으니, 이번 걸음이 고통스럽기만 하다."

또 장군의 측근에게는 이런 말도 하고 있다.

"두 나라가 2백 년이나 서로 사귀던 의가 임진년 이후는 실로 같은 하늘 아래에 함께 살 수 없는 원수가 되었다."

도쿠가와 히데타다(德川秀忠) 장군을 만나고 난 뒤에 남긴 글도 격렬하다.

"이 원수인 적에게 절하게 될 줄은 당초부터 몰랐던 것은 아니나, 여기에 와서 무릎을 꿇고나니 마음과 쓸개가 찢어지는 듯하였다."

임진왜란이 뿌린 증오의 씨앗이 어떤 것인지를 웅변적으로 이야기해주고 있다.

이러다 보니 인간에 대한 불신과 증오도 쌓인다. 1719년에 통신사의 종사관으로 일본에 갔던 신유한, 그는 문장이 뛰어나 일본측과의 외교교섭에서 필담을 나누는 창구 역할을 맡는다. 그는 일본 견문을 기록한 《해유록(海游錄)》이라는 책을 남기고 있다. 이 책은 뛰어난 문장과 다방면에 걸친 세밀한 일본 관찰 등으로 훌륭한 작품이라는 정평이 나 있고, 그래서 조선통신사가 남긴 기록 가운데서 가장 훌륭하다는 평가를 받고 있다.

신유한의 일본측 파트너는 아메모리(雨森)란 자였다. 아메모리는 쓰시마 섬에서 에도까지 왕복하는 기나긴 여정에 신유한과 함께한 일본측 통역관으로서, 쓰시마 섬 번주의 가신이었다. 조선과의 외교는 쓰시마 섬이 전담하고 있던 터라, 문장에 능한 아메모리가 조선통신사를 수행했다. 쓰시마 섬에서 에도까지 왕복하는 데 소요된 시간은 장장 6개월. 이 긴 시간을 함께 했으니 둘 사이에는 인간적인 정도 싹틈직하다.

신유한이 귀국길에 오르기 전날, 둘은 마지막 필담을 나누게 된다. 신유한이 먼저 시 한 수를 쓴다.

> 오늘밤 그대가 인간적인 정이 있어 나를 전송해주는데,
> 이승에서는 다시 그대를 만날 길이 없구나.

아메모리가 이 시를 보고 소리내어 울며 이야기한다.

"나는 지금 늙었습니다. 감히 다시 세상 일에 참여할 수 없고, 아침이나 저녁에 마땅히 섬 가운데에서 귀신이 될 것입니다. 바랄 것이 무엇이겠습니까? 다만 원하건대 여러분은 본국에 돌아가 조정에 등용되어 영화로운 이름 떨치기를 빕니다."

말을 마치자 아메모리의 얼굴에 눈물이 흘러내렸다. 이에 신유한이 말한다.

"평소에 그대는 철석간장인 줄 알았는데, 지금 어찌 아녀자같은 태도를 보이시오?"

이 말에 아메모리가 "신묘년(1711)에 왔던 통신사와도 서로 깊은 정

이 들어 오늘과 같았으나 이별할 때에 이런 눈물이 없었더니, 10년 사이에 정신과 귀밑털이 이미 늙어져, 이른바 노경에 정이 약하다는 말이 이런 것을 두고 한 말입니다"라고 대답한다.

신유한은 이런저런 말을 주고받으면서도 아메모리처럼 울지 않았다. 냉담해서나 정이 없어서가 아니었다. 이별을 아쉬워하며 눈물을 흘리는 아메모리의 모습은 인간적으로 애틋하다. 그러나 신유한에게는 그렇게 보이지가 않는다. 왜 그랬을까? 신유한은 이렇게 쓰고 있다.

"내가 그 형상을 보매 험하고 독하여 평탄하지 못하였고, 겉으로는 문장을 한다고 핑계하면서도 마음 속에는 창과 칼을 품었다. 만약 그로 하여금 국가의 높은 지위에서 권력을 잡게 하였더라면 반드시 이웃나라에 일을 내는 지경에 이르렀을 것이다. 그런데 국법에 국한되어 작은 섬의 일개 관리에 불과하여 그 땅에 살다가 죽게 되는 것을 부끄러이 여기는 것이니, 이별하는 자리의 눈물은 곧 자신을 슬퍼한 것이다."

신유한에게는 아메모리의 눈물이 조금도 측은하게 비치지 않은 것이다. 거꾸로 그를 이웃나라인 조선에 일을 저지를 수 있는 인물로 경계하고 있다. 임진왜란이라는 과거의 상처가 살아 있었기 때문이다.

임진왜란은 일본을 조선의 '철천지원수'로 만들었을 뿐만 아니라, 일본인까지도 그렇게 보이도록 만들었다. 반일감정의 연원은 여기에 있었다. 신유한과 아메모리는 에도에서 쓰시마 섬으로 돌아오는 도중에 대화를 나눈 적이 있었다. 이 대화에서도 임진왜란과 격렬한 반일감정의 관계를 확인할 수 있다.

아메모리 : 우리나라 사람들은 조선 국왕이 장군과 서로 공경하는 예의로
　　　　　국서를 통하는 것을 알기 때문에 공사의 문서에 조선 국왕을 반드시

극히 높입니다. 그런데 귀국 사람이 저술한 문집을 보면 우리나라에 관한 것은 반드시 왜적이나 오랑캐 우두머리로 표현하여, 추하게 여기고 멸시함을 함부로 한 것이 차마 말로 다할 수 없습니다. 도쿠가와 이에노부(德川家宣 : 6대 장군) 말년에 우연히 조선의 문집을 보고 매양 여러 신하들에게 이르기를, '어찌 조선이 우리를 모욕함이 이 지경에 이를 줄 알았으리요' 하면서 평생토록 한을 품었습니다. 여러분은 과연 왜 그런 건지 그 이유를 아십니까?

신유한 : 그건 알기 쉬운 것인데, 귀국이 이해하지 못하기 때문입니다. 그대가 본 우리나라 문집이 누가 저술한 것인지는 모르겠습니다. 그러나 그것은 다 임진년 뒤에 간행된 글일 것입니다. 도요토미 히데요시가 우리나라에 철천지원수가 되어 종묘사직의 수치와 욕됨과 생령이 피를 흘린 것은 실로 만고에 있지 않던 변이니, 우리나라 신민으로서 누가 그의 고기를 찢어서 먹고자 하지 않겠습니까? 그러므로 위로는 사대부로부터 아래로 천민에 이르기까지 놈과 적이란 말을 함부로 하고 글에 나타난 것도 그와 같은 것입니다.

통신사들이 품은 '원수'의 감정은 철저했다. 게다가 이런 '원수'의 감정은 조선의 사대부에서 하층민에 이르기까지 변함이 없었다. 이 모두가 임진왜란 이후에 발생한 대일감정이었다.

1881년에 신사유람단으로 일본에 갔던 조선의 사절도, 양국간의 외교가 원활치 못한 이유가 임진왜란 때문이라고 설명하고 있다. 1881년이라면 임진왜란을 겪은 지 3백여 년이 되어가는데도 그랬다. 이 얼마나 뿌리 깊은 감정인가.

그리고 이런 '원수'의 감정이 채 정리도 되기 전에 1895년의 명성황후 시해, 의병에 대한 무참한 학살, 1910년의 국권박탈, 거기에 이어지는 식민지 지배와 그에 따른 온갖 만행이 있었던 것이다. 구한말에 일본이 가한 온갖 만행은 '원수'의 감정을 더욱 강고한 것으로 만든 것이다.

정몽주, 송희경, 신숙주, 김성일 등 임진왜란 이전의 우리 선조들의 글에는 단 한 번도 등장하지 않았던 '철천지원수'라는 대일감정. 그러나 임진왜란 후로는 끊임없이 등장하는 '원수'라는 대일감정. 이 차이는 명확하다. 일본에 대한 격렬한 증오와 반일감정의 발단은 임진왜란을 기점으로 눈에 띄게 갈라지고 있었다.

일본의 어느 정치가는 한국의 반일교육이 문제라고 입에 올린 적이 있다. 그건 줄기만 봐서 그렇다. 반일감정의 뿌리는 더욱 깊은 곳에 있다. 그리고 한국인의 반일감정이라는 나무는 결코 한국인이 심은 나무가 아니었다. 그 나무는 어디까지나 임진왜란 때 일본인들이 심은, 쉽게 죽지 않는 나무였다. 거기에다 일본인들은 다시 식민지 지배라는 자양분을 반일감정의 나무에 뿌린 것이다.

반일감정은 일본의 자업자득이다. 한국의 반일교육이 문제라고 떠드는 일본인이 있다면 무엇보다 먼저 이 움직일 수 없는 엄연한 사실을 알아야 할 것이다. 따라서 그 해결의 실마리도 우선은 일본에 있음을 알아야 한다. 무릇 문제를 만든 자가 그 문제를 풀어야 하는 것이다.

일본인의 과거청산 방정식 • 1
-언제나 피해자는 일본이다

特級戰犯 히로히토의 구제로 상징되는 불철저한 과거청산, 그리고 알맹이가 빠져 있는 불확실한 과거반성. 일본을 움직이는 두 개의 바퀴다. 거기에다 정치가들의 망언까지 곁들이면 완전한 일제 트로이카다. 일본은 전범자(戰犯者)임을 악착같이 거부한다. 그들의 과거 반성도 애매모호한 용어의 나열로 가득 찰 뿐이다. 누가, 언제, 누구에게, 무엇을, 어떻게, 왜가 불명확하다. 그들의 말에는 가장 기본이 되는 역사 구성이 없다.

히로시마에 있는 평화기념공원. 그곳에는 '잘못은 되풀이하지 않으려니'라는 짧막한 내용을 새긴 비석이 있다. 많은 사람들이 지적해 왔지만, 이 비문만 가지고는 누가 누구에게 저지른 '잘못'을 되풀이하지 않겠다는 건지 불분명하다. 어찌보면 원폭을 떨어뜨린 미국의 '잘못'을 이야기하는 것 같다.

이미 천황 히로히토는 1945년 8월 14일 발표한 항복문에서 미국은 '잔학한 무기'를 사용해서 무고한 인명을 살상했다고 비난했다. 몇 년 전에 가메이 시즈카(龜井靜香)라는 자민당 조직홍보 본부장은 히로시마에서 열린 청년의원연맹 총회에서 이 비문 내용을 문제삼고 나서 물의를 일으켰다.

"일본이 원폭을 떨어뜨린 것도 아닌데 이상하다."

그가 한 말이다. 이들의 머리 속에는 '잘못'을 되풀이해서 안되는 것은 일본이 아니라 미국인 셈이다. 그러나 이 비문 내용은 전쟁을 도발해서 원폭 투하를 자초한 일본의 '잘못'을 인정하는 의미로도 들린다. 예를 들어 일본은 전쟁 지도를 '잘못' 했기 때문에 원폭 투하를 당한 것이고, 따라서 다시는 그런 못난 전쟁 지휘를 되풀이해서는 안된다는 뜻으로도 들리기 때문이다. 왜일까?

무조건 항복을 선언한 8월 15일 이후, 군인·정치가·민간인 할 것 없이 많은 일본인들이 패전의 책임을 입에 올리며 자결했다. 전쟁 지휘에 실패했기 때문에 천황에게 끼친 누를 사죄하기 위한 자결이었다. 신민(臣民)으로서 다하지 못한 충성 때문에 천황에게 끼친 폐를 반성하는 의미에서의 죽음이기도 하다. 그래서 군인도, 정치가도, 보통 일본인들도 천황에게 사죄하며 죽어갔다. 패전 후 그들이 처음으로 입에 올린 반성과 책임과 사죄는 천황에 대해서였고, 그들이 눈물을 흘리고 배를 가르며 죽어갔던 것은 일본의 패배 때문이었다. 그들의 반성과 사죄와 눈물과 죽음은 결코 부도덕한 전쟁과 주변 민족에게 끼친 범죄에 대해서가 아니었다.

그렇다면 그들이 두 번 다시 되풀이하지 않겠다는 '잘못'은 이런 실패한 전쟁 지도를 가리키는지도 모른다.

일본은 명백한 사죄를 거부하는 것만이 아니다. 종군위안부에 대한 국가적 배상도 거부하고, 야스쿠니 신사 참배를 비난하는 국제 여론도 무시하며, 최근에는 교과서에 게재된 위안부 기술도 삭제하라고 주장하고 나선다. 역사 청산은커녕 일체를 거부할 뿐이다.

독일이 나치 만행의 희생자 가족들과 이스라엘에 대해 거액의 보상을 하거나, 베를린 장벽이 무너진 뒤 동·서독의 국회의장들이 나란히 이스라엘을 방문해서 독일인 전체를 대표해 또 한 번 사죄를 한 태도와는 하늘과 땅 차이다. 독일은 과거에 저지른 잘못을 외면하지도, 정당화하지도 않고 명백히 사죄했다. 그러나 일본은 과거에 저지른 잘못을 외면하고 정당화하며 명백히 거부한다.

불완전한 일본인의 과거청산, 그들은 아주 옛날에도 지금처럼 그랬다. 1590년 봄, 전국을 통일한 도요토미 히데요시는 조선과 우호관계를 맺기 위해 사절을 보내온다. 이에 조정에서는 조선 변방을 침략한 왜구의 수괴를 잡아다 바치기를 요구한다. 그래야 일본의 성의를 확인할 수 있다는 답변이었다. 요즘말로 과거를 확실히 청산하라는 주문이었다.

이에 일본에서는 왜구에게 끌려간 조선인 포로를 송환시키고 범죄자를 잡아보내면서 통신사가 와주기를 청한다. 사로잡혀간 포로를 송환하고 왜구의 수괴를 조선에 압송까지 했을 정도니, 조선과 우호관계를 맺고 싶어하는 성의가 일단은 확인된 것이다. 일본이 보인 최초의 과거청산이다. 선조 임금은 일본의 공손한 태도를 평가해서 그들의 청을 들어주기로 한다. 황윤길과 김성일이 일본에 파견된 것은 그 때문이다.

당시 조선에서는 그들의 과거청산 의지를 어떻게 평가하고 있었을까? 김성일의 말이다.

"새로운 왕(도요토미 히데요시)이 건국 초기에 불순한 자들을 베어서 이웃나라를 침노하지 못하게 하였다. 포로를 돌려보내고 수괴의 머리를 바쳐서 성의가 지극하였고, 이웃나라를 사귀는 신(信)과 나라를 다스리는 의(義)가 사방에 나타났다. ……도요토미 히데요시의 신의는 우방에 미더워지고 사람들이 듣기에 흡족하다."

김성일은 나머지 포로들도 남김없이 돌려보내준다면 진정한 유종의 미를 거둘 거라고 말한다.

조선과의 우호관계 수립을 위해서 왜구 두목의 머리까지 바친 그들이었다. 그러나 그들이 보인 과거청산 의지는 거짓이었다. 나머지 조선인 포로들이 채 돌아오기도 전에 그들은 왜구 이상으로 대규모 조선 침략을 감행했다. 과거청산은커녕, 또 다른 씻지 못할 과거를 만들고 만 것이다.

도요토미 히데요시가 저지른 잘못된 과거는 이제 도쿠가와 막부가 떠맡게 된다. 도쿠가와 막부도 과거 일본이 저지른 잘못을 사과하면서 국교 정상화를 요청한다. 두 번째 과거청산이다. 조선 조정은 그들의 국교 정상화 요구를 간단히 응낙하지 않는다. 국교 정상화의 조건을 명확히 제시했다. 1607년 일본으로 파견되는 사절이 휴대한 예조참판 오억령의 국서다.

"임진년의 변란은 실로 우리나라의 잊을 수 없는 아픔이요, 또한 귀국의 씻을 수 없는 수치다. ……이미 '전대의 잘못을 고쳤다' 하였으면, 당연히 그 행한 것을 전부 반성하여야 할 것이다. 그런데 몇 만 명에 이르는 조선인 생령이 일본에 억류된 지 몇 해인지 아는가?……이제 두 나라가 새로 화친을 맺으려고 하는 이때에 사로잡힌 사람들을 모두 돌려주지 않으면, 귀국이 '전대의 잘못을 고쳤다' 할지라도 누가 그것을 알아주겠는가!"

준엄한 과거청산 요구다. 한마디로 말로만 하지 말고 행동으로 반성 의지를 보이라는 주문이다. 조선 조정에서는 손해배상 청구도 하지 않았다. 살아있는 포로를 돌려보내라는 지극히 당연하고 간단한 요구를 할 뿐이었다. '전대의 잘못을 고쳤다'고 하면서 국교 정상화를 요구하는 그들이다. 그들은 과연 어떻게 과거를 청산하려 했을까?

결론은 하나, 지지부진이다. 조선의 사절이 분개할 정도로 돌아오는 포로들이 적었다. 국교를 재개하려면 정성과 신의를 다해서 국교정상화의 조건을 확실히 이행하라고 조선 사절은 독촉한다. 그러나 되돌아오는 대답은 불성실하기 짝이 없다.

"포로들이 모두 젊을 때에 들어와서 남자는 장가들고 여자는 시집가서 자식 낳고 살림한 지 이제 10여 년이나 되어 토박이와 같습니다. 돌아가기를 원하는 자가 적은 것은 이 때문입니다. 다만 포로가 서해지방에 많이 있으니, 앞으로는 많은 조선인이 돌아올 것입니다."

그러나 조선 사절과 함께 고국으로 돌아온 포로는 몇만 명 가운데서 겨우 1,418명에 지나지 않았다. 일본인들이 앞을 다투어 숨겼기 때문이었다. 그들은 조선통신사에게 접근하는 포로들을 통제하고 일체의 접촉을 방해하는 등, 국교정상화의 조건을 충족시키지 않았다.

통신사 일행에 접근한 김해 출신의 어느 양반은 "돌아가려 하나 탈출할 기회가 없소. ……죽음을 무릅쓰고 도망해 오겠소"하며 비밀리에 약속하고 돌아간 적도 있었다. 혹은 귀국을 원하는 포로들이 있으나, 일본의 관리가 부분적으로만 허락해 귀국의 길이 막히기도 했다.

이런 일은 훗날까지 계속된다. 1617년에 일본에 갔던 조선통신사는 2대 장군의 측근에게 이런 말까지 한다.

"두 나라가 사귀는 도리는 다만 신의뿐이오. 신의는 오직 포로를 송환하는 한 가지 일에 있소. ……한 사람이라도 빠짐이 없도록 하기를 원하오. ……만약 착실하지 않고 예전과 같이 다만 책임만 때우려 한다면, 이것은 형식만 갖추는 것이고 성실한 신의가 아닌 것이오."

이에 그들은 "어찌 두 가지 말을 하겠습니까? 마땅히 받들어 주선하겠습니다"고 답한다. 그러나 불성실한 태도에는 변함이 없다. 1636년에 일본으로 향했던 조선통신사 일행이 일본에서의 외교 업무를 마치고 부산에 도착했을 때, 그들과 함께 돌아온 포로는 단 한 명도 없었다.

도요토미 히데요시에 이어 두 번째로 과거를 청산하겠다고 약속한 도쿠가와 막부도 이를 지키지 않았다. 첫번째 과거청산 배반에 이은 두 번째 배반이다. 불완전한 과거청산 위에 맺어진 양국관계는 그냥 유지된다. 그리고 과거청산을 위해 세 번째 기회가 주어진 것은 1945년 이후다. 그러나 여전히 불분명한 과거청산이다. 세 번째 배반인 것이다.

상습적인 과거청산 불이행자 일본! 일본은 그런 자기 모습을 부끄러워해야 할 것이다.

일본인의 과거청산 방정식 • 2
-과거는 묻지 마세요

한 · 일간에 마련된 대화 좌석. 우리는 역사문제를 먼저 지적하고 들어간다. 한 · 일관계는 36년의 역사를 정리하는 데서부터 출발한다고 믿기 때문이다. 그래서 지식인이든 학생이든 일본인들과의 대화에서는 반드시 과거문제를 거론한다. 일본인들의 입장을 확인하고 싶기 때문이기도 하다.

그러나 역사문제에 밝은 우리에 비해 그들은 한심할 정도로 무지하다. 젊은 사람인 경우에는 우리의 입을 통해서 자기 나라의 과거를 배우는 일본인이다.

과거청산이 불분명한 일본, 게다가 그들은 과거를 말하고 싶어하지 않는다. 그들이 으레 하는 말이 있다. 미래지향적인 한 · 일관계를 쌓자고. 그래서 말한다. 현재와 앞날에 대한 대화를 나누자고. 그래서 그들은 과거문제는 접어둔 채 현실문제를 주로 언급하고 나선다. 우리의 문제의식에 짜증을 내기도 하고, 생산적이 아니라는 비난도 한다. 한마디로 그들은 옛날 일은 거론하지 말자는 것이다.

가해자가 할 수 있는 말이 따로 있고, 피해자가 할 수 있는 말이 따로 있다. '옛날 일은 이제 그만!'이라고 소리칠 수 있는 쪽이 있다면, 그건 가해자가 아니다. 피해자가 그런 소리를 낼 수 있도록 모든 조치를 취한다면 그건 별문제다. 국교 정상화는 한 장의 서류로 이루어질 수 있을지 모르나, 과거청산은 그런 한 장의 서류로 해결되는 문제가 아니다. 이런 그들의 태도는 결코 오늘의 문제만이 아니다. 오래 전에도 일본인들은 지금처럼 과거를 묻어버리고 싶어했다. 한마디로 상습적인 작태이다.

1881년 일본의 실정이 궁금했던 고종은 신사유람단을 일본에 파견한다. 이들 신사유람단이 일본의 각처를 방문한 것은 물론이다. 조선의 대표는 어느 날 외무장관 이노우에 카오루(井上馨)와 자리를 함께 하게 된다. 자연스레 외교문제를 둘러싼 문답이 오고간다. 이노우에는 일본정부의 의도대로 대조선 외교가 순탄하게 진행되지 못하는 데 안달이 나 있다. 이노우에는 이렇게 말을 한다.

"이제 절실하게 흉금을 털어놓고 할 말이 있습니다. 두 나라 사이의 교제란 서로 의심하거나 막히는 것이 없게 된 뒤에야 수호할 수 있습니다. 여러분이 이미 우리나라에 와 있지만 의심이 없다고 보장하기가 어렵습니다. 그 동안 몇 차례 수신사가 온 일이 있었지만, 역시 여러분의 마음과 마찬가지로 마음이 서로 맞지 않는 것은 아직도 친숙하지 못해서 그런 것입니다. 귀국과 통상한 뒤로 곧 공사를 파견하려 했으나 1~2년을 미루어오다가 간신히 허락되었으며, 공사가 서울에 부임했을 때에도 영접한 사람은 예조의 관원에 지나지 않았습니다. 또 마음대로 나다니지도 못하게 하니, 이는 모두 우리를 의심하는 데서 나오는 것이라고 생각합니다."

일본을 신뢰하지 않았던 조선 조정이다. 그러나 일본을 불신하는 데는 그럴 만한 이유가 있었다. 조선의 대표가 이렇게 대답한다.

"최근 들어서 우리 조선이 일본과 다시 이웃나라의 정의를 두텁게 하지 않은 것이 없습니다. 하지만 수백 년 전의 일을 미루어 생각한다면 또한 의심이 없을 수 있겠습니까? 그렇기 때문에 백성들이 아직도 따르고 믿지 않아서 일본과 본격적으로 관계를 맺기가 어려운 것입니다. 이미 통상조약을 맺었으니 마땅히 점차적으로 개선해 나가서 우호관계를 이루도록 해야 할 것입니다. 그러나 일본이 일을 급히 서두르고 나서면, 의심하지 않으려 해도 의심하지 않을 수 없게 될 것입니다.”

당시 우리의 인심이 임진왜란 때 심어진 원한 때문에 얼마나 일본을 경계하고 멀리하고 있었는지를 짐작케 한다. 게다가 4년 전인 1876년에는 강화도에서 일본의 무력도발까지 있었던 터였다. 낡은 원한도 뿌리깊게 남아 있는 마당에 또 다른 무력도발까지 있었으니 불신의 늪은 깊을 수밖에 없다. 그런 상황인데도 일본의 외무장관은 이런 말을 하고 나선다.

“마음에 의심이 있는 것은 마치 어두운 방에 들어가서 방향을 알지 못하는 것과 같은 것입니다. 그 어두움을 깨뜨려서 밝게 만드는 것은 등불일 뿐입니다. 그렇다면 두 나라가 모두 의심을 푸는 것은 서로 마음을 아는 데 있습니다. 우리나라 사람이 귀국에 가면 마치 귀축같이 대합니다. 이것은 친구를 귀축으로 만드는 것인데, 이를 이웃나라의 정의라고 말할 수 있겠습니까?”

이런 말을 하면서 그가 강조한 것은 ‘이미 수백 년 전에 지나간 일은 말하지 말기로 합시다’라는 억지였다.

그의 입에서 나온 말은 과거사를 불문에 붙이자는 주장이었다. 과거를 묻어버리고 미래를 논하자는 주장은 이렇게 일찍부터 그들이 입에 올린 낡은 논리였다. 지금이나 그때나 닮아도 너무나 닮은 꼴이다. 일국의 외무장관인 그는 일본인 대하기를 귀축같이 하는 조선인에게 불만을 품고 있던 모양인데, 그 배경은 조금도 이해하지 못했다.

‘친구’라는 말까지 동원하면서 애써 우호관계를 강조하고 나섰지만,

그건 혼자만의 생각에 지나지 않았다. 당시 일본을 우호국가로 생각한 조선인이 거의 전무했기 때문만은 아니다. 함포를 들이대는 일본을 '친구'로 생각해 주리라고 믿는 그의 감각부터가 정상적이 아니다. 자신이 받은 상처는 잊지 못하면서 남이 받은 상처는 대수롭게 여기지 않는 이상한 일본인의 역사감각은 이렇게도 오래다.

서양인들에 의해 자기 나라가 더럽혀지고 있다고 믿었을 때, 일본인들은 외국인 습격과 암살을 마다하지 않았다. 서양인들이 일본에 거주하기 시작했던 1857년부터 암살의 역사는 막이 올라간다.

미국공사 하리스에 대한 1857년의 암살계획, 1859년의 러시아 해군 암살, 같은 해 프랑스 영사관 직원 암살, 1860년 네덜란드인 · 영국인 · 이탈리아인과 미국인 통역관 휴스켄 암살, 1861년 영국공사관 습격, 1862년 영국인 습격과 영국공사관 방화 및 외국인 거류지 요코하마 방화계획, 1863년 프랑스 해군중위 카뮤스 암살, 1864년 영국인 사관과 프랑스 병사 암살이 있었고, 1868년에는 영국공사 팍스에 대한 암살미수사건도 발생한다.

메이지 유신 후에도 외국인 암살은 그침이 없었다. 1891년에는 일본을 방문중인 러시아 황태자에 대한 암살미수사건도 있었다. 그야말로 암살로 점철된 일본의 근대사다.

그렇다고 이들 외국인들이 일본 영토를 침략하고 온갖 학살과 착취와 수탈을 자행했던 것도 아니었다. 그런데도 일본인들은 서양인들이 자기네 땅을 더럽힌다는 한 가지 이유만으로도 그들을 용서하지 않았다. 일본인들은 그런 자기 과거를 알고 있을 것이다. 하물며 그러하거늘, 이웃나라를 침략하고 온갖 만행을 자행한 자기네가 그렇게 간단히 용서받을 수 있다고 생각하는가.

과거를 확실하게 반성하라는 한국의 요구는 외국인 암살로 내달린 일본인들에 비한다면 그야말로 양반이지 않은가? 더 이상 과거를 말하지 말자고 말할 쪽은 결코 일본인들이 아니다. 오히려 지금 일본인들은 오래 전의 외무장관처럼 '지나간 일은 말하지 말기로 합시다'라고 되풀이하기 전에, 둔감한 역사감각을 먼저 겸허하게 반성해야 할 것이다.

일본적 양심의 죽음

1492년 콜럼버스가 남미에 첫발을 내디딘 후, 남미의 현실은 극악무도한 인디언 학살의 역사로 얼룩진다. 그들의 잔인함은 필설로 다 표현할 수 없는 것이었다. 극단적인 예로는 학살당한 인디언의 인육이 사냥개의 먹잇감으로 주어질 정도였다. 그야말로 신마저도 등을 돌려버릴 극악무도한 만행이었다. 황금에 눈이 먼 자들의 그칠 줄 모르는 학살의 연속은 남미의 인디언들을 절멸의 위기에 빠뜨렸다. 공격할 무기도 제대로 없었던 인디언들의 저항은 피눈물나는 것이었고, 학살자를 향한 인디언들의 증오는 하늘을 찔렀다. 하늘 아래 같이 살 수 없는 원수가 있다면 바로 이를 가리키는 것이리라.

에스파냐의 극악무도한 점령과 지배를 당한 남미, 그러나 이런 남미에 단 한 명의 에스파냐 사람을 추모하는 동상이 서 있다. 라스 카사스라는 신부가 그 주인공이다. 그는 인디언도 유럽인과 마찬가지로 신이 만든 인간이라고 주장하면서, 신마저 등을 돌린 극악무도한 인디언 학살과 통치에 정면으로 저항했다. 모든 서양인들이 상식으로 여겼던 '인간사냥'을 비판하고 나선 것이다.

쉬운 일만은 아니었을 것이다. 그러나 라스 카사스는 모든 공격과 위협에도 굴하지 않고 저항을 계속했다. 로마 교황청도 끊임없이 계속된 그의 저항을 의의있는 항변으로 인정해 남미에서의 극악한 학살에 제동을 걸었다. 남미 대륙에 서 있는 단 하나의 추모 동상은 그의 공로를 기려서 훗날 남미의 인디언들이 건립한 것이다. 에스파냐는 동물같은 수많은 학살자를 낳으면서도, 라스 카사스와 같은 위대한 양심도 낳았던 것이다. 만약 라스 카사스마저 없었다면 에스파냐의 자존심은 어떻게 되었을까?

수많은 인적·물적 상처와 피해를 강요한 36년에 걸친 일본 제국주의의 한반도 침략. 그러나 이 한반도에는 그 어느 곳에도 일본인 동상은 없다. 오히려 친일분자들의 동상이 하나씩 파괴되어 갈 뿐이다. 일본은 수많은 제국주의자·천황주의자는 낳았을망정, 라스 카사스와 같은 존경받을 만한 일본인은 낳지 못했다. 일본의 정치가들은 말한다.

"우리 일본에도 조선의 개혁을 위해서 힘쓴 인물이 있다."

어떻게든 한국의 반일감정을 완화시켜보고자 하는 한 정치가의 주장이다. '뛰어난' 일본인은 있었을지 모른다. 그러나 존경받을 만한 일본인은 없었다. 그나마 '조선의 개혁'을 위해 힘썼다고 하는 자도 나중에는 조선 침략을 떠들어댔다. 거꾸로 일본사는 적지 않은 양심들을 매장한 역사일 뿐이다. 타민족을 침략하는 정치권력은 자민족의 양심도 탄압할 수밖에 없다.

임진왜란 당시 일본 땅으로 끌려간 조선인 포로들은 죽음의 행진을 강요받았다. 열 걸음에 아홉 번은 넘어지고, 한 번 쓰러지면 두 번 다시 일어서지 못하는 사람들도 있었다. 태평양전쟁 당시 연합군 포로들을 죽음의 행진으로 몰아넣었던 전과를 일본은 이미 오래 전에 저지르고 있었다. 참담한 모습일 수밖에 없다.

조선인 포로들의 죽음의 행진을 보다 못한 어느 일본인은 눈물을 흘리며 음식을 갖다줬다. 귀가 들리고 눈이 보이며 원기를 회복한 것은 물론이다. 일본으로 끌려간 이 조선인 포로는 훗날 이 '착한 일본인'을 기록으로 남겼다. 그러나 그가 접한 '착한 일본인'은 이 사람이 처음이자 마지막이다. 그의 기록에는 두 번 다시 이런 '착한 일본인'은 등장하지 않는다.

도요토미 히데요시의 조선 침략을 반대한 일본인도 있었다. 타치바나(橘寬年)라는 쓰시마 섬 사람이었다. 그는 조선 침략에 즈음해서 병력을 이끌고 선두에 서도록 명령받는다. 그러나 그는 이 명령을 거부한다. 그는 이런 말을 남기고 있다.

"조선은 산천이 험준하여 용병하기가 어려우므로 다른 나라 군사가 용이하게 승리를 거둘 수 없으니, 이번 거사는 중지하는 것이 낫습니다. 하물며 쓰시마 섬은 조선의 후한 은택을 입어 몸은 비록 일본에서 출생하였으나 목숨은 실로 조선에서 살려주었으니, 결코 은혜를 배반하고 공격할 수 없습니다."

의리를 알고 도리를 아는 일본인이었다. 그의 역할로 봐서 신분이 낮은 자는 아니었다. 이에 그의 상관은 "그 말이 옳고 그 의리도 취할 만하나, 군정을 어지럽힌 그 죄는 용서할 수 없다"는 이유로 그 자리에서 죽여버리고 만다. '착한 일본인'은 극소수이고, 양심적인 일본인을 기다린 것은 죽음뿐이었다.

당당한 주장을 펼친 일본인 가운데는 도쿠가와 이에야스도 있다. 도요토미 히데요시가 죽고 이에야스가 집권한 뒤의 일이다. 한 번은 이에야스가 조선 침략의 공적을 내세우는 한 장수로부터 그에 대한 보상을 요구받았다. 이에 이에야스는 이렇게 대답한다.

"조선은 예의의 나라로, 다만 문(文)만 숭상하고 무(武)를 드날리거나 군대를 뽐내는 일을 하지 않았다. 그런데 까닭없이 군대를 일으켰으니 비록 전쟁에 이겼다 하더라도 무(武)가 될 것이 없는데 하물며 무슨 공이 있겠는가?"

　이런 일화도 남아 있다. 일본은 다른 나라 사람에게 병기를 몰래 파는 것을 금지했다. 그러나 조선의 사신들이 조총과 일본칼을 구입하고자 했기 때문에 이에야스의 판단을 구하게 된다. 이에야스의 대답이다.

　"싸움을 당하면 싸울 것이지, 어찌 병기없는 나라와 그 승부를 겨루어서야 되겠느냐? 하물며 이웃나라가 사고자 한다면 어떻게 금지하겠는가?"

　이런 일화가 사실이라면, 이에야스는 비겁하지 않은 일본인이다.

　그러나 한때 일본인들이 지녔던 이런 '착한' 모습도, 양심적인 모습도, 비겁하지 않은 모습도 모두가 묻혀버리고 만다. 이런 미덕은 결국 일본을 움직이지 못했다. 그나마도 너무 드물게 보이는 예에 지나지 않는다. 이들의 후대들은 까닭없이 군대를 일으켜 공갈과 협박으로 타민족을 능멸하고, 추한 악덕만 남길 뿐이다. 패덕한 무리들만 낳고 위대한 양심을 낳지 못한 병적인 일본이 된 것이다.

'조선은 위대합니다'

일본인들은 한국의 반일교육을 부당한 것이라고 언성 높인다. 적대적인 반일감정을 의도적으로 키운다고 생각하기 때문이다. 아무 말이나 막 할 수 있는 것도 아니지만, 일본인들은 반일교육이니 반일감정이니를 입에 올리기 전에 반일감정의 근원을 제공한 자신들의 역사를 먼저 반성해야 할 것이다.

그러나 그것만이 아니다. 일본인들은 반일교육과 반일감정이 부당하다고 항의하면서도, 정작 중요한 자기비판은 생략하고 있다. 우리에게 드센 반일감정이 있다면, 그들에게는 한국인을 멸시하는 혐한(嫌韓)감정이 있기 때문이다. 반일감정 못지않게 드세고 드센 감정이다. 재일교포에 대한 차별도 여기서 비롯된다. 반일감정이 자신들에게 중대한 문제라면, 혐한감정이 왜 한국인들에게 중대하지 않겠는가?

반일감정을 푸는 해결의 열쇠는 일본의 참된 과거청산에 있다. 따라서 이 해결의 열쇠는 일본인이 쥐고 있다. 그리고 일본인들의 혐한감정을 푸는 열쇠도 일본인이 쥐고 있다. 반일감정에는 역사적인 명확한 뿌리가 있기 때문에 그걸 뽑으면 된다. 마찬가지로 혐한감정에도 뿌리가 있다면 그걸 뽑으면 될 것이다. 허공에다 낫질을 해대지 않기 위해서는 이 뿌리의 근원을 밝혀야 한다. 도대체 일본인들이 한국인을 거부하는 이유는 무엇인가?

반일감정이야 자그만치 1590년대까지 거슬러 올라가는 몇백 년의 뿌리가 있다. 그러나 일본인들의 혐한감정은 그렇지 못하다. 1700년대나 1800년대까지만 하더라도 일본땅을 밟은 조선통신사는 수많은 일본인들의 관심거리였지, 결코 배척이나 멸시의 대상이 아니었다. 메이지 유신 이후에 들어서도 한반도를 보는 시각이 군사적이거나 전략적이긴 했을망정, 혐오나 멸시를 담은 감정적인 것은 아니었다.

예전에 없던 일본인들의 혐한감정은 길어야 한·일합방 이후에나 생긴 것이다. 게다가 한·일합방이라는 사태를 야기한 것은 일본이다. 따라서 한국을 혐오하는 부정적인 이미지가 있다면 그건 일본이 스스로 빚은 것이다. 식민통치를 위해 근거도 없는 부당한 한국인의 민족성을 만들어낸 것이나, 부정적인 선전과 이미지를 유포한 것도 그들이다.

뿌린 자가 거두어들여야 한다면, 혐한감정은 일본이 거두어들여야 할 식민지 침략의 유산이다. 반일감정이나 혐한감정이라는 한·일간의 얽힌 실타래를 푸는 해결의 열쇠는 모두 일본이 쥐고 있다. 대한해협을 사이에 둔 양국간의 대립에서 이 사실은 의미가 깊다.

그러면 혐한감정의 해법은 무엇일까?

1598년 5월, 도요토미 히데요시는 여러 장수를 불러다 놓고 짜증을 냈다. 한반도에서의 침략전쟁이 쉽게 끝나지 않기 때문이다. 그는 독촉성 질문을 던진다.

"조선의 일이 지금까지 끝을 맺지 못하고 있으니, 웬일인가?"

이에 도쿠가와 이에야스와 다른 장수들은 이렇게 대답한다.

"조선은 큰 나라인지라 동쪽을 돌파하면 서쪽을 지키고, 왼쪽을 공격하면 오른쪽으로 모입니다. 그러니 비록 10년이 걸리더라도 일을 마무리할 기약은 없을 것입니다."

장수들의 대답이 그러니 낭패감을 느낄 수밖에 없는 도요토미 히데요시다. 그래서 도요토미 히데요시는 울면서 말한다.

"나의 초지는 천하를 제패하는 데 있다. 때문에 다른 일로 어려움을 겪으리라고는 생각지도 못했는데, 이제는 늙어서 죽음이 가깝다. 조선과 휴전하고 화친을 의논하는 것이 어떻겠는가?"

세상에 두려울 게 없던 도요토미 히데요시마저도 결국에는 실패한 조선 침략이었고, 한반도를 '큰 나라'로 알던 그들에게 조선은 만만한 나라가 아니었다.

한반도의 크기가 어느 정도 알려지게 된 것은 임진왜란 때문이었다. 임진왜란 당시 그들은 조선의 전적(田籍)을 전부 탈취해갔다고 한다. 전적이란 조선시대의 토지대장이다. 의안(意安)이라는 일본 승려가 있는데, 그는 천문지리와 계산에 능한 자였다. 그가 이 조선의 전적에 접하게 된다. 그는 조선의 전적과 일본의 전적을 비교해 보고 한반도의 크기가 일본의 절반도 되지 못하다는 사실을 발견한다. 따라서 이런 사실이 충분히 알려지기 전까지 일본인들은 우리나라를 큰 나라로 불렀던 것이다. 도쿠가와 시대에 들어가서도 일본인들은 조선을 여전히 '큰 나라'로 여겼다.

전쟁에 즈음해서도 일본인들은 조선을 간단히 보지 못했다. 조선의 전법과 병기가 만만치 않았기 때문이다. 임진왜란에 참전했던 어느 일본인은 이런 말을 남겼다.

"조선 사람은 해상전에 아주 능숙하여 일본이 누차 싸워 패전하였으니 결코 조선을 당할 도리가 없다. 지상전에 있어서는 조선의 궁술과 기병이 뛰어나지만, 접전도 하기 전에 조선의 군사가 먼저 도망하였기 때문에 일본에 패했다. 그렇지 않았다면 해상전과 지상전 모두에서 조선의 군사를 대적하기 어려웠을 것이다."

문(文)을 숭상한 조선이면서도 전법과 병기가 만만치 않았다. 침략적이고 호전적인 일본인들이 다수 존재했지만, 도쿠가와 시대 260여년 간 노골적인 무력침략이 없었던 것도 결국은 문무에 걸쳐 조선을 업신여길 수 없었기 때문이었다. 이런 한·일관계였으니 대중적으로 혐한감정이 싹틀 여지도 거의 없었다.

메이지 유신을 전후해서는 한반도 침략론이 적잖게 대두되지만, 그 당시에도 조선을 만만치 않은 나라로 평가하는 일본인은 있었다. 1881년 조선의 신사유람단을 앞에 놓고 어느 일본인은 이런 소감을 피력했다.

"당 태종이 군사 10만을 거느리고 귀국을 쳤지만, 귀국은 굴복하지 않고 태종은 뜻을 얻지 못했습니다. 근년에 미국·프랑스가 귀국을 습격했으나, 귀국은 이들을 쳐서 깨뜨렸습니다. 귀국의 용병이 예나 지금이나 어찌 이다지도 장합니까?"

단순한 립 서비스만은 아니다. 그는 역사적인 사실을 얘기하고 있기 때문이다. 이에 신사유람단원은 겸손하게 대꾸한다.

"우리나라가 싸움에 강했던 것이 아니라 의를 행하는 일에 용감했던 때문입니다."

조선 양반의 겸손함에 그 일본인은 한마디 더 곁들인다.

"귀국이 무력을 일신하면 아마 해외 여러 나라 중에서 손꼽히는 나라가 될 것 같습니다."

싫지 않은 칭찬이다. 싫은 말 못하는 일본인이긴 하지만, 그렇다고 이 말이 형식적인 것만은 아니었다. 이 일본인은 17세의 나이로 종군한 이래 많은 전투를 경험한 자였다. 서구열강이 강대해진 까닭도 이해하고 있었고, 서양에 대해 적개심도 갖고 있었다. 미국과 프랑스를 격파한 조선을 평가했던 것도 그 때문이다. 조선은 여전히 만만치 않은 나라로 비치고 있었던 것이다.

한국 역사에 대한 이 일본인의 이해와 인정은 자연스럽고 타당하다. 그러나 이런 한국 인식은 대세를 이루지 못한다. 고조선을 건국한 것은 단군이 아니라 기자(箕子)라는 중국인이라느니, 조선은 대대로 중국의 종속국이라느니, 한반도는 한사군이 설치된 중국의 식민지였다느니 하는 부정적이고 확실치 않은 사례만을 부각시키고 나선다. 여기다 왜곡된 한민족의 민족성을 부가시킨다. '불결한 조선인' '위험한 조선인' 등이 그것이다.

식민사관이라고 지탄받는, 왜곡되고 어두운 한국의 역사만을 강조해서 그들이 얻은 것이 무엇이겠는가? 이른바 혐한감정의 대두일 뿐이다. 만만치 않았던 한국의 역사, 현 일본인의 조상들이 입에 올렸던 이웃나라 한국의 당당한 역사를 이제 입에 올려야 한다.

쓰시마의 과거, 독도의 미래

백의민족과 흑의민족, 하얀색을 사랑한 민족과 검은색을 사랑한 민족, 이것이 한민족과 일본족의 차이다. 순결한 백색을 사랑한 만큼이나 욕심이 적었던 한민족, 그러나 일본은 그들이 사랑했던 검은색의 옷처럼 검게 물든 탐욕의 나라였다.

쓰시마 섬을 아는가? 부산의 태종대에 올라서면 바다 멀리 뿌옇게 떠있는 섬이 쓰시마이다. 부산에선 지척의 땅이다. 만약 일본이 독도가 지리적으로 자기 나라에 가깝다는 이유로 영유권을 주장한다면, 우리는 한국에 가깝다는 이유로 쓰시마의 영유권을 주장할 수도 있다.

지리적인 문제만이 아니다. 쓰시마 섬은 한국이 소유해도 될 어느 순간의 역사가 있었다. 그러나 점잖게 사양한 우리 조상들이다. 세종 원년인 1419년 6월, 조선 조정에서는 왜구의 근거지를 격파할 목적으로 이종무를 대장으로 한 쓰시마 섬 정벌을 단행한다. 공격목표는 하나였다. 정벌에 앞서 세종이 친히 한 말이 있다.

"다만 도적의 무리만을 토벌하라!"

무고한 다수의 양민까지 무차별 학살했던 일본 제국주의와는 질적으로 다르다. 게다가 세종은 대의명분도 잊지 않았다. 세종은 말한다.

"쓰시마 섬은 일본과 조선 사이에 있어서 항상 도적질을 일삼으며, 자기 왕의 명령에도 따르지 않는다. 그러므로 이제 내가 토벌하는 것이니, 일본의 왕이 들으면 반드시 기뻐할 것이다."

따라서 정의를 위한 도적 소굴의 정벌은 당연히 침략이 아니라 응징이었다.

쓰시마 섬 정벌이 단행되던 같은 시기, 일본 국내는 민심이 뒤숭숭했다. 교토에서는 쓰시마 섬을 공격한 것은 명나라와 조선의 연합군이며, 이어서 본토를 공격하게 될 거라는 소문이 나돌았기 때문이다. 혹은 이런 정보도 떠돌았다.

"6월 20일 몽고와 고려가 하나가 되어 군세 5백여 척이 쓰시마 섬으로 몰려들어 그 섬을 빼앗았다."

그들에게는 조선의 쓰시마 섬 정벌이 1백여 년 전에 있었던 몽고의 일본 침략 재현으로 비쳤던 모양이다. 그들은 1세기 전에 있었던 사건을 잊지 않았던 것이다. 그러니 불과 반세기 전에 있었던 일본의 식민통치를 우리가 아무리 성토해도 할 말이 없어야 될 일본이다.

일본의 위기를 운운하며 교토가 소란스러워지기 시작했을 때, 쓰시마 섬도 민심이 흉흉하기는 마찬가지였다. 방어태세도 풀지 못하고 편안히 자고 먹을 수 없는 것은 물론이며, 파괴된 가옥도 다시 지을 수 없는 긴장된 상황이 계속되었다.

조선의 정벌 목적이 왜구 근거지를 소탕하는 데 있고, 쓰시마 섬 그 자체를 정벌하는 데 있던 것은 아니지만, 쓰시마 섬은 한마디로 비상사태에 놓였다. 이 정도면 결사항전을 외침직한 그들이다.

그러나 사정은 그렇지 않았다. 조선의 정벌을 보는 쓰시마 섬 관리들의 눈은 의외의 것이었다. 조선을 '상국(上國)'이라고 칭하는 쓰시마 섬

관리는 이런 말을 한다.

"이 섬의 패역한 사람(왜구)이 상국을 침범함은, 첫째로 쓰시마 섬 영주를 속이고, 둘째로 장군을 속이고, 또 조선의 임금을 속인 것이다. 하늘이 이러한 사람을 싫어하니 어찌 오래 살 수 있겠는가? 그 무리들은 이제 다 멸망하였다. 쓰시마 섬 천토(天討: 조선의 정벌)가 사리에 맞는 일이므로 우리는 한 개의 화살도 발사한 일이 없다. 또 어떤 사람이 식수 보급로를 차단하기에 이를 보고 내가 제지하면서 '네가 비록 식수 보급로를 끊을지라도 천병(天兵: 조선의 군사)에게 무슨 손해가 있겠느냐?'고 하였다. 우리는 실로 이와 같이 하였을 뿐이고 다른 마음은 없다."

한마디로 조선의 쓰시마 섬 정벌을 달게 받았다는 뜻이다. 조선에 대한 호칭도 지극하다. 조선의 정벌을 '천토'로, 조선의 군사를 '천병'으로 표현할 정도니, 조선을 바라보는 쓰시마 섬의 눈길이 짐작된다.

그러나 비상사태에 놓여 있는 쓰시마 섬이다. 이 문제를 해결하기 위해 쓰시마 섬 정벌 다음해인 1420년, 쓰시마 섬의 고위관리가 사신으로 조선을 찾는다. 그는 조선에 제시할 강화조건을 품속에 넣고 있었다. 내용은 이런 것이었다. 쓰시마 섬을 경상도의 속주로 하고, 쓰시마 섬 영주가 조선의 관직을 받는다. 즉 조선에게 쓰시마 섬을 통치해줄 것을 자청하고 나선 것이다.

세종대왕은 그들의 청을 받아들인다. 그렇다고 세종이 웬 떡이냐 하며 쓰시마 섬을 덥석 받아먹은 것은 아니다. 조정의 대관들을 모아놓고 세종이 한 말은 이렇다.

"쓰시마 섬 사람들이 그 섬을 가지고 우리나라에 속하길 원하고 있다. 만약 우리가 그들의 청을 듣지 않는다면 어진 일이 아니다."

이 얼마나 어질고 당당한 태도인가! 그야말로 무욕의 세종이었고,

인덕의 세종이었다. 어쨌든 쓰시마 섬이 통째로 굴러들어온 것이다. 단 한 번의 영유권 주장도 없이!

그러나 쓰시마 섬 사신이 제시한 이런 강화조건은 조선과의 관계를 신속히 복원시키려는 개인적인 생각에서 나온 것일 뿐, 쓰시마 섬 영주와 협의를 거친 것은 아니었다. 쓰시마 섬에서는, 쓰시마 섬이 경상도에 복속된다는 조선측의 국서를 받고 무슨 영문인가 당황한다. 쓰시마 섬 사신과 영주의 의견이 어디선가 어긋난 것이다. 이런 복잡한 내막도 모른 채 쓰시마 섬을 방문한 조선의 사신도 당황하기는 마찬가지다. 앞뒤가 꼬여버렸기 때문이다.

영문도 모르는 쓰시마 섬에서는 조선의 정벌은 달게 받았지만, 섬을 조선에 복속시키는 문제에서는 완강히 저항했다. 그건 받아들일 수 없는 요구라는 것이었다. 언제 쓰시마 섬을 달라고 한 적이 있기나 했는가? 황당해진 조선의 사신은 대답한다.

"이 섬은 우리나라가 얻어도 살 수가 없고, 그 백성을 얻을지라도 쓸데가 없다. 다만 너희들이 보낸 사람이 우리나라에 속하기를 원하여 간청하므로 주상께서 경상도에 복속시켰을 뿐이다. 오늘 너희들의 뜻을 주상께서 만약 아신다면 그렇게 하지 않을 것이다. 내가 마땅히 이것을 주상께 계문할 것이니 잠깐 기다리도록 하라."

쓰시마 섬도 소용없고, 그 땅의 백성들도 쓸데없다고 응답하고 있으니, 세종대왕만큼이나 욕심이 없는 조선의 사신이다. 그래서 이 사신은 시 한 수를 남긴다.

메마른 땅 완악한 백성 쓸데가 없어
예로부터 중국이 이 오랑캐 싫어했네

제가 지금 의(義)를 사모하여 스스로 붙기를 원할 뿐

조선이 그 땅과 사람을 강요한 것 아니네

쓰시마 섬은 사방이 모두 돌산인지라 토지가 메마르고 백성들도 가난했다. 1443년 조선 조정에서는 쓰시마 섬이 조선과 가장 가까운 섬인데다가 매우 가난한 점을 감안하여 해마다 쌀을 보내주기로 한다. 임진왜란 이전까지 그들이 쌀밥을 먹을 수 있었던 것은 오직 조선 조정의 이같은 배려 덕택이었다.

임진왜란 2년 전에 일본을 방문한 김성일이 조선의 사신인 자신들이 앉아 있는 곳까지 가마를 타고 들어온 쓰시마 섬 영주의 무례함을 꾸짖은 것은 이런 관계였기 때문이다. 김성일의 말이다.

"대저 이 섬은 대대로 우리의 은혜를 받아 동쪽 울타리가 되고 있으니, 의리로 말하면 임금과 신하다. ……또한 이 섬에서도 우리 조정의 은혜와 신의가 중함을 알아 우러러 신뢰하기를 두터이 했기 때문에 번신이라고 자칭하여 각별히 속국의 법도를 지키며, 대대로 토산물을 가지고 와 대궐에 머리를 조아렸으니, 그 위엄에 놀라고 은덕에 보답함이 지극했던 것이다."

이 때까지만 하더라도 쓰시마 섬 여자들은 우리나라 의상을 많이 입고, 남자들은 거의 우리나라 언어를 해득했다고 한다. 왜국을 말할 때는 일본이라 하고, 우리나라를 말할 때는 조선이라 칭했으며, 애초부터 아주 일본으로 자처하지도 않았다. 평상시에 우리나라에서 얻는 이득이 많고 일본에서 얻는 것은 적기 때문에, 장수로부터 사졸에 이르기까지 조선을 따르고 받드는 마음이 일본에 대한 것보다 더했다.

이런 쓰시마 섬이 임진왜란 때는 배은망덕하게도 도요토미 히데요시의 앞잡이가 된다. 쓰시마 섬이 조선에서 보내준 쌀 이외의 쌀밥을 먹게 된 것은 침략자가 내려준 앞잡이에 대한 포상 때문이었다.

그러나 앞잡이가 치르게 될 대가는 컸다. 도요토미 히데요시가 죽고 난 다음인 1599년 3월, 일본에서는 조선과 중국이 쓰시마 섬을 토벌할 거라는 유언비어가 흉흉하게 나돌았다. 그럼에도 일본은 쓰시마 섬을 구원할 뜻이 없었다. 쓰시마 섬 영주도 교토에 몸을 숨기고 어쩔 수 없다고 내버려두었다. 이것이 당시 일본 사정이었다. 조선이 쓰시마 섬을 영유할 수 있는 호기였다. 쓰시마 섬 내부 사정도 별반 다를 게 없었다. 쓰시마 섬 영주의 최측근에 있던 한 관리는 이런 말을 한다.

"조만간에 일본이 쇠약해지고 상국 조선이 부강해져서 병력이 바다를 건너 동을 칠 경우에는 부득불 쓰시마 섬은 조선을 따르지 않을 수 없다."

통일된 의견은 아니지만, 한때 경상도에 복속되기를 자청했던 쓰시마 섬 고위관리는 이번에는 이런 말을 하고 나선다. 그래서 당시 어느 조선인은, 우리나라와 틈이 없으면 전적으로 조선에 붙을 생각을 갖고, 일본이 크면 또 일본에 따르고자 하는 쓰시마 섬을 흉악하고 간사한 무리라고 비난한다.

국교가 재개된 도쿠가와 시대, 쓰시마 섬에 들른 조선통신사들도 한결같이 쓰시마 섬을 조선의 '속국'이나 '번신(藩臣)', '울타리'라 칭하고 있다. 이에 대해 쓰시마 섬의 영주나 관리들이 이의를 제기한 적은 없다. 어떤 경우는 "조부 때부터 대대로 조선의 후한 은혜를 입었으니, 나는 실로 조선 사람입니다"라고 대답한 자도 있을 정도였다.

도쿠가와 막부 내에서도 쓰시마 섬의 영유권이 확실하게 어디에 있는지를 모른 적도 있다. 1617년 조선통신사 이경직은 자신들을 수행하던 쓰시마 섬의 고위관리로부터 이런 말을 듣는다. 장군의 한 측근은 쓰시마 섬의 고위관리에게 이런 질문을 한다.

"쓰시마 섬은 본시 조선이라…… 하는데 그런가?"(장군 측근)

"자세히 알지 못합니다. 그러나 거리로 말한다면 쓰시마 섬은 일본과는 멀지만, 조선과는 다만 바다 하나가 끼고 있을 뿐으로 반나절이면 왔다갔다할 수 있습니다."(대마도 고위관리)

이에 장군의 측근이 이렇게 말한다.

"너희 섬은 반드시 조선 지방이니, 마땅히 조선 일에 힘을 써야 할 것이다."

그러나 조선은 이전에도 그랬듯이, 이후에도 쓰시마 섬을 탐하지 않는다. 독도를 물고 늘어지는 지금의 일본과는 너무나 딴판이다. 쓰시마 섬이 조선으로부터 입은 은덕은 움직일 수 없다. 게다가 지리적으로도 조선에 가깝다. 이 때문에 때로는 쓰시마 섬이 조선의 일개 지방으로 복속되어도 좋을 객관적 조건까지 조성되었다. 그러나 조선은 언제나 공의로운 인덕과 당당함으로 대할 뿐이다.

탐욕의 일본, 무욕의 조선. 이것이 과거 한 · 일 양국의 얼굴이다.

동반자에서 침략자로

새로운 한·일관계를 누가 거부하랴! 그러나 이에 앞서 신뢰 구축이 필요하다. 그 신뢰는 과거를 잊는 데서 출발하는 것이 아니라, 일본이 과거 앞에 무릎을 꿇는 데서부터 시작된다. 새로운 한·일관계, 이는 동반자를 의미한다. 매사에 함께 동행하는 관계이다. 만일 일본이 이런 관계를 진정으로 원한다면 무릎을 꿇고 회개해야 될 일이 많이 있다. 한때 동반자를 얘기하다가 어느 날 침략자로 돌변한 과거가 흔히 있기 때문이다.

1876년 2월, 강화도 사건의 결과로 병자수호조약이 체결되고 한·일 교섭이 시작된 뒤, 김기수를 중심으로 하는 수신사가 일본에 파견되었다. 중대한 임무를 띠고 떠나는 길이니 주위의 많은 사람들이 이런저런 충고를 해준다. 시절이 시절인만큼 김기수가 들었던 충고의 내용도 여러 가지다.

김기수가 일본으로 출발하기 바로 전, 어떤 인사가 모리야마 시게루(森山茂)라는 일본 외무성 관리가 했다는 말을 들려준다. 그의 이야기에 따르면 모리야마는 세 손가락을 세워 보이며 자기에게 말하기를 "우리나라와 귀국과 중국이 이같이 된다면 어찌 구미국가를 두려워하겠습니까?"라고 했다는 것이다. 모리야마는 한·중·일 삼국동맹을 암시했던 것이다. 그러면서 이 인사는 모리야마라는 사람과 함께라면 서양을 방어할 술

책을 논의할 수 있다고 충고해 준다.

이 충고가 주효했는지, 도쿄에 도착한 김기수는 모리야마를 만난다. 모리야마는 김기수에게 일본이 처한 상황과 그래서 선택한 부국강병정책에 대해 이런저런 설명을 한다. 그리고 마지막으로 이런 말을 남긴다.

"귀국에 돌아가거든 확실하게 의논을 정하여 부국강병을 도모하여서 두 나라가 입술과 이처럼 서로 의지하여 외환을 방어하는 것이 우리들의 소망입니다."

김기수는 출국하기에 앞서 들었던 비슷한 취지의 모리야마 발언에 접한다. 김기수는 도쿄를 떠나기 전에도 외무경(寺島宗則)으로부터 비슷한 얘기를 다시 듣게 된다.

"강국 한 나라의 자립이 약국 두 나라가 서로 의지함만 같지 못한데, 이제 우리나라와 귀국은 그 거리가 작은 배로써도 능히 건너갈 수 있으니 입술과 이처럼 이해관계가 깊은 나라입니다. 만약 아프고 가려울 때 서로 돌보고, 있고 없는 것도 서로 융통하고, 근심과 기쁨도 맹세하여 같이한다면 능히 성사할 수 있을 것입니다."

일본의 외무관리들은 한결같이 조선과 일본의 밀접한 관계와 단합을 주장한다. 일본도 외로운 처지에 있던 터라 조선의 힘이 필요했을 것이다. 따라서 조선과 일본이라는 '약국 두 나라가 서로 의지'하는 것이 절실하기도 했다. 그러나 입으로는 그러면서도 실제로는 강화도에 대한 무력도발을 했으니, 일본에 대한 불신을 씻기가 힘들다.

5년 뒤인 1881년, 이번에는 신사유람단이 일본에 파견된다. 이때도 일본인들의 입에서는 동맹론이 나온다.

"옛날이라면 아시아 여러 나라가 서로 결속하지 않는 것도 큰 상관은 없습니다. 그러나 지금은 그 폐해가 너무 심합니다. 왜냐하면 천하의 대세가 일변했기 때문입니다. 구미의 여러 나라들이 발호하여 남의 나라를 삼키려 하고 있습니다. 이를 타개하기 위해서는 귀국과 우리나라, 그리고 청국이 서로 연합하여 그들과 대결해야 됩니다. 그렇게 한다면 구미는 고사하고 오대주의 웅대한 힘도 어려울 것이 없으니, 또한 통쾌하지 않겠습니까?"

혹은 이런 말을 하는 일본인도 있었다.

"호시탐탐하는 눈 푸른 놈들이 동양에서 발호…… 동아시아 여러 나라가 연횡하여 저들에게 위엄을 보이지 않으면 동양 모든 나라는 망해서 거의 초토가 될 것입니다. ……일본과 청나라와 조선이 더욱 밀접하게 되어 각각 안으로는 병력을 기르고, 밖으로는 위엄을 보여야 합니다. 그래서 만일 어느 날 일본이 영국 때문에 비상한 일이 있으면 청국과 조선이 그 뒤를 끊어주어야 되며, 청나라가 러시아에 대해서나, 조선이 프랑스에 대해서도 모두 이와 같이 하여야 할 것입니다. 이렇게 하면 영국의 짐승과 러시아의 날짐승이 날뛰더라도 무엇이 두려우며, 눈 푸른 놈들의 탐욕을 어찌 근심하겠습니까?"

한·중·일 삼국동맹론이 열기를 뿜고 있다. 사정이 이러니 일본을 의심하는 마음이 한편에 있으면서도, 1882년에 수신사로 일본에 파견된 박영효는 이런 말을 하게 된다.

"이로부터 광대뼈와 잇몸이 서로 의지하듯 형세가 서로 공고하고, 크고 작은 일에 서로 도와서, 두 나라 백성들로 하여금 만물을 화육하는 큰 은택을 함께 입고 옥금의 경사를 영원히 누리도록 하자."

그러나 이로부터 불과 2년 뒤인 1884년, 일본의 유력인사였던 후쿠자와는 '탈아론(脫亞論)'이라는 글을 발표하고 나선다. 일본도 서구열강이 아시아를 대하는 것같이 똑같은 방식으로 아시아를 대하자는 주장이다. 동반자에서 침략자로의 급선회다. 이후에 전개된 그들의 침략에 대해서는 생략하기로 하자. 우리에게는 이미 상식이기 때문이다. 대신 어느 중국인이 1929년 말엽 일본 신문기자에게 남긴 다음 글을 소개한다.

"제1차 세계대전 당시 일본이 大아시아주의를 진정으로 실현하고자 했다면, 1백 년 동안 동방을 침략했던 영국이나 프랑스, 러시아와 같은 길을 걸을 것이 아니었다. 세계대전은 천재일우의 기회이기 때문에 아시아 민족을 구제하는 방향으로 나갔어야 했다. 그러나 이른바 大아시아주의자인 일본의 군국주의자는 이런 커다란 구상을 갖고 있지 못했다. 그렇다면 일본은 엄정중립을 지켰어야 했다. 그런데도 이때를 이용해서 세력확장을 꾀하고, 영·일동맹을 간판으로 독일에 선전포고했다. 독일에 선전포고를 했다면 연합국의 충실한 벗이 되어야 하는데도, 프랑스 전선이 위급했을 때에 일본은 출병하지 않았다. 바르샤바가 함락돼서 위급한 때도 일본은 역시 출병하지 않았다. 오히려 여러 가지 이권을 강제적으로 중국으로부터 탈취하고 말았다. 러시아 후방을 원조한다는 명분 아래, 동아시아에 있는 러시아의 권익을 뺏고자 했다. 유럽에 군수품이 필요할 것으로 내다보고는 군수품을 비싸게 팔아먹어 국내에 졸부가 생길 정도였다. 한편에서는 함대를 출동시켜 독일령 남양군도 등을 빼앗고, 지중해 방면에서는 유럽에 대한 아시아 방파제인 터키를 함대로 압박했다. 인도에서는 인도양에 출병해서 인도의 민족자치를 억압했다. 일본은 연합국 입장에서 본다면 불난 집 도둑놈이라는 느낌이 들고, 아시아 각 민족의 입장에서 보면 아시아의 민족자결을 저지했다."

'불난 집 도둑놈!' 동반자에서 침략자로 돌변한 일본의 또 다른 이름이다. 얼마나 치욕스런 이름인가! 이 이름이 진정으로 수모스럽다면, 일본은 과거에 눈을 감을 것이 아니라 이 오명 앞에 무릎을 꿇어야 한다. 일구이언함이 없이 새로운 동반자이길 참으로 원한다면, 지금 일본에게 주어진 길은 오직 이것밖에 없다. 그리고 새로운 시작은 그 다음에 준비될 것이다.

다시 하는 주장,
일본을 알고 이야기하자

1982년 8월에 발생했던 일본의 역사교과서 첫 왜곡 기술. 이에 대한 우리의 항의는 뜨거운 여름만큼이나 격렬한 것이었다. 일본 대사관에 대한 항의시위, 일본상품 불매운동, 일본인 승차거부, 호텔의 숙박거부, 국교단절 등 일본과 관련된 모든 것을 거부하는 항의는 거의 전국적인 규모로 거세게 전개되었다.

역사교과서 왜곡문제로 반일 분위기가 한창 고조되던 시기에 당시 국내 한 신문의 사설은 이렇게 쓰고 있었다.

"이번 사건을 계기로 우리도 일본의 한국 연구처럼 일본에 대한 전반적인 연구를 체계적이고도 지속적으로 할 수 있는 태세를 완비해야 하며, 그러기 위해서는 가령 '일본연구소'같은 것을 국책기관으로 설치해야 하리라고 생각한다. 지금 국내 몇 군데에서 일본 관계 연구를 한다고 간판은 내걸었지만 연구실적을 보아 유명무실한 실정이다.……이런 점에서 보더라도 이번 사건을 호기로 삼아 앞으로 체계적인 일본 연구를 위해 정부 관계자, 학계의 적극적인 노력이 경주돼야 할 줄 안다."

이 사설이 거론한 국책기관으로서의 '일본연구소'는 일개 부속기관인 일본국이나 일본실이 아닌 전문적으로 일본 연구를 수행하는 종합적인 '일본연구센터'를 지칭하는 것으로 이해된다. 그러나 그날 이후 오늘에 이르기까지 '일본연구소'라는 국책기관은 어디에도 존재하지 않는다. 일본의 언어도단적이고 도발적인 작태에 대한 뜨거운 분노와 열정적인 논의를 무색하게 만들어버리는 빈곤한 대응이다.

그렇다고 일본 연구도 더불어 빈곤한 것은 아니다. 적지 않은 연구가 있었음은 물론이다. 그러나 전문적인 학술지에 발표되어 있을 일본에 관한 뛰어난 논의는 불행하게도 일반 시민들에게는 알려지지도 않은 채 어딘가에 묻혀져 있다.

한·일간의 역사는 선린우호와 대치관계의 끊임없는 반복이었다. 백제와는 긴밀한 교류관계를 유지하면서도, 신라와는 군사적 충돌을 되풀이하던 삼국시대의 한·일관계가 있다. 순탄한 평화와 왜구의 침노로 긴장되던 고려시대의 한·일관계도 있다. 임진왜란과 조선통신사로 상징되는 대결과 교린이 교차한 조선시대의 한·일관계도 있다. 그리고 36년간의 대립과 해방 후 반세기에 걸친 총성없는 평화도 있다. 씻을 수 없는 치욕의 역사는 단 한 번 찾아든 대결에서 패했기 때문이다.

세상의 모든 나라가 그러하듯이, 국경이 가까우면 부딪치는 일도 빈번할 수밖에 없다. 평화로울 때야 누가 총검을 생각하랴! 그러나 예기치 못하는 위기는 평화로울 때에 준비되어야 한다. 때에 이르면 모두가 경황이 없기 때문이다. 그리고 그 준비는 증오와 원한을 떠나, 있는 그대로의 실체를 아는 데서부터 출발한다. 이것 때문에 국책기관으로서의 '일본연구소'가 필요하다고 주장되었을 것이다.

일본에 대한 평가는 그 다음 일이다. 일본을 변변치 못한 나라로 생각할 때는 당연히 일본에 대한 대응은 소홀할 것이고, 일본에 대한 인식이 충분치 못한 경우에도 대응은 허술할 것이다. 이 소홀하고 허술한 모든 것이 필경에는 일본에 대한 대응을 그르치게 만들 것이다. 다시 한 번 찾아들 대결에서도 우리들에게 치욕을 안겨다줄 원인이다.

우리들에게 중대한 피해를 가했던 임진왜란이나 조선합방, 그리고 위력적인 일본제품 등은 보잘것없고 무시해도 좋은 일본인에 의해서 이루어진 것이 아니다. 우리들이 모르고 있던, 그러나 무시할 수 없는 그들의 힘에 의해서 이루어진 것이다. 지금 또다시 일본이 가지고 있는 힘에 대해 무지하거나 이를 무시하는 것은 언젠가 겪었던 쓰라린 고통을 스스로 준비하는 거나 진배없다.

옛 사람들의 전법에 의하면, 모름지기 전쟁에서는 적의 성을 공격하는 것보다 자기의 성을 지키는 것이 훨씬 어렵고 중요하다고 한다. 자기성을 충실히 지키기 위해서는 당연히 적의 실체를 알아야 한다. 라이벌의 강점을 숙지해 두는 것이 가장 빠르고 확실한 방어를 약속해 주기 때문이다. 약점과 단점을 아는 것도 아주 중요하다. 공격 포인트는 바로 거기에 있기 때문이다. 그리고 배울 때는 적의 강점으로부터도 배우는 것, 이것이 영광스런 승자의 조건이다.

우리가 알고 있는 로마제국은 세계적인 대제국을 건설하여 경영한 최초의 나라이다. 하지만 생성기의 로마는, 지금의 로마와는 달리 도로라고 불릴 만한 것은 아무 것도 없었고, 가옥들은 무질서하게 여기저기 서 있었으며, 게다가 아주 작은 것들밖에 없었던 자그마한 도시에 지나지 않았다. 로마는 여타의 부족들과 마찬가지로 소규모 집단의 일개 시골 부족이었다.

그러나 이탈리아 반도에 거주하고 있던 수많은 부족 가운데 하나였던 자그마한 로마가 세계를 제패하기에 이른 것이다. 그 원동력은 무엇이었을까? 프랑스의 유명한 정치사상가이자 역사가인 몽테스키외는 이렇게 지적하고 있다.

"로물루스(로마 건국의 시조)와 그의 후계자들은 근린 민족과 거의 매일같이 전쟁을 했다. 로마인들은 주변 민족과 싸우는 과정에서, 적이 소지하고 있는 것 가운데 좋은 것을 발견했을 때는 언제든지 자신들의 관행을 던져버리고 그것을 채택했다. 로마인들은 에스파냐 풍 칼의 장점을 알게 된 순간 자신들의 검을 버렸으며, 누미디아의 말, 크레타의 화살, 바레아레스의 투석병, 로도스의 배를 자기 것으로 만들기 위해 모든 수단을 강구했다."

로마가 세계의 주인공이 될 수 있었던 것은 우호적인 동맹국이든, 피를 흘리며 전투를 벌여야 했던 적대국가였든 구별하지 않고 오로지 상대를 알고 자기를 알고자 했던 열린 자세에 있었다.

우리는 여기서, 자기를 개조시키는 데 결코 주저함이 없었고 타인의 장점을 자기 변신의 디딤돌로 삼는 데 조금도 인색하지 않았던 로마인들의 자세를 읽어낼 수 있다. 화려한 과거를 가지고 있는 국가에게는 충분히 그럴 만한 사유가 있고, 그 반대도 역시 마찬가지이다.

단지 경제적 이익 하나만을 위해서도 베네치아의 일개 상인에 지나지 않았던 마르코 폴로 일행은 험준한 산맥을 넘고 대하를 건너 생명을 건 기나긴 동방 여정에 올랐다. 하물며 한 나라, 더욱이 그 나라가 자국의 운명에 심대한 관련을 가진 나라의 구석구석을 살펴보는 긴 여정은 마르코 폴로 이상의 시련과 고난이 될지라도 마다할 바가 못된다.

우리는 이 여정을 통해 긍정적인 의미에 있어서든 부정적인 의미에 있어서든, 적지 않은 전리품을 획득하게 될 것이다.

비록 일본이 우리의 경쟁적인 나라일지라도 음습한 그늘만큼이나 빛도 있다. 모든 것이 다 그러하듯이, 일본에도 빛과 그늘이라는 명백한 두 가지 모습이 있다. 눈을 감는다고 없어지는 그런 것이 아니다. 오히려 두 눈을 부릅뜨고 직시해야 되는 빛과 그늘이다. 마치 로마인들처럼이나!

일본의 무엇을 거부하고 무엇을 경계할 것인가? 그들의 모든 것인가, 아니면 선택적이어야 되는가?

태평양전쟁 당시 진주만 기습작전을 지휘했던 일본 연합함대 사령관은 야마모토 이소로쿠(山本五十六)였다. 일본 해군의 제1인자였던 그는 출중한 지도력과 판단력을 지니고 있었고, 미국과의 전쟁을 승산없는 싸움이라고 여겨 마지막까지 태평양전쟁을 반대하기도 했다. 그는 태평양의 솔로몬 섬 상공에서 죽었다. 그가 탄 비행기가 미군의 전투기에 의해 격추당한 것이다. 미군의 계획된 요격이었다.

왜 그는 요격을 당했을까? 태평양전쟁 발발 이후, 미군은 일본의 해군 지휘관들을 면밀히 분석했다. 연합함대 사령관이었던 야마모토도 당연히 그 대상에 올라 있었다. 미군의 분석 포인트는 간단했다. 일본 해군 내에서 가장 능력있는 지휘관이 누구인가 하는 점이었다. 미군은 그 지휘관을 제거하고자 했던 것이다.

만일 일본 해군 내에 야마모토보다 더 유능한 지휘관이 있다면, 미군은 다행히도 덜 유능한 야마모토를 상대하고 있는 셈이 된다. 따라서 미군으로서는 야마모토를 상대하는 게 훨씬 유리하다. 그러나 야마모토를 능가하는 지휘관이 없다면, 미군은 일본 해군 안에서 최강의 지휘관을 상대로 전투를 하고 있는 셈이 된다. 곧 미군으로서는 야마모토를 상대하는 게 당연히 불리할 수밖에 없다.

결론은 하나였다. 야마모토를 능가하는 지휘관은 없다는 판단이었다. 야마모토가 전선 시찰을 위해 비행기에 오른다는 무선교신을 해독한 미군은 정확하게 야마모토를 요격하는 데 성공한 것이다. 미군으로서는 일본 해군의 모든 지휘관이 적이었다. 그러나 가장 경계해야 될 단 한 명의 지휘관을 선택적으로 제거하기 위해서 냉정해야 했다. 많은 것을 시사하는 비화이다.

일본의 무엇을 거부하고 무엇을 경계할 것인가? 모든 것인가, 아니면 선택적이어야 되는가? 어떤 것이 우리들로 하여금 많은 것을 얻게 하는가, 오직 이 한 가지가 중요하다. 이 비화처럼 우리들에게도 무조건의 반일이 아니라 일본에 대한 선별된 의식이 요구되는 것이다.

1부 │ 모방의 천재, 그러나 중심은 일본이다

會澤安, 〈新論〉, 橋川文三 편, 《藤田東湖》(中央公論社, 1974).

휫셀, 《日本風俗備考1~2》, 庄司三男·沼田次郎 역주(平凡社, 1978).

고로닌, 《러시아 士官이 본 德川日本》, 德力眞太郎 역(講談社, 1985).

강항, 〈看羊錄〉, 민족문화추진회, 《해행총재 II》(민족문화문고간행회, 1974).

황준헌, 《日本雜事詩》, 實藤惠秀, 豊田穰 역(東洋文庫, 1968).

챔벌린, 《日本事物誌 1》, 高梨健吉 역(平凡社, 1969).

W. 모라에스, 《일본정신》, 花野富藏 역(講談社, 1992).

발리냐노, 《日本巡察記》, 松田毅一 외 역(東洋文庫, 1973).

이경직, 〈扶桑錄〉, 민족문화추진회, 《해행총재 III》(민족문화문고간행회, 1975).

戴季陶, 《일본론》, 市川宏 역(社會思想社, 1983).

곤찰로프, 《日本渡航記》, 井上滿 역(岩波書店, 1941).

시볼트, 《江戶參府紀行》, 齊藤信 역(平凡社, 1977).

켐펠, 《江戶參府旅行日記》, 齊藤信 역(平凡社, 1977).

山崎今朝彌 저, 《地震·憲兵·火事·巡査》, 森長英三郎 편(岩波文庫, 1982).

熊澤蕃山, 〈集義和書〉·〈集義外書〉, 伊東多三郎 편, 《中江藤樹·熊澤蕃山》(中央公論社, 1972).

富永仲基, 〈翁の文〉, 加藤周一 편집, 《富永仲基·石田梅岩》(中央公論社, 1972).

貝原益軒, 〈大和俗訓〉·〈家道訓〉·〈大疑錄〉, 松田道雄편집, 《貝原益軒》(中央公論社, 1969).

本居宣長, 《うひ山ふみ·鈴屋答問錄》, 村岡典嗣 교정(岩波文庫, 1934).

김기수, 〈日東記遊〉, 민족문화추진회, 《해행총재 X》(민족문화문고간행회, 1977).

中江藤樹, 〈翁問答〉, 伊東多三郎 편, 《中江藤樹·熊澤蕃山》(中央公論社, 1976).

本多利明,〈西域物語〉, 佐藤昌介 편,《渡邊崋山·高野長英》(中央公論社, 1984).

帆足萬里,《東潛夫論》, 帆足圖南次 교정(岩波文庫, 1941).

佐久間象山,〈省諐錄〉, 松浦玲 편집,《佐久間象山·横井小楠》(中央公論社, 1970).

메치니코프,《망명 러시아인이 본 명치유신》, 渡邊雅司 역(講談社, 1982).

和田淸, 石原道博 편역,《魏志倭人傳·後漢書倭傳·宋書倭國傳·隋書倭國傳》
   (岩波書店, 1951).

宇治谷孟 역,《日本書記》(講談社, 1988).

武田裕吉 역주,《古事記》(角川書店, 1977).

송희경,〈일본행록〉, 민족문화추진회,《해행총재 VIII》(민족문화문고간행회,
   1977).

_____,《노송당 일본행록−조선사절이 본 중세 일본》, 村井章介 교정(岩波書
   店, 1987).

경섬,〈해사록〉, 민족문화추진회,《해행총재 II》(민족문화문고간행회, 1974).

藤田幽谷,〈修史始末〉, 橋川文三 편집,《藤田東湖》(中央公論社, 1974).

山鹿素行,〈武教小學〉·〈配所殘筆〉, 田原嗣郎 역,《山鹿素行》(中央公論社, 1971).

_____,《中朝事實》(中朝事實刊行會, 1985).

이헌영,〈日槎集略〉, 민족문화추진회,《해행총재 X》(민족문화문고간행회,
   1977).

奈良本辰也,《吉田松陰》(岩波新書, 1951).

絲屋壽雄,《大村益次郎》(中公新書, 1971).

鈴木明,《維新前夜−스핑크스와 34인의 사무라이》(小學館, 1988).

澁澤榮一,《雨夜譚》(岩波書店, 1984).

木村毅,《西園寺公望》(時事通信社, 1958).

R. H. 브란톤,《고용 외국인이 본 근대 日本》, 德力眞太郎 역(講談社, 1986).

大久保泰甫,《ボワソナアド》(岩波新書, 1977).

E. H. 노만,《일본에 있어서 근대국가의 성립》, 犬窪愿二 역(岩波書店. 1993).

東京日日新聞 社會部 편,《戊辰物語》(岩波文庫, 1983).

大島直政,《ケマル·パシヤ傳》(新潮社, 1984).

헨리 휴스켄,《휴스켄 日本日記》, 靑木枝朗 역(岩波書庫, 1989).

〈主要外交文書〉, 外務省外交史料館 日本外交史辭典 編纂委員會 편집,《日本外
   交辭典》(大藏省, 1979).

제2부 일본의 두 얼굴, 아무도 그 속을 모른다

발리냐노,《日本巡察記》, 松田毅一 외 역(東洋文庫, 1973).

프랑소와 카론,《日本大王國志》, 幸田成友 역(平凡社, 1967).

켐펠,《江戶參府旅行日記》, 齊藤信 역(平凡社, 1977).

W. 모라에스,《일본정신》, 花野富藏 역(講談社, 1992).

경섬,〈해사록〉, 민족문화추진회,《해행총재 II》(민족문화문고간행회, 1974).

강홍중,〈東槎錄〉, 민족문화추진회,《해행총재 III》(민족문화문고간행회, 1975).

이경직,〈扶桑錄〉, 민족문화추진회,《해행총재 III》(민족문화문고간행회, 1975).

木下眞弘,《維新舊幕比較論》, 宮地正人 교정(岩波文庫, 1993).

이형구,《단군과 단군조선》(살림터, 1995).

김은태,《단군선민의 역사》(해인, 1991).

홍순백 구술,《事行寶鑑》제1집(고대원출판사, 1992).

山住正己,《敎科書》(岩波書店, 1970).

中村紀久二,《敎科書の社會史》(岩波書店, 1992)

熊澤蕃山,〈集義和書〉·〈集義外書〉, 尹東多三郎 편,《中江藤樹·熊澤蕃山》(中
    央公論社, 1976).

戴季陶,《日本論》, 市川宏 역(社會思想社, 1983).

賴山陽,〈日本外史〉, 賴惟勤 편집,《賴山陽》(中央公論社, 1972).

會澤安,〈新論〉, 橋川文三 편,《藤田東湖》(中央公論社, 1974).

上杉聰,《天皇制と部落差別》(三一新書, 1990).

下村海南,《終戰秘史》(講談社, 1985).

參謀本部 편,《敗戰の記錄》, 明治百年史叢書(原書房, 1967).

〈公議所日誌〉, 朝倉治彦 편,《太政官日誌》별권4(東京堂, 1985).

社會敎育協會 편,《勤皇文庫》, 御聖德篇(社會敎育協會, 1940).

松本三之介,《近代日本思想大系》30(筑摩書房, 1976).

土屋義衛 편저,《史料近代日本史》(新聞資料硏究會, 1933).

吉野作造 편,《明治文化全集 雜史篇》제22권(日本評論社, 1929).

福澤諭吉,《文明論之槪略》(岩波文庫, 1962)

〈集議院日誌〉, 朝倉治彦 편,《太政官日誌》별권4(東京堂, 1985).

尾佐竹猛,《維新前後における立憲思想》(實業之日本, 1948).

E. H. 노만,《일본에 있어서 근대국가의 성립》, 大窪愿二 역(岩波書店, 1993).

〈主要外交文書〉, 外務省外交史料館 日本外交史辭典 編纂委員會 편집,《日本外
交辭典》(大藏省, 1979).

森田芳夫, 長田がな子 편,《朝鮮終戰の記錄》, 자료편 제1권(嚴南堂書店, 1979).

헨리 휴스켄,《휴스켄 日本日記》, 靑木枝朗 역(岩波書店, 1989).

R. H. 브란톤,《고용 외국인이 본 근대 일본》, 德力眞太郎 역(講談社, 1986).

飛鳥井雅道,《文明開化》(岩波新書, 1985).

田村貞雄,《殖産興業》(敎育社, 1977).

東京日日新聞 社會部 편,《戊辰物語》(岩波文庫. 1983).

고로닌,《러시아 士官이 본 德川日本》, 德力眞太郎 역(講談社, 1985).

佐久間象山,〈上書 海防策〉, 松浦玲 편집,《佐久間象山·橫井小楠》(中央公論
社, 1970).

杉亨二,〈러시아 표트르왕의 유훈〉, 吉野作造 편,《명치문화전집》제18권(日本
評論社, 1928).

福澤諭吉,《改訂 福翁自傳》(岩波文庫, 1954).

絲屋壽雄,《大村益次郎》(中公新書, 1971).

石井良助,《江戶の刑罰》(中公新書, 1964).

〈公議所日誌〉, 朝倉治彦 편,《幕末明治日誌集成》제3권(東京堂, 1986).

황준헌,《日本雜事詩》, 實藤惠秀, 豊田穰 역(東洋文庫, 1968).

吉野作造 편,《明治文化全集 憲政篇》제4권(日本評論社, 1928).

小澤一郎,《日本改造計劃》(講談社, 1993).

和田淸, 石原道博 편역,《魏志倭人傳·後漢書倭傳·宋書倭國傳·隋書倭國傳》
(岩波書店, 1951).

시볼트,《江戶參府紀行》, 齊藤信 역(平凡社, 1697).

송희경,〈일본행록〉, 민족문화추진회,《해행총재 Ⅷ》(민족문화문고간행회,
1977).

_____,《노송당 일본행록─조선사절이 본 중세 일본》, 村井章介 교정(岩波書
店, 1997).

신유한,《海游錄》, 강재언 역(平凡社, 1974).

_____,〈海遊錄〉, 민족문화추진회,《해행총재 Ⅱ》(민족문화문고간행회, 1974).

박대양,〈東槎漫錄〉, 민족문화추진회,《해행총재 Ⅹ》(민족문화문고간행회, 1977).

G. 비고, 《비고 일본소묘집》, 淸水勳 편(岩波書店, 1986).

思想の科學硏究會 편, 《共同硏究・日本占領軍 その光と影》(德間書店, 1978).

휫셀, 《日本風俗備考 1~2》, 庄司三男・沼田次郎 역주(平凡社, 1978).

임광, 〈丙子 日本日記〉, 민족문화추진회, 《해행총재 III》(민족문화문고간행회, 1975).

京極純一, 《日本人と政治》(東京大學出版會, 1986).

곤찰로프, 《日本渡航記》, 井上滿 역(岩波書店, 1941).

遊佐慶夫, 《古バビ口ニア法の硏究》(嚴松堂書店, 1935).

강항, 〈看羊錄〉, 민족문화추진회, 《해행총재 II》(민족문화문고간행회, 1974).

藤野豊, 《日本ファシズムと醫療》(岩波書店, 1993).

小川鼎三, 《醫學の歷史》(中公新書, 1964).

R. J.サミュエルズ저, 鈴木健次 역, 〈アメリカの《日本論》を總點檢する〉, 〈中央公論〉1992년 5월호.

메치니코프, 《망명 러시아인이 본 명치유신》, 渡邊雅司 역(講談社, 1982).

제3부 죄악의 과거사, 떠들어라, 우리는 계속 간다

멘데스 핀토, 《東洋遍歷記 2》, 岡村多希子 역(平凡社, 1980).

田中義成, 《織田時代史》(講談社, 1980).

발리냐노, 《日本巡察記》, 松田毅一 외 역(東洋文庫, 1973).

新井白石, 《西洋紀聞》, 宮崎道生 교주(東洋文庫, 1968).

니콜라이, 《ニコライの見た幕末日本》, 中村健之介 역(講談社, 1979).

고로닌, 《러시아 士官이 본 德川日本》, 德力眞太郎 역(講談社, 1985).

도날드 킨, 《日本人の西洋發見》, 芳賀徹 역(中公文庫, 1982).

휫셀, 《日本風俗備考 1~2》, 庄司三男・沼田次郎 역주(平凡社, 1978).

시볼트, 《江戶參府紀行》, 齊藤信 역(平凡社, 1967).

곤찰로프, 《日本渡航記》, 井上滿 역(岩波書店, 1941).

강항, 〈看羊錄〉, 민족문화추진회, 《해행총재 II》(민족문화문고간행회, 1974).

강홍중, 〈東槎錄〉, 민족문화추진회, 《해행총재 III》(민족문화문고간행회, 1975).

박대양, 〈東槎漫錄〉, 민족문화추진회, 《해행총재 X》(민족문화문고간행회, 1977).

下村海南,《終戰秘史》(講談社, 1985).

헨리 휴스켄,《휴스켄 日本日記》, 靑木枝朗 譯(岩波書店, 1989).

西川如見,〈華夷通商考〉, 瀧本誠一 편,《日本經濟大典》제4권(明治文獻, 1966).

桂川甫周, 龜井高孝 교정,《北槎聞略－大黑屋光太夫ロシア漂流記》(岩波文庫,
   1990).

室賀信夫, 矢守一彦 편역,《蕃談 漂流の記錄 1》(東洋文庫, 1965)

신유한,《海遊錄》, 姜在彦 역주(東洋文庫, 1974).

메치니코프,《망명 러시아인이 본 메이지 유신》, 渡邊雅司 譯(講談社, 1982).

이헌영,〈日槎集略〉, 민족문화추진회,《해행총재 X》(민족문화문고간행회,
   1977).

佐藤信淵,《宇內混同秘策》, 瀧本誠一 편,《日本經濟大典》제18권(明治文獻,
   1968).

_____,〈垂統秘錄〉, 瀧本誠一 편,《日本經濟大典》제18권(明治文獻, 1968).

成瀬恭,《歪められた國防方針》(サイマル出版會, 1991).

戴季陶,《日本論》, 市川宏 譯(社會思想社, 1983).

西川如見,〈日本水土考〉, 瀧本誠一 편,《日本經濟大典》제4권(明治文獻, 1966).

林子平,〈三國通覽圖說〉, 山岸德平, 佐野正巳 편,《新編 林子平全集 2》(第一書
   房, 1979).

_____,《海國兵談》, 村岡典嗣 교정(岩波文庫, 1939).

工藤平助,《赤蝦夷風說考》, 井上隆明 譯(教育社, 1979).

辻善之助,《田沼時代》(岩波文庫, 1980).

本多利明,〈西域物語〉, 佐藤昌介 편,《渡邊崋山·高野長英》(中央公論社, 1984).

_____,〈經世秘策〉, 瀧本誠一 편,《日本經濟大典》제20권(明治文獻, 1968).

_____,〈經濟放言〉, 瀧本誠一 편,《日本經濟大典》제20권(明治文獻, 1968).

間宮林藏,《東韃紀行》, 大谷恒彦 譯(教育社, 1986).

會澤安,〈新論〉, 橋川文三 편,《藤田東湖》(中央公論社, 1974).

〈主要外交文書〉, 外務省外交史料館 日本外交史辭典 編纂委員會 편집,《日本外
   交辭典》(大藏省, 1979).

石原愼太郎, 渡部昇一, 小川和久 공저,《それでもNOと言える日本》(光文社,
   1990).

高野長英,〈知彼一助〉, 佐藤昌介 편,《渡邊崋山·高野長英》(中央公論社, 1984).

松浦玲 편,《佐久間象山・橫井小楠》(中央公論社, 1970).

江藤淳, 勝部眞長 편,《勝海舟全集 12》(勁草書房, 1971).

服部之總,《黑船前夜・志士と經濟 타16편》(岩波文庫, 1981).

橋本左內,《啓發錄》, 伴五十嗣 역주(講談社, 1982).

杉田一次,《情報なき戰爭指導 大本營情報參謀の回想》(原書房, 1987).

近衛文麿, 〈英米本位の平和主義を排す〉,《日本及日本人》746호(1918년 12월
　　15일).

角田順 편,《石原莞爾資料 國防論策篇》(原書房, 1967).

松尾尊兌 편,《石橋湛山評論集》(岩波文庫, 1984).

參謀本部 편,《杉山メモ》(原書房, 1967).

井上淸,《천황의 전쟁책임》(現代評論社, 1975).

參謀本部 편,《敗戰の記錄》, 明治百年史叢書(原書房, 1967).

井上光貞, 笠原一男, 兒玉幸多 외 7명 저,《상설 일본사》신판(山川出版社, 1975).

井上光貞,《日本史》(學生社, 1952).

家永三郎,《檢定不合格 日本史》(三一書房, 1974).

小田實 편,《〈敎科書〉をアジア人と考える》(三友社, 1983).

제4부 숙명의 한·일관계, 그 애증의 뿌리

宇治谷孟 역,《日本書紀》(講談社, 1988).

北畠親房,《神皇正統記》, 松村武夫 역(敎育社, 1980).

旗田巍,《日本人の朝鮮觀》(勁草書房, 1969).

井上光貞, 笠原一男, 兒玉幸多 외 7명 저,《상설 일본사》신판(山川出版社, 1975).

新井白石, 〈古史通或問〉, 桑原武夫 편집,《新井白石》(中央公論社, 1969).

直木孝太郎,《日本史》三訂版(實敎出版, 1988).

武田裕吉 역주,《古事記》(角川書店, 1977).

三善淸行, 〈意見封事 十二箇條〉, 瀧本誠一 편,《日本經濟大典》제1권(明治文
　　獻, 1966).

一條兼良, 〈樵談治要〉, 瀧本識一 편,《日本經濟大典》제1권(明治文獻, 1966).

林子平,《海國兵談》, 村岡典嗣 교정(岩波文庫, 1939).

_____, 〈三國通覽圖說〉, 山岸德牟・佐野正巳 편, 《新編 林子平全集2》(第一書房, 1979).

西山德, 《吉田松陰》(皇國館大學出版部, 1970).

上彬聰, 《天皇制と部落差別》(三一新書, 1990).

佐田白茅, 〈征韓論の舊夢談〉, 吉野作造 편, 《明治文化全集》 제22권(日本評論社, 1929).

_____, 〈征韓評論〉, 吉野昨造 편, 《明治文化全集》 제22권(日本評論社, 1929).

芝原拓自 외 2명 교주, 《對外觀》, 日本近代思想大系 12(岩波書店, 1988).

시볼트, 《江戶參府紀行》, 齊藤信 역(平凡社, 1967).

횟셀, 《日本風俗備考 1~2》, 庄司三男・沼田次郎 역주(平凡社, 1978).

니콜라이, 《ニコライの見た幕末日本》, 中村健之介 역(講談社, 1979).

황준헌, 《日本雜事詩》, 實藤惠秀, 豊田穰 역(東洋文庫, 1968).

大山梓 편, 〈山縣有朋意見書〉, 《明治百年史叢書》(原書房, 1966).

〈主要外交文書〉, 外務省外交史料館 日本外交史辭典 編纂委員會 편집, 《日本外交辭典》(大藏省, 1979).

宇治田直義, 《幣原喜重郎》(時事通信社, 1958).

參謀本部 편, 《杉山メモ》(原書房, 1967).

保科善四郎, 《大東亞戰爭秘史－失われた和平工作 》(原書房, 1975).

森田芳夫, 長田がな子 편, 《朝鮮終戰の記錄》, 資料編 제1권(嚴南堂書店, 1979).

種村佐孝, 《大本營機密日誌》(ダイヤモンド社, 1952).

參謀本部 편, 《敗戰の記錄》, 明治百年史叢書(原書房, 1967).

下村海南, 《終戰秘史》(講談社, 1985).

정몽주, 〈鄭圃隱 奉使時作〉, 민족문화추진회, 《해행총재 Ⅰ》(민족문화문고간행회, 1974)

송희경, 〈일본행록〉, 민족문화추진회, 《해행총재 Ⅷ》(민족문화문고간행회, 1974).

_____, 《노송당 일본행록－조선사절이 본 중세 일본》, 村井章介 교정(岩波書店, 1987).

신숙주, 〈해동제국기〉, 민족문화추진회, 《해행총재 I》(민족문화문고간행회, 1974).

_____, 《해동제국기－조선인이 본 중세 일본과 유구》, 田中健夫 역주(岩波書

店, 1991).

김성일, 〈해사록〉, 민족문화추진회, 《해행총재 I》(민족문화문고간행회, 1974).

경섬, 〈해사록〉, 민족문화추진회, 《해행총재 II》(민족문화문고간행회, 1974).

오윤겸, 〈東槎日錄〉, 민족문화추진회, 《해행총재 II》(민족문화문고간행회, 1974).

이경직, 〈扶桑錄〉, 민족문화추진회, 《해행총재 III》(민족문화문고간행회, 1975).

신유한, 《海游錄》, 강재언 역(平凡社, 1974).

———, 〈해유록〉, 민족문화추진회, 《해행총재 II》(민족문화문고간행회, 1974).

이헌영, 〈日槎集略〉, 민족문화추진회, 《해행총재》(민족문화문고간행회, 1977).

켐펠, 《江戸參府旅行日記》, 齊藤信 역(平凡社, 1977).

강홍중, 〈東槎錄〉, 민족문화추진회, 《해행총재 III》(민족문화문고간행회, 1975).

임광, 〈丙子 日本日記〉, 민족문화추진회, 《해행총재 III》(민족문화문고간행회, 1975).

森川哲郎, 《幕末暗殺史》(三一書房, 1967).

———, 《明治暗殺史》(三一書房, 1969).

강항, 〈看羊錄〉, 민족문화추진회, 《해행총재 II》(민족문화문고간행회, 1974).

藤原彰, 《軍事史》(東洋經濟新報社, 1961).

김기수, 〈日東記游〉, 민족문화추진회, 《해행총재 X》(민족문화문고간행회, 1977).

박영효, 〈使和記略〉, 민족문화추진회, 《해행총재 X》(민족문화문고간행회, 1977).

戴季陶, 《日本論》, 市川宏 역(社會思想社, 1983).

인용문헌 외에 일본사를 개괄적으로 이해하고자 하는 독자를 위해 사전류, 통사, 정치사, 법제사, 외교사, 군사사, 경제사, 사회사, 종교사, 교육사, 학문사, 사상사, 문화사, 생활·풍속사, 여성사에 관한 기본적이고 대표적인 참고문헌을 소개한다.

《明治事物起源》(石井研堂, 日本評論社)

1887년부터 1900년대 후반까지 약 20년에 걸쳐 씌어진 대저이다. 메이지 유신 이후의 모든 사물(인사, 법률, 정치, 국제, 미술, 음악, 종교, 교육학술, 신문잡지, 문예, 교통, 상업금융, 농업, 공업, 군사, 병질, 놀이, 지리, 의상, 음식, 거주, 기재, 동식물로 분류)에 관한 기원을 자료에 입각해서 고증한 총서로, 1907년에 초판이 나왔다. 1940년 저자가 사망할 때까지 수 차례에 걸쳐 개정이 이루어졌으며, 최종판의 분량은 초판의 두 배에 달한다.

《日本を知る事典》(大島健彦 외 5명 편, 社會思想社)

가족과 사회, 직업, 주거와 가구, 의복과 화장, 음식과 식습관, 생활의 지혜, 계절과 연중행사, 신앙, 예능과 유희, 언어와 표현, 일본인의 마음 등 12개 항목으로 분류해서 서술한 저서. 일본 근현대사 연구에서 반성해야 할 점을 예리하게 지적하고 있다.

《近代日本政治史必携》(遠山茂樹·安達淑子 편, 岩波書店)

메이지 유신 이후부터 패전에 이르는 일본근대사 가운데서 정치사와 관련된 내용에 국한하고 있지만, 의회연표, 내각교체표, 육·해군 고관일람표, 총선거 정당별 표수일람표 등이 실려 있어서 근대일본정치사를 개관하는 데 많은 도움이 된다.

《日本陸海軍の制度·組織·人事》(日本近代資料研究會 편, 東京大學出版會)

일본의 육·해군은 메이지 유신 이래 근대 일본의 큰 축으로 조직된 후 태평양전쟁에서의 패전으로 80년에 가까운 역사의 막을 내린다. 이 책은 일본 육·해군의 인사를 중심으로 제도, 조직을 집대성했다.

《日本外交年表竝主要文書 上·下》(外務省 편찬, 原書房)

일본 외무성이 집무상 참고로 삼기 위해 편찬한 책으로서, 1840년부터 1945년까지 약 1백 년 간에 걸쳐 작성된 일본의 주요 외교문서가 총망라되어 있다.

《日本社會運動史年表》(渡部義通·鹽田庄兵 편, 大月書店)

1868년부터 90년간에 걸친 사회운동을 대상으로, 국내 정치경제 정세와 국제정세의 중요 관련성을 다루고 있다.

《寫眞圖說 日本百年の記錄》(講談社), 《日本の百年》(每日新聞社), 《日本寫眞史 1840～1945》(平凡社), 《日本現代寫眞史 1945～1970》(平凡社) 등은 일본 근대화를 볼 수 있는 사진자료이다.

《現代史 日本の百年》(林茂 편, 每日新聞社)

실증을 중시하는 입장에서 서술하고 있으며, 복잡한 역사적 사실을 간명하게 정리, 설명하고 있다. 입문서로 적합하다.

《日本の歷史》(中央公論社), 《日本の歷史》(小學館), 《戰後日本の歷史》(現代評論社) 등도 일본사의 입문서로 무난하다.

《戰後日本の保守政治》(內田健三, 岩波書店)

언론인의 눈으로 전후 일본의 보수정치를 추적한 글. 역사가가 저술한 전후사(戰後史)와는 달리 생생하고 박력에 넘치는 부분이 많다.

《近代日本政黨史》(鈴木安藏, 河出書房)

근대 일본의 정당정치, 의회정치의 실체에 대해 냉정한 회고와 비판이 필요하다는 입장에 서서 일본 정당의 문제점을 해명한 책이다. 이 분야 입문서로는 최적이라는 평가를 얻고 있다.

《日本政黨史論 1~4》(升味準之輔, 東大出版會)

막말 유신기(幕末維新期 : 도쿠가와 시대 말기에서 메이지 유신에 이르는 시기)
에서 다이쇼(大正) 말기에 이르는 근대 일본 전시기를 대상으로, 일본의 근대화를 정
당사의 관점에서 서술한 역작이다.

《日本官僚政治史》(田中忽五郎, 河出書房)

패전 후에도 일본 관료와 그 관료근성이 얼마나 뿌리깊고 광범하게 일본 사회와
일본의 정치기구 가운데에 삼투되어 있는가를 지적하는 데 힘쓰고 있다.

《日本財閥の歷史》(小林良彰, 千倉書房)

근대일본사에서 정치와 경제의 관계, 즉 국가권력, 국가재정과 경제·경영의 관
계를 밝히고자 한 이 책은 사료적으로는 충분히 실증적이지 못하나 많은 시사점을
제공한다.

《明治憲法の出來るまで》(大久保利謙, 至文堂)

근대 일본의 척추에 해당하는 메이지 헌법이 어떻게 형성되었는가를 그 주변과
배경을 설명하는 정치과정에 대한 개설서로서, 메이지 헌법 연구의 계몽서이다.

《日本政治裁判史錄 1~5》(我妻榮·林茂·淸明·藤重光 편, 第一法規出版)

1868년부터 1945년 사이에 있었던 정치적 대사건의 재판기록을 소개함으로써
메이지 유신 이후의 사법권 독립과 인권확립의 구체적 사실들을 정리하고 있다. 일
본의 재판제도 파악을 위해서는 귀중한 역작이다.

《明治維新史硏究》(史學會 편, 富山房), 《明治維新 1~4》(尾佐竹猛, 白揚社), 《明
治維新のはなし》(服部之總, 靑木書店), 《明治維新史硏究》(羽仁五郎, 岩波書店). 《明
治維新》(遠山茂樹, 岩波書店), 《日本現代史 明治維新 》(井上淸, 東大出版會) 등은 메
이지 유신을 자세히 파악할 수 있는 문헌들이다.

《日本帝國主義史》(小山弘健·淺田光輝, 靑木書店)

패전에 이르기까지 일본의 근현대사를 '제국주의 체제의 형성·발전·붕괴의
역사' 라는 통일적 시각으로 파악하고자 시도한 책이다.

《昭和史の瞬間 上·下》(朝日저널 편, 朝日新聞社)

격동의 쇼와사(昭和史) 순간순간을 묘사함으로써 일본 현대사의 전 모습을 부각시키고자 시도한 계몽서이다.

《戰後改革 1~8》(東京大學社會科學研究所 편, 東大出版會)

전후개혁에 대한 연구는 일본 사회를 분석하는 데 있어 불가결한 과제이다. 이 책은 이 분야를 이해하기 위한 필독서이다.

《日本外交史研究 1~4》(日本國際政治學會 편, 有斐閣)

일본 외교의 역사적 과정은 근대 일본의 발전과정이기도 하다. 막말 유신기에서 메이지, 다이쇼, 쇼와시대에 이르기까지 일본외교사를 서술하고 있다.

《近代日鮮關係の研究 1~2》(田保橋潔, 宗高書房)

한·중·일 삼국의 1차사료를 바탕으로 서술된 이 연구서는 사료집으로도 이용 가치가 높다. 근대 조선사 연구의 초석을 마련한 고전적인 저서이기도 하다.

《近代日本軍事史槪說》(小山弘健, 伊藤書店)

일본 군사사(軍事史)를 종합적으로 서술한 최초의 연구서이다. 패전 직전에 쓰여진 탓에 비판적으로 읽을 필요가 있다. 부록으로 실려 있는 일본군사발달사 연표나 근대일본 군사사 문헌 해설은 자료적 가치가 크다.

《軍事史》(藤原彰, 東洋經濟新報社)

패전 전부터 이어지는 일본 군사당국의 비밀주의는 전후에도 여전하다. 그 때문에 자료가 한쪽에 치우쳐 있다는 한계가 지적되는 책이다. 그러나 일본근대사에서 군사문제가 차지하는 비중과 의의를 고려할 때 역작으로 평가되는 문헌이다.

《昭和の軍閥》(高橋正樹, 中央公論社)

다이쇼 시대 중반부터 국가총동원체제를 정비해 나갔던 중견장교가 군수 뇌부를 등에 업고 파벌을 형성하면서 육군의 헤게모니를 장악해 가는 과정을 추적한 역작이다.

《關東軍》(島田俊彦, 中央公論社)

탄생에서부터 종말에 이르는 관동군의 전모를 기술한 이 책은 일본 군벌을 해명하는 열쇠로서 필독서이다.

《植民史》(細川嘉六, 東洋經濟新報社)

"진실한 역사는 과학적인 사실을 사초로 삼으며, 이를 위해 사실적 논리를 추구하지 않으면 안된다"고 말하는 저자는 일본의 조선, 대만, 만주 식민지 지배에 대해서 논하고 있다. 태평양전쟁 중에 씌어졌음에도 불구하고 이를 능가하는 연구서가 아직껏 나타나고 있지 못하다.

《日韓倂合小史》(山邊健太郎, 岩波書店)

1876년 강화도조약 이후 한일합방에 이르는 과정을 다루고 있는 이 책은 이 분야의 필독서이다.

《日本統治下の朝鮮》(山邊健太郎, 岩波書店)

36년간에 걸친 일본의 조선통치 실태와 한국인의 저항, 투쟁을 서술하고 있는 이 책 또한 이 분야의 필독서이다.

《滿洲國》(岡部牧夫, 三省堂)

14년에 걸친 일본 제국주의의 만주 지배 실태를 연구한 이 책은 일본이 만주에 기대했던 산업개발의 경위와 농업정책, 농촌·농민의 실태를 밝히고 있다.

《'南進'の系譜》(矢野暢, 中央公論社)

동남아시아로의 경제적 진출과 군사침략을 꾀한 일본의 남진사(南進史)를 밝힌 저서. 동남아시아 연구의 계기를 마련한 이색적인 저작이다.

《日本財閥史》(玉城肇, 社會思想社)

일본인에 의해 씌어진 일본 재벌의 통사적 발달사로는 최초의 연구서이다. 일본 재벌을 이해하는데 있어 기본적인 책이다.

《日本産業百年史》(山口和雄 외 5명 편집, 日本經濟新聞社)

인물과 기업을 주체로 한 산업사로서 메이지 유신 이후 1백 년에 걸쳐 각 시기를 총론, 각론, 전망으로 분류해서 이야기식으로 서술하고 있다.

《日本の兵器産業》(每日新聞社)

전후 헌법에 따라 전쟁을 포기한 일본이지만 군수산업은 온전히 부활, 성장하고 있다. 이 책은 일본 군수산업의 실태를 객관적으로 살펴봄으로써 이 산업이 일본의 산업구조 안에 어떻게 자리잡고 있고, 또한 일본 정부의 방위력 정비계획 아래 앞으로 어떤 방향으로 나갈 것인지를 예측하고 있다.

《日本會社史》(野田一夫, 文藝春秋)

메이지 유신 이래 일본 공업의 발전을 선도적으로 담당한 각종 기업과 경영자의 행동에 초점을 맞추어 정리한, 이 분야에 관한 한 선구적 역작이다.

《社會史 II》(中村吉治, 山川出版社)

근대 일본사회의 형성과 구조 변모를 역사적으로 추적한 연구서이다.

《日本國家主義運動史》(木下半治, 慶應書房)

일본의 정치·경제는 만주사변과 중·일전쟁을 기점으로 국가주의적 경향이 강화된다. 이 책은 일본의 국가주의 뿌리가 얼마나 오래되고 깊은지를 객관적으로 서술하고 있다. 같은 저자의 《日本右翼の研究》(現代評論社, 1977)도 일독의 가치가 있다.

《昭和研究會》(昭和同人會 편, 經濟往來社)

만주사변에서 태평양전쟁에 이르는 7년간 국책연구에 가담했던 쇼와연구회의 족적을 정리한 이 책은, 전시하 저항운동의 기록으로서 중요하다.

《日本社會政策史》(風早八十二, 日本評論社), 《日本社會政策史論》(菅谷卓, 日本評論社), 《日本社會政策思想史論》(池田信, 東洋經濟新報社) 등의 사회정책 연구서들도 중요하다.

《近代日本の精神構造》(神島二郎, 岩波書店)

근대 일본을 살아간 보통 일본인들의 의식을 추적, 규명한 논문집이다.

《日本人の社會意識》(福武直 편, 三一書房)

패전으로부터 14년이 경과한 시점에서 일본 각 계층의 사회의식을 규명한 책이다.

《日本100年の宗教》(村上重良, 講談社)

일본은 메이지 유신기 국가신도(國家神道) 체제에서 패전 이후 종교자유의 실현이라는 변혁을 경험했다. 이 책은 불교 배척에서 창가학회에 이르기까지 1백년에 걸친 일본 종교의 족적을 개관하고 있다.

《日本敎育發達史》(玉城肇, 三一書房)

근대적인 학교 교육의 출발과 반동교육의 시대, 교육의 모순, 교육의 파쇼화, 패전 후의 교육 등을 기술한 이 책은 이 분야의 입문서로 평가를 받는다.

《敎科書》(山住正己, 岩波書店)

이 책은 일본 교과서의 변천과정과 국가정책의 관련을 다루면서 참된 교과서의 필요성을 언급한다.

《敎科書の社會史》(中村紀久二, 岩波書店)

메이지 유신에서 패전에 이르기까지 일본의 교과서가 시대상황에 따라 어떻게 변해 왔는가를 다룬 책이다. 초등학교 교과서 제작과 관련된 여러 가지 사실과 문제점을 지적하는 등 흥미있는 내용이 많다.

《日本の思想》(丸山眞男, 岩波書店)

저자는 이 책에서 일본에는 여러 가지 좌표축이 될 만한 사상적 전통이 형성되지 않았다는 점과, 1천 년 이전부터 오늘날에 이르기까지 세계의 중요한 사상적 산물이 일본사상사 안에 축적되어 있다는 사실을 동일한 궤적으로 파악한다. 그리고 여기서 발생하는 여러가지 사상사적 문제의 구조관련을 해명하고 있다. 고전적인 저서의 하나이다. 같은 저자의 저서로 《日本政治思想史研究》(東大出版會), 《日本의 내셔널리즘》(河出書房), 《現代政治の思想と行動》(未來社) 등이 있다.

《現代日本の思想》(久野收·鶴見俊輔, 岩波書店)

일본의 대표적인 사상유파인 관념론으로서의 백화파(白樺派), 유물론으로서의 일본공산당 사상, 프라그마티즘으로서의 생활기록운동, 초국가주의로서의 쇼와 유신(昭和維新) 사상, 실존주의로서의 전후(戰後)사상을 다룬 책이다. 현대 일본 사상을 이해하는 데 필요한 계몽서이다.

《日本近代思想の形成》(植手通有, 岩波書店), 《日本近代思想の成立》(岩井忠熊, 創元社), 《近代日本政治思想史 1~2》(橋川文三·松本三之介, 有斐閣). 《天皇制國家と政治思想》(松本三之介, 未來社). 《天皇制國家の支配原理》(藤田省三, 未來社) 등도 일본의 근대사상에 대한 대표적인 참고문헌들이다.

《お雇い外國人》(梅溪昇, 日本經濟新聞社)

메이지 일본의 건설과 일본의 근대화에 기여한 고용 외국인의 실상을 밝힌 이 책은, 고용 외국인의 전체상을 개관하는 데 유익하다.

《明治文化史 1~13》(開國百年기념문화사업회 편, 日本經濟新聞社)

개국 1백년을 기념하는 체계적인 개설서로서, 근대 일본의 여명에서 발전에 이르는 메이지 문화의 전 모습을 담고 있다. 법률, 교육, 사상·언론, 학술, 종교, 사회, 미술·연극, 생활, 풍속 등 메이지 문화연구를 집대성하였다.

《生活史》(小西四郎 편, 山川出版社)

메이지 시대에서 쇼와 시대에 이르는 80여 년간을 네 시기로 구분하여 각 시기의 서민생활를 통해 일본의 근대화를 묘사하고 있다. 권말의 참고문헌 또한 귀중한 자료이다.

《婦人のあゆみ100年》(日本婦人團體聯合會 편, 大月書店)

일본부인단체연합회 창립 25주년을 기념하여 출간된 이 책은 근대 이후 일본여성 1백년사를 기술하고 있다. 부인운동의 전진과 여성의 생활방식에 도움이 되기를 기원하면서 씌어진 책이다.

《近代日本を創った100人》(大河内一男·大宅壮一 감수, 每日新聞社)

메이지 시대에서 쇼와 시대까지 1백 년에 걸친 격동의 역사에 등장하는 주요 인물상을 부각시킨 이 책은, 근대 일본인물사일 뿐만 아니라 인물전기에 의한 근대일본사이기도 하다.